U0083342

古代歷史文化 研究輯刊

十四編

王明蓀 主編

第22冊

明清以來江南迎神賽會的變遷
——基於功能主義的考察

魏文靜 著

國家圖書館出版品預行編目資料

明清以來江南迎神賽會的變遷——基於功能主義的考察／魏文
靜 著－初版－新北市：花木蘭文化出版社，2015〔民104〕
目 2+186 面；19×26 公分
（古代歷史文化研究輯刊 十四編；第 22 冊）
ISBN 978-986-404-330-9（精裝）
1. 風俗 2. 民間信仰 3. 明代 4. 清代
618   104014385

ISBN-978-986-404-330-9

9 789864 043309

古代歷史文化研究輯刊
十四編　第二二冊　　　　　　　　ISBN：978-986-404-330-9

明清以來江南迎神賽會的變遷
——基於功能主義的考察

作　　者　魏文靜
主　　編　王明蓀
總 編 輯　杜潔祥
副總編輯　楊嘉樂
編　　輯　許郁翎
出　　版　花木蘭文化出版社
社　　長　高小娟
聯絡地址　235 新北市中和區中安街七二號十三樓
　　　　　電話：02-2923-1455／傳眞：02-2923-1452
網　　址　http://www.huamulan.tw 信箱 hml810518@gmail.com
印　　刷　普羅文化出版廣告事業
初　　版　2015 年 9 月
全書字數　156740 字
定　　價　十四編 28 冊（精裝）台幣 52,000 元　　　　版權所有·請勿翻印

明清以來江南迎神賽會的變遷
——基於功能主義的考察

魏文靜　著

作者簡介

魏文靜，1981 年生，湖北天門人，南京大學歷史學博士。師從南大歷史系范金民教授、胡阿祥教授、夏維中教授從事江南經濟史和江南民俗史研究，先後在《東南大學學報》、《歷史教學》等中文核心期刊上發表與江南迎神賽會相關論文數篇，參編《封疆大吏》、《國學四十講》等史學讀本多部，主持、參與江蘇省教育科學「十二五」規劃課題兩項，學術反響良好。

提　　要

　　明清江南迎神賽會屢禁不止、耗費奢靡，向來被視為社會「頑疾」。從功能主義視角來看，明中期以來江南商業發展進程中賽會組織形式的變化和賽會功能需求的增長乃其屢禁不止之根本所在。娛樂功能上，「舁神」儀式拓展了賽會的表演空間，使賽會表演所汲取的文化內涵更為豐富，娛樂素材更為廣博，為賽會取得「一境若狂」的轟動效益提供可能。經濟功能上，行會從興起到走向繁榮，逐漸成熟的過程中對迎神賽會的認識也經歷了崇奢、治生、逐利、商戰四個逐層遞進的層次，此四個層次應和了迎神賽會經濟功能不斷深化的過程，最終促成了迎神賽會從單一民俗節慶向工商博覽會和旅遊節事的嬗變。教化功能上，無錫「泰伯誕」會和蘇州同里「關帝誕」會，都承擔著施善與教化的職責，紳衿及其家族活躍其間，著力頗多。直至民國中期「去迷信」運動時，知識分子仍為社會教育的主導力量。但「去迷信」運動以科學主義為主旨，在去除賽會宗教性時亦動搖了賽會教化功能延存的宗教基石。縱觀江南迎神賽會六百年間的變遷，上達朝廷下至官府的禁賽舉措向來不為主導賽會興衰的決定因素。行業祭祀組織的壯大和地緣祭祀組織的發展是這一時期賽會組織形式中最顯著的兩大變化。商業化變革是明中後期以來江南迎神賽會變遷的總體趨勢，工商行會則是推進賽會商業化變革的主體力量。

本書為江蘇省高校哲學社會科學基金項目：
旅遊史視域下的近代江南廟會商業化變革探究
（2015SJB334）成果之一

目次

緒　論

第一節　研究背景與學術回顧

　　中國史學界對民間信仰的研究，在上世紀 80 年代以前，幾乎每一階段都受到西方史學理論和漢學成果的影響。20 年代，顧頡剛先生等在西方新史學「民史」研究的倡導之下開展的妙峰山調查，揭開了學術層面的民間信仰研究序幕。30 年代，費孝通先生和林耀華先生在關於開弦弓村和義序宗族的人類學研究中論及民間信仰時，也分別受到西方功能主義學派的兩位代表人物——馬林諾夫斯基（B. Malinowski）和布朗（A. R. Radcliffe-Brown）的影響。〔註1〕這兩部在國內反響巨大的著作，事實上確立了功能主義學說在我國民間信仰研究中的主導地位。

　　隨著西方漢學界對我國民間信仰的認識逐漸深化，探究漢人民間信仰的結構性和系統性成為越來越多研究者的共識。60 年代以來，漢學研究中最有影響的兩位人類學家——弗里德曼（Maurice Freedman）和施堅雅（G. William Skinner），雖分別從事宗族研究和市場網絡研究，但二人的「邊陲社會論」和「區系理論」卻為人類學研究者探尋中國民間信仰中的結構化和系統化特徵提供了思維路徑。〔註2〕二人雖為人類學家，卻能突破學科畛域的限制，採取

〔註 1〕　顧頡剛：《妙峰山》，上海文藝出版社 1987 版。費孝通：《江村經濟——中國農民的生活》，江蘇人民出版社 1986 年版。林耀華：《義序的宗族研究》，三聯書店 2000 年版。

〔註 2〕　弗里德曼就認為，「在表面的多樣性背後，中國民間宗教有其秩序。在觀念的層面，中國人的信仰、表象、分類原則等等表現一定的系統化特徵；在實踐

田野調查與歷史文獻解讀相結合的研究方法，不僅使其成果具有跨學科研究的特點，也爲後世歷史學與人類學的結合奠定了基礎。在二人的影響之下，70 年代初以王斯福（Stephan Feuchtwang）、武雅士（Arthur Wolf）等爲代表的一批歐美學者開始對港臺地區的民間信仰開展個案調查。〔註 3〕這些研究引入了國家與社會，「大傳統」與「小傳統」等社會學和文化學理論，以此論證中國民間信仰的系統性。

改革開放後，隨著大陸與港臺地區聯繫日趨密切，這批海外學者得以將研究區域擴展至大陸地區。在毗鄰港臺的廣東、福建民間信仰研究首先興起，由此促成了歷史人類學的興起和「華南學派」的出現。在此過程中，國家與社會的理論結合「邊陲社會論」在華南民間信仰的研究中，也不斷得到映證、應用、補充，該領域的研究眞正開始了以中國學者爲主體的「本土化」進程。以科大衛（David Faure）、蕭鳳霞（Helen Siu）、陳春聲、劉志偉、鄭振滿爲代表的一批學者，自上世紀 80 年代以來陸續投身其間。與社會人類學學者不同，他們雖然將人類學中的文化理論、「祭祀圈」理論、族群理論等引入這一研究領域，但落腳點仍然是探討華南社會的變遷，而不是用結論來論證人類學的某一理論。華南學派的另一長處是擅長田野調查的史料搜集解讀方法，儘管他們採用的是人類學的材料搜集法，但其中的諸多學者卻能將田野調查所得的材料進行歷史解讀，從中鉤稽出民間信仰的變遷及其所反映的社會變遷狀況。

90 年代以來，民間信仰的研究呈方興未艾之勢。隨著改革開放進一步深入，社會史角度的民間信仰研究，早已不再局限於華南一隅。海外學者杜贊

和組織的層面，他們的儀式、聚會、等級等等也具有系統性。所以，我們可以說有一個宗教體系存在。」王銘銘：《社會人類學與中國研究》，三聯書店 1997 年，第 155 頁。這一時期誕生的另一部巨著《中國社會中的宗教》（上海人民出版社 2007 年版），著者楊慶堃（C. K. Yang）也是從結構功能層面解析中國宗教，將其分爲「制度性宗教」（institutional religion）和「擴散性宗教」（diffused religion）兩種。被籠罩於「國家控制」之中和受社會「利益取向」影響是兩類宗教的共同之處，這一分析範式直至今日仍被學界所重視。

〔註 3〕 如王斯福和武雅士認爲，中國民間神、祖先、鬼的崇拜的社會根源在於中國農民的社會經歷。王銘銘：《社會人類學與中國研究》，第 168 頁。在《帝國的隱喻》一書中，王斯福進一步從政治 —— 意識形態的角度探討中國民間宗教。認爲『『帝國的隱喻』是帝國統治的一種表象，是儀式性的以及戲劇表演式的一種景象，其被構築並描繪在廟宇中，刻畫和裝扮在塑像上。」《帝國的隱喻·中文版序》，江蘇人民出版社 2009 年版。

奇（Prasenjit Duara）、韓書瑞（Susan Naquin）分別對華北農村的民間信仰和北京妙峰山香會組織的流變情況展開論述，〔註4〕與此同時，北京學者趙世瑜也開始了對華北地區廟會的考察。與華北地區相比，華東地區的研究，在 90年代中期也陸續湧現出一批重要的學術成果，1995～1996 年間由山東大學主辦的《民俗研究》雜誌，以專刊形式刊登若干廟會研究的文章。1994 年，蘇州學者朱小田所著《吳地廟會》〔註5〕一書正式出版，該書是首部以專著形式論述吳地廟會發展演變的學術著作。上述成果的陸續湧現反映出華東地區民間信仰的研究已呈逐漸升溫之勢。江南民間信仰的研究著作中，日本學者濱島敦俊的《明清江南農村社會與民間信仰》〔註6〕是一部不可或缺的專著。該書於 2001 年出版，時隔 7 年後譯爲中文，在此期間，已有不少江南本土的中青年學者對其以獨特視角提出的總管信仰現象和「解錢糧」現象展開討論。〔註7〕該書的出版向學界揭示了江南民間信仰研究的學術價值，〔註8〕吸引了更多的學者在新世紀到來之際進一步擴寬學術視野，將學術目光投至江南及其周邊地區。從事華南研究長達三十年的科大衛，主動提出「告別華南」的主張而投身到對江南的研究中；〔註9〕趙世瑜在立足華北的同時，也將視角部分轉向江南，嘗試華北廟會與江南廟會的區域特徵比較。〔註10〕

在江南本土的研究著作中，朱小田於 2005 年出版的《在神聖與凡俗之間——江南廟會考論》是一部從結構與功能的角度對近代江南廟會進行全面考察的論著；長期從事江南市鎮史研究的樊樹志也從奢侈風尚的角度解析江南

〔註 4〕 參見（美）杜贊奇：《文化、權利與國家：1900～1942 年的華北農村》，江蘇人民出版社 2006，第 85～114 頁。韓書瑞：《北京妙峰山進香：宗教組織與聖地》，收入（美）韋思諦編：《中國大眾宗教》，江蘇人民出版社 2006，第 224～266 頁。

〔註 5〕 朱小田：《吳地廟會》，南京大學出版社 1994 年版。

〔註 6〕 （日）濱島敦俊：《明清江南農村社會與民間信仰》，廈門大學出版社 2008 年版。

〔註 7〕 自濱島敦俊之後，大陸地區先後有吳滔、申浩、王健三位學者對江南民間信仰中的「解錢糧」現象展開討論。

〔註 8〕 本文所指江南地區，主要包括明清時期的蘇、松、常、嘉、湖、寧、鎮、常、太八府一州，參見李伯重：《簡論「江南地區」的界定》，《中國社會經濟史研究》1991 年第 1 期。

〔註 9〕 科大衛：《告別華南研究》，華南研究會編：《學步與超越：華南研究論文集》，香港：創造文化出版社 2005，第 9～30 頁。

〔註 10〕 趙世瑜：《明清時期江南廟會與華北廟會之比較》，收入《狂歡與日常——明清以來的廟會與民間社會》，三聯書店 2002 年版。

市鎮中迎神賽會的盛況。〔註 11〕近十年來，華東地區民間信仰研究的進展，一則歸因於社會人類學理論的大量引進，如「大傳統」與「小傳統」理論，「社區」、「社群」理論，「祭祀圈」理論、「民間權威」理論等等，這些理論提示研究者注意到了史料中不曾被前人所重視的諸多內容。二則田野調查中新史料的挖掘與整理，爲歷史學者對歷史現象的分析闡釋提供了可能。濱島敦俊在田野調查中，大量挖掘近代江南地區的農村調查報告，以及改革開放以來由當地編撰的文史資料，同時也以訪談的形式搜集到不少口述史料。錢杭充分利用家譜資料對寧波地區和徽州地區的地緣祭祀組織與血緣祭祀組織之間的關係展開論述。徽學興起也爲民間信仰研究提供了豐富的史料，如鄭力民、澀谷裕子、唐力行、王振忠、卞利等在家譜和會簿研究的基礎之上對徽州地區的信仰習俗展開論述，因所用資料內容豐富詳實，因而論據充分、富有說服力。〔註 12〕

大體而言，當前民間信仰領域的研究主要有以下三大內容：

1、探討國家祭祀政策與神靈變遷的關係

有關神靈變遷的史學考證，近三十年來成果頗多，總體趨勢是從東嶽、城隍、天后等具有全國性影響的神靈，擴展至對區域神的研究。臺灣學者蔣竹山的《宋至清代的國家與祠神信仰研究的回顧與討論》〔註 13〕一文，對 1997 年之前該領域的研究狀況已有較完備的論述。近十年來，相關成果不斷湧現，〔註 14〕就江南地區而言，朱海濱側重於對浙江民間信仰的考察，其新著《祭

〔註 11〕樊樹志：《江南市鎮：傳統的變革》，復旦大學出版社 2005 年，第 432～458 頁。

〔註 12〕鄭力民：《徽州社屋的側面 —— 以黟南孝女會田野個案爲例》《江淮論壇》1995 年第 4、5 期。唐力行：《徽商與杭州汪王廟的變遷》，唐力行主編：《國家、地方、民眾的互動與社會變遷》，商務印書館 2004 年版。王振忠：《清代徽州民間的災害信仰及其相關習俗》，《清史研究》2002 年第 2 期。澀谷裕子：《明清徽州農村的「會」組織》，《95 國際徽學學術討論會論文集》，安徽大學出版社 1997 年，第 151 頁。卞利：《明清徽州會社初探》，《安徽大學學報》2001 年 6 月。相關的個案研究還有，劉淼：《清代徽州的『會』與『會祭』—— 以祁門善和里程氏爲中心》，《江淮論壇》1995 年第 4 期；夏愛軍：《明清時期民間迎神賽會個案研究 ——〈祝聖會簿〉及其反映的祝聖會》，《安徽史學》2004 年第 6 期。

〔註 13〕蔣竹山：《宋至清代的國家與祠神信仰研究的回顧與討論》，《新史學》1997 年第 2 期。

〔註 14〕陳春聲等的研究表明，廣東地區地方神的變遷自宋以後呈現出地方化、正統化的特徵。參見陳春聲：《『正統』神明的地方化與地域社會的構建 —— 潮州

祀政策與民間信仰變遷——近世浙江民間信仰研究》〔註15〕，對關羽、周雄、胡則等民間信仰在明中期以後國家原理主義祭祀政策下儒家化的發展趨勢展開實證分析。另一位學者王健則側重於對明清時期蘇、松二府地方社會中正祀與淫祠關係的考察，認爲「明清時期國家的相關政策，使得當時在祀典與淫祀之間還存在著私祀這一層次，其地位十分微妙，搖擺於非法合法之間，爲民間信仰的存在提供了廣闊的空間，同時也減少了國家與民間社會之間衝突的發生」〔註16〕。

2、探討「祭祀圈」的構造與變遷及其反映的區域社會變遷

自 1938 年日本學者岡山謙在對臺北士林地區的民間信仰活動進行考察後提出「祭祀圈」概念以來，探討鄉村社會民間信仰活動中的地域組織問題，就一直成爲學界關注的熱點。在岡山謙的理論中「祭祀圈」是指「共同奉祀某一主祭神的居民的居住地域」，〔註17〕其範圍與神靈巡遊的範圍相一致。70年代以來，臺灣人類學界開始廣泛運用這一理論考察臺灣民間信仰中的地域組織，林美容認爲臺灣地區民間信仰中的「祭祀圈」按其地域範圍可分爲聚落型、村落型、超村落型、鎮域型四個層次，近代臺灣地區民間信仰中的「祭祀圈」又出現了向界域更加廣闊的「信仰圈」演進的趨勢。相比於前者的義務性，後者的構成則建立在自願原則的基礎之上。〔註18〕

大陸史學界對此問題的探討，大致是在 90 年代以後，鄭振滿以莆田江口平原爲例探討神廟祭典與社區發展之間的關係，認爲明清以來的基層祭祀組織里社出現向村廟發展演變的趨勢。〔註19〕陳春聲不贊同機械照搬「祭祀圈」

地區雙忠公崇拜的研究》，《韓山師範學院學報》，2003 年第 2 期；劉永華：《道教傳統、士大夫文化與地方社會：宋明以來閩西四保鄒公崇拜研究》，《歷史研究》2007 年第 1 期。相關研究可參見王健：《近年來民間信仰研究的回顧與思考：社會史角度的考察》，《史學月刊》2005 年第 1 期。

〔註15〕朱海濱：《祭祀政策與民間信仰變遷——近世浙江民間信仰研究》，復旦大學出版社 2008 年版。

〔註16〕王健：《祀典、私祀與淫祀：明清時期蘇州地區民間信仰考察》，《史林》2002年第 1 期。

〔註17〕莊英章：《林圯埔：一個臺灣市鎮的社會經濟發展史》，上海人民出版社 2000年版。

〔註18〕林美容：《從祭祀圈到信仰圈：臺灣民間社會的地域構成與發展》，收入張炎憲編：《中國海洋發展史論文集》第 3 輯，臺北中央研究院三民主義研究所1988 年。

〔註19〕鄭振滿：《神廟祭典與社區發展模式——以莆田江口平原爲例》，《史林》1995

理論，認爲「鄉村廟宇的空間格局及其內部關係，是在長期的歷史變遷中積澱的結果」，僅用「祭祀圈」概念無法解釋這一複雜的變遷過程，提出了「信仰空間」的概念。〔註20〕錢杭對浙江平陽縣滕蛟鎮薛氏忠訓廟的研究則旨在揭示「祭祀圈」與家族組織之間的關係，認爲「當地對這一神明的祭祀，形成了固定的祭祀圈和以四大基礎姓爲核心的祭祀組織」〔註21〕。在上述研究成果中，日本學者濱島敦俊將迎神賽會儀式的歷史解讀引入「祭祀圈」討論中，指出村廟向鎮廟解餉的「解錢糧」儀式象徵著以村廟爲基礎的「祭祀圈」向以市鎮爲中心的「祭祀圈」的演進，其成因是明清以來江南商品經濟發展，農民的生活範圍逐漸擴大至以市鎮爲中心的「鄉腳」範圍的結果。儘管大陸學界對此觀點存在爭議，但濱島敦俊的研究無疑代表了今後「祭祀圈」研究的發展趨勢，對信仰儀式的象徵意義解析將成爲史學界研究的新熱點。〔註22〕

3、探討民間廟會活動的組織結構與功能的變遷狀況

當前的廟會研究大體可分爲祭祀組織的研究和廟會社會功能的考察兩大內容。嚴格意義上講，祭祀組織的研究範疇不僅應包括地域型的祭祀組織 —— 祭祀圈，還應包括血緣祭祀組織和行業祭祀組織。對血緣祭祀組織的考察目前大多歸屬於宗族研究的範疇，對行業祭祀組織的考察則略顯薄弱，近年來史學界的研究僅有趙世瑜的《魯班會：清至民國初北京的祭祀組織與行業組織》一文涉及此問題。考察行業祭祀組織的組織原則和運作情況，及其與地緣祭祀組織和血緣祭祀組織之間的關係，在當前江南民間信仰的研究中更是較少涉及，而對這一問題的探討，不僅有助於深化對江南民間信仰活動的認識，而且有助於對江南社會經濟史的進一步研究。

當前明清史角度的廟會研究，以趙世瑜和朱小田較爲突出。趙世瑜的專著《狂歡與日常 —— 明清以來的廟會與民間社會》收錄了著者的十數篇文章，以廟會爲研究對象對廟會中的神靈形象、廟會的組織結構、廟會的社會功能等展開論述，既揭示了北京廟會中國家力量強大的地域特徵，又闡明了民間廟會的心理調適、地域認同、娛樂、商貿等具有普遍意義的社會功能。朱小

年第 1 期。

〔註20〕陳春聲：《信仰空間與社區歷史的演變 —— 以樟林的神廟系統爲例》，《清史研究》1999 年第 3 期。

〔註21〕錢杭：《忠義傳說、祭祀圈與祭祀組織 —— 浙江省平陽縣滕蛟鎮薛氏忠訓廟的歷史與現實》，《史林》2002 年第 2 期。

〔註22〕郭於華：《儀式與社會變遷》，社會科學出版社 2000 版。

田的著作《在神聖與凡俗之間：明清江南廟會考論》〔註 23〕則立足於近代江南社會的轉型，探討在這一轉型過程中江南廟會的結構與社會功能的演變過程。

儘管上述三類研究各有側重，但彼此之間又密不可分，不可割裂，神靈形象的變遷，必定影響酬神儀式的變遷並對信仰活動的組織與功能產生影響。縱觀上述成果，大多具有兩大特徵，即以國家與社會爲理論視角，以區域社會史爲研究的基本方法。

就江南地區而言，如何結合江南的地域特色和江南社會的變遷，考察其民間信仰的區域特徵和時代特徵，仍是值得進一步研討的課題。在神靈變遷的個案研究已較爲豐富的背景之下，將研究重點轉向對信仰活動結構與功能的考察，不僅有助對商業發展中江南大眾心態的解析，更有助於深化對江南社會結構變動的認識，推動江南區域史的研究。在既有成果中，朱小田的研究立足於近代江南社會轉型，對鴉片戰爭以前的江南廟會雖有涉及，但著墨不多。吳滔〔註 24〕、王健的研究雖立足於明清，但前者側重於對「祭祀圈」成因的探討，後者主要關注民間信仰中的正祀與淫祠現象，對信仰活動的考察均較少涉及。

民間信仰的精神和宗旨，特徵和結構，毫無疑問，最眞實、最完整地體現在迎神賽會中，迎神賽會是直接瞭解和就近觀察民間信仰最鮮活的窗口。同時，迎神賽會流傳下來的大量翔實史料也爲研究深入提供了可靠和堅實的平臺。因此，本文擬以迎神賽會爲研究對象，對獨樹一幟的江南迎神賽會的地域特徵、組織結構與社會功能的變遷等問題展開討論，以期探究明清時期江南迎神賽會奢靡日盛、屢禁不止的社會原因。

第二節　迎神賽會界說

賽，報也，本意爲「行祭禮以酬神」。宋代以降「上巳」節俗漸趨衰落，以「祭社」爲核心的「賽社」習俗逐漸向以祭祀人格化塑身爲內容的迎神賽會演變。因此，迎神賽會是由「祭社」演變而來，以祭祀神靈爲核心的集體

〔註23〕　朱小田：《在神聖與凡俗之間：江南廟會考論》，人民出版社 2002 年版。
〔註24〕　參見吳滔：《清代蘇州地區的村廟與鎮廟：從民間信仰透視城鄉關係》，《中國農史》2004 年第 2 期。吳滔：《神廟界域與鄉村秩序的重組——吳江莊家圩廟的考察報告及其初步研究》，《民俗研究》2008 年第 2 期。

宗教活動。其與廟會的區別在於，廟會是「以祠廟爲依託，在特定日期舉行的，祭祀神靈、交易貨物、娛樂身心的集會」〔註 25〕，不包括那些並不附著於廟宇的民間信仰活動。如僅有神像並無廟宇，神像供奉於民居中，由各戶輪值司會的神會，就不屬於廟會的範疇，但在地方文獻中這類活動卻往往冠以賽會之名。早在 20 年代，顧頡剛先生在考察妙峰山香會時，就指出迎神賽會是南方信仰活動的特色之一，〔註 26〕因此，取之爲研究對象更能體現江南民間信仰的地域特色。

明清時期，江南地區的元宵、清明、重陽等節慶活動的酬神色彩漸濃，節慶活動逐漸歸併入賽會範疇。如道光《昆新兩縣志》記載：「九日重陽節，集馬鞍山爲登高會，亦有舁神像登高者。」〔註 27〕又如，朱涇鎮在三月初三清明日時，「上下塘賭出擡閣，賭賽神會」〔註 28〕。再如烏青鎮的元宵節，「鎮上久無元夕張燈之事……鄉間有三官會……有醮事，或演戲酬神」〔註 29〕。這些節慶活動的酬神化趨勢豐富了迎神賽會的概念內涵。

近代歐風美雨的影響，使賽會除指代民間酬神活動外，也指代以商品展覽和商貿洽談爲主要目的的展會，儘管中式賽會與西式賽會淵源各不相同，但二者在商品陳列的豐富性和新奇性上具有諸多共通之處。因而，晚清以來，有識之士不斷提議將迎神賽會改造爲西式賽會，以達成與西人商戰之目的。〔註 30〕儘管付諸實踐的改造僅在部分區域零星展開，但卻代表了傳統賽會向現代經濟型賽會演變的趨勢，爲 30 年代賽會的去宗教化改造和廟市革新奠定了輿論基礎和組織基礎。

縱觀迎神賽會變遷歷程，「賽」的字面涵義由「酬謝、報答」逐漸發展出「誇耀、競爭」的衍生意義，後者甚至逐漸取代前者成爲「賽」的主要涵義。

〔註 25〕朱小田：《在神聖與凡俗之間 —— 明清江南廟會考論》，人民出版社 2002 年，第 15 頁。

〔註 26〕「賽會是南方的好，因爲他們文化發達，搬得出許多花樣，而且會得鬥心思，一個地方有了幾個賽會，就要爭奇賭勝，竭盡他們的浮華的力量。」顧頡剛：《妙峰山》，第 12 頁。

〔註 27〕道光《昆新兩縣志》卷一《風俗·占候》，《中國地方志集成·江蘇府縣志輯》第 15 冊。

〔註 28〕嘉慶《朱涇志》卷一《風俗》，《中國地方志集成·鄉鎮志專輯》第 1 冊。

〔註 29〕民國《烏青鎮志》十九《風俗志》，《中國地方志集成·鄉鎮志專輯》第 23 冊。

〔註 30〕馬敏：《近代博覽會事業與科技、文化傳播》，《歷史研究》2004 年第 2 期。

這一變化或許正發端於明清江南賽會中的「爭奇賭勝」行為。〔註 31〕正是基於迎神賽會相比廟會更能體現江南民間信仰的區域特徵和時代特徵，本文擬以江南迎神賽會為研究對象，以賽會變遷為全文主線，動態考察明清以來江南迎神賽會的變遷及原因。

第三節　研究思路與篇章安排

本文研究的初衷在於梳理明清以來江南迎神賽會的演進軌蹟和發展脈絡，探討其興衰變遷及與地方經濟的關係。自明代以降 600 餘年間，江南迎神賽會先後經歷了明初、明末清初、清咸豐同治時期以及民國中後期四個衰落期。此四個時期均為江南經濟經歷戰爭破壞後的衰退期，迎神賽會興衰與江南經濟狀況間的關繫於此可見一斑，「二者是皮之不存，毛將焉附的關係」〔註 32〕。也正因如此，在江南經濟遭遇 30 年代經濟危機以及日本侵華戰爭摧殘而走向凋蔽的背景之下，在傳統會館、公所向同業公會演進以致行會組織消亡、行業神認同削弱的影響之下，迎神賽會因經濟基礎和組織基礎的動搖也漸漸走向衰落。在迎神賽會的發展演進過程中，商業化發展趨勢一致貫穿始終，直至在民國時期採取商業會展形式的商業化運作，這一發展歷程才基本完成。

在迎神賽會不斷商業化的進程中，國家對江南民間社會的控制，也經歷了明洪武時期的空前強化，成化、弘治年間的相對削弱，萬曆以後極度削弱至最終崩潰，至清前期逐漸強化，乾隆以後逐漸鬆動，到民國十六年（1927）國民政府形式上統一後再度強化的過程。此種變遷雖與政權興衰呈現一致性，但也並非僅是伴隨政權興亡而簡單重複。隨著明中期以來江南商業的發展，國家的控制手段逐漸由剛性控制轉為柔性控制。明初規定「凡軍民裝扮神像，鳴鑼擊鼓，迎神賽會者仗一百，罪坐為首之人，里甲知而不首者，各笞四十」〔註 33〕，將迎神賽會列入邪教的範疇，對其採取嚴刑峻法的法律控

〔註31〕《康熙字典》釋「賽」曰：「《說文》報也。《長箋》：『今俗報祭曰：賽神，借相誇勝曰：賽。』」按，《長箋》明末吳中趙宦光著。

〔註32〕樊樹志：《盛世的投影──民間信仰與迎神賽會的記憶》，「明清以來江南城市的記憶」國際學術研討會論文，2009 年 11 月。

〔註33〕應檟：《大明律釋義》卷十一《禮律》「禁止師巫邪術」條，《續修四庫全書》863 冊，第 89 頁。

制手段。明中期以後，迎神賽會逐漸成為社會奢靡之風的集中體現，對迎神賽會的整飭成為社會風俗整飭的重要內容，在控制手段上剛性控制手段逐漸轉為柔性控制，無論是清初的道德教化還是乾隆年間的「寬禁」賽會政策以及民國時期的禮俗改造，都是柔性控制的集中體現。

本文寫作的另一目的在於揭示江南迎神賽會的區域特徵。相比於政治中心北京和邊境之地閩、廣，江南迎神賽會中所體現的國家力量，既不如閩、廣地區僅表現為儀式的象徵，也與北京廟會中強烈的皇權依附性不同，國家與社會力量在此呈現出相互制衡的關係，中央朝廷與江南地方社會的衝突與矛盾延續不斷。表現在禁賽問題上，清前中期地方官員堅決禁賽的主張與地方士人對待賽會的矛盾態度形成鮮明對比。清中期以後，官方的禁賽態度漸趨模糊，衙門胥吏主導賽會組織運作，成為官府的代言人，進一步強化了迎神賽會濃厚的草根性和地域性，也反映出清王朝對江南民間的控制進一步削弱。

相比於周邊地區徽州而言，江南迎神賽會中家族的影響較小，即如同里等地的家族賽會也表現出更多的士紳支配色彩。而且，作為各地商幫活躍的主要地域之一，江南迎神賽會還表現出濃厚的行業化特色。商人會館和公所在迎神賽會的組織管理中發揮了重要作用，其對賽會的資助客觀上促進了迎神賽會向商業節事會展的嬗變。

可以說，明中期以後江南迎神賽會的發展歷程既是社會商業發展的一面鏡子，其興衰變遷與江南經濟發展狀況互為映證。伴隨經濟變遷而來的社會組織結構和社會心態變化，使迎神賽會的娛樂功能、經濟功能、教化功能等各有發展，成為這一社會「陋俗」屢禁不止的根本所在。

本文分為四個部分，分別討論賽會的娛樂功能、經濟功能、心理認同功能、社會教化功能的變遷情況。

第一章在概述江南賽會的主要類型、基本特徵的基礎上闡述觀點，認為明中期以來，江南賽會日盛一日，屢禁不止，源於賽會娛樂功能的不斷強化。娛樂向來是民眾生活中不可或缺的元素。賽會融合節令娛樂活動，成為了明中期以來大眾娛樂最重要的形式，原因主要有四點：就江南賽會自身的特徵而言，賽會雖花費奢靡，但花費主要用於娛人而非酬神，這樣的花銷特點為賽會娛樂功能的強化奠定了經濟基礎；從賽會的舉辦形式來看，高空臺閣和水上競渡拓展了賽會的視覺空間，情節曲折、打鬥熱鬧的戲曲演出烘托了賽

會的熱鬧氣氛，爲賽會取得「一境若狂」的轟動效益提供了可能；加之這一時期賽會節律伴隨農事節律所進行的調整以及在生活重壓和禮制束縛下的人們渴望休閒、娛樂的心理需求，共同促成了江南賽會娛樂功能的強化。

　　第二章從賽會經濟功能變遷的角度評析賽會屢禁不止的原因，認爲明清江南迎神賽會屢禁不止的諸多原因中經濟因素是不可或缺的因素之一。明中期以來的商業化促進了迎神賽會經濟功能的深化，主要表現爲：迎神賽會的市場功能不斷強化，生計功能被廣泛認可。市場功能的強化保證了商人對賽會的持續捐助，穩定了賽會的資金來源；生計功能被部分士人認可後，最終得到乾隆帝的承認，促成了乾隆朝「寬禁」政策的出臺。由此，迎神賽會屢禁不止的現象發展爲朝廷「寬禁」甚至「弛禁」的局面，反映了朝廷對民間社會的控制削弱。

　　迎神賽會經濟功能的深化源於賽會組織結構的變化。迎神賽會源於「社祭」，其組織又稱「社」、「里社」、「村社」。在清代江南商業發展進程中，江南城市和市鎮迎神賽會的組織基礎逐漸由地域型「里社」向行業型「會社」轉變，並在晚清社會急劇商業化的過程中最終完成了以「里社」爲主向以行業「會社」爲主的轉型。行業組織的廣泛參與使江南迎神賽會在資金運作、項目策劃以及組織管理等方面表現出商業化運作特徵和以營利爲目的的經濟特性。可以說，迎神賽會已初步實現由單一民俗節慶向綜合節事會展的嬗變，成爲純粹的娛樂經濟活動。

　　第三章主要分爲三個部分：「异神」儀式的特徵及淵源；「异神」儀式的變遷與城市認同；城市認同與城鄉觀念、江南地域觀念。認爲明中後期以來，江南城市賽會中「异神」儀式最顯著的變化是「异神」巡境向「异神」巡城的發展，這一變化標誌著「祭祀圈」的地域範圍不斷擴大，由「里社」擴大至城市範圍。在此過程中，以東嶽或城隍爲中心的「十廟」賽會體系在江南諸多城市中逐漸建立起來。「十廟」賽會以諸神向東嶽或城隍解餉的「解餉會」和諸神之間相互酬謝的「謝酒會」爲特徵，既通過提升城隍與東嶽的宗教地位，強化朝廷和官府對城市的宗教控制，又借助諸神之間相互酬謝的「謝酒會」，密切城市範圍各神廟所屬區域間的經濟往來，以加強城市認同。城市認同的形成爲市鎮認同的構建提供了模式和範本，城市認同和市鎮認同的形成又爲環太湖流域爲核心的江南地域認同奠定了心理基礎。

　　第四章爲個案研究部分，主要討論迎神賽會教化功能的延續和發展情

況，及江南賽會教化的獨特性。第一節通過對泰伯信仰變遷的個案分析，探討精英文化對世俗文化的改造過程。文章認爲，信仰儒家化是指納入國家祀典的神靈，被改造成符合儒家道德標準的現象，此類現象集中體現了民間信仰的教化功能被強化的過程，因而尤其值得關注。江南民間對泰伯的祭祀和崇拜，最初只是最單純的先祖崇拜，與泰伯本人的德行無關。泰伯在民間作爲道德典範的神靈形象，主要是在明中期以後經過了儒家化的改造實現的。地方官府和地方士人是這一改造的推動力量，而地方士人又在其中發揮了主導作用。第二節以蘇州吳江縣同里鎮迎神賽會爲研究對象，以賽會的組織方式爲切入點，論述同里迎神賽會中家族輪值制的成因、運作實況及其地域特徵，試圖以此展現江南迎神賽會在組織方式上更具多樣性和地域性的一面。同里迎神賽會中的家族輪值制，以多族輪值爲特徵，以科舉大族在政治、經濟上的優勢地位爲前提，以滿足家族科第興旺和官運亨通爲目的。科舉家族對賽會的積極參與和組織，推動了賽會的正統化，反映了以士紳爲主體的文化權威，積極爭取和掌控對俗文化的領導權，並試圖通過對民間信仰活動的參與和改造，實現對民間社會「習禮成俗」的社會教化。

第一章 祭祀到狂歡：迎神賽會娛樂功能的強化

　　提及迎神賽會，文獻中常見這樣的評價，「耗業費財，招盜興賭，滋生禍亂，傷風敗俗」[註1]。然而，明清以來此風卻屢禁不止，甚至日盛一日，原因何在？從賽會功能的角度去尋覓答案，或許有助於問題解決，娛樂功能又是首當考慮的因素。趙世瑜曾從社會控制的角度評論廟會的娛樂功能說，「一方面它是平日單調生活、辛苦勞作的調節器；另一方面，也是平日傳統禮教束縛下人們被壓抑心理的調節器。更進一步看，這樣一種調節器又起到了社會控制中的安全閥的作用。」[註2] 朱小田從個人發展的角度分析廟會娛樂功能，認為廟會儀式「避開所有功利性的目的，使人們忘卻現實社會，把人們送到一個可以自由想像的世界裏去，在那裡他們可以完全放鬆自己」[註3]，因此，這些儀式有時候簡直就是一種消遣活動，參加儀式的人可以盡量狂歡，開懷大笑。不僅如此，賽會在滿足消遣需求的同時，還為人們提供了一個展示個人才華的機會，滿足個人發展的需求。

　　筆者認為，上述娛樂功能的形成也經歷了一個變遷過程。明中期以來，無關祀神的節令活動紛紛呈現出迎神化的趨勢，此即意味著迎神賽會的概念外延不斷擴展，在涵蓋了日常節令後，[註4] 表現出越來越強的世俗性和娛樂

〔註1〕 錢泳：《履園叢話》卷二十一《出會》，中華書局 2006 年版。民國《濮院志》卷六《風俗》，《中國地方志集成·鄉鎮志專輯》第 21 冊。
〔註2〕 趙世瑜：《狂歡與日常：明清以來的廟會與民間社會》，第 135 頁。
〔註3〕 朱小田：《在神聖與凡俗之間：江南廟會論考》，第 199、234 頁。
〔註4〕 明中期以後民間的重大節慶如元宵、清明、端午、中秋、重陽等都有迎神賽會化的趨勢。迎神賽會與節令賽會之間的界限日趨模糊，二者的含義也漸趨

性。究竟哪些要素不斷強化其娛樂功能，能否從明清江南社會變遷的角度闡釋這一現象及成因？帶著上述疑問，本文試加探討，以求教方家。

第一節　迎神賽會花費與大衆娛樂

迎神賽會就興會特徵而言，有「座會」和「巡會」之分。「座會」是在祠廟內或祠廟附近舉行的定點性賽會，朝神進香是此類賽會的特點，因此又稱爲「香會」，如「觀音會」、「浴佛會」、「眞武誕會」、「呂祖誕會」等。「巡會」是指扛擡祠廟中神像外出巡遊，然後再迎回的活動性賽會，以「舁神出巡」爲特徵，〔註5〕又稱爲「迎神賽會」，如「猛將會」〔註6〕、「城隍三巡會」等。〔註7〕

「巡會」以出會時間劃分，又分爲「例會」與「難會」。「例會」是定期舉行的賽會，或一年一次如「東嶽誕會」〔註8〕，或一年數次如「城隍三巡會」，或數年一次如盛澤「雙楊會」〔註9〕。「難會」是在特殊時期臨時舉行的賽會

一致。如重陽節在民間是飲酒登高的傳統節慶，但道光《昆新兩縣志》卻記載：「九日重陽節，集馬鞍山爲登高會，亦有舁神像登高者」（道光《昆新兩縣志》卷一《風俗·占候》）。又如，朱涇鎮在三月初三清明日時，「上下塘賭出擡閣，賭賽神會」（嘉慶《朱涇志》卷一《疆域志·風俗》）。棲塘鎮清明日有五顯廟會，人們乘坐燒香船去丁山上的五顯廟朝山進香（《棲塘舊事》）。烏青鎮上的元宵節，「久無元夕張燈之事……鄉間有三官會……有醮事，或演戲酬神」（民國《烏青鎮志》卷十九《風俗志》）。外岡鎮上元燈節「出燈不必在上元，臺閣尤盛」（崇禎《外岡鎮志》《風俗》）。

〔註5〕　范熒：《上海民間信仰研究》上海人民出版社 2006，第 290 頁。

〔註6〕　「猛將會」祀劉猛將，相傳神能驅蝗，天旱禱雨有應，專主田事，蓋古之臘神也。「猛將會」舉會時間在正月或七月。舉會之時，各鄉村農，擡像遊行，結綵設棚，坐神於內，邀它祠之神共飲，人皆霑醉，謂之「待猛將」。舁輿急奔，闖阡度陌，傾跌爲樂，謂之「摔猛將」。七月舉行的「猛將會」以驅飛蝗爲目的，又稱爲「青苗會」。參見《吳郡歲華紀麗》卷一《賽猛將》、卷七《青苗會》。劉猛將究竟爲何人？民間主要有宋人劉錡和元人劉承忠兩種説法。參見車錫倫、周正良：《驅蝗神劉猛將的來歷和流變》，收入《中國民間文化》第五集《稻作文化與民間信仰調查》，學林出版社 1992 年版。

〔註7〕　就江南地區而言，明初以來，幾乎每一府州縣城都立有城隍廟，並建立起規範的城隍祭祀制度。明中期以來，隨著地方城隍神的人格化趨勢漸趨明顯，城隍祭屬的官方宗教儀式，逐漸發展演變爲城隍出巡的迎神賽會儀式，出巡時間定於每年的上元、中元、十月朔，又稱爲「三巡會」。

〔註8〕　三月二十八日爲東嶽誕日。

〔註9〕　盛澤「雙楊會」興起於清中期，每十年舉行一次。「雙楊會」祀李明，相傳爲

活動，如「祈雨會」、「驅癌會」等。「難會」雖因事而舉，但「舁神」仍是其中不可或缺的內容，「舁神」於某一地界巡行的儀式，象徵著神靈即將爲此地免去災荒、疾疫，以消除災難。有詩人曾描繪「祈雨會」：「夏秋祈雨賽迎神，儀從分排對對勻；覓得兒童架臺閣，雲端鶴立古仙眞。」〔註 10〕儘管如此，因舉會時間不一，其影響遠不如例會。在江南迎神賽會中最具娛樂效應的是「巡會」中的「例會」，或每年一舉、或數年一舉、或數十年一舉，間隔時間愈長，轟動效應越大，花費亦隨之增長。

迎神賽會是江南奢靡之風的代表，但其花費實情，學界卻少有詳細梳理。〔註 11〕《南巡志》言「今賽會費以三萬計」〔註 12〕。《濮院志》言「祐聖會和吳江五方聖賢會甚奢靡，費各數千金」〔註 13〕。「鰲山會數年一舉，共二十四坊，每坊各出其一，以天字號爲首，鳳棲次之，計數日之間費且盈萬。」〔註 14〕《羅店鎮志》曰：「四鄉花稻登場，好事者率以敬神爲名搭臺演戲，浪費銀錢動以千計。」〔註 15〕《朱涇志》曰：「凡村莊賽會最非善事，會中置辦對象有形之花費動以累千計。五月五日，龍舟競渡，多至六七舟，舟上旗帳各分五色，皆用洋呢顧繡，舟上亦裝擡閣，所費以萬計。」〔註 16〕以上描述大體可知，賽會的花費大致維持在數千至三萬兩白銀之間。不過，同一鎮區的賽會，因規模和排場不同，花費也存在差異。如朱涇鎮鄉間的賽神活動耗費「數以千計」，而端午龍舟賽會，所費則以萬計。〔註 17〕

賽會花費是否日盛一日？筆者認爲，以「奢靡日盛」概括難免以偏概全，這一論斷大體只適用於明中後期至清前中期。明代濮院「祐聖會」〔註 18〕、

唐太宗第十四子，初封曹王，後爲蘇州刺史，有惠政。先天二年敕建祠於吳江，梁開平間，淮寇圍蘇，錢鏐祈禱有應，以事奏聞，敕封昭靈侯。參見嘉慶《同里志》卷四《祠廟》。

〔註 10〕李行南：《申江竹枝詞》，轉引自范熒：《上海民間信仰》第 290 頁。
〔註 11〕朱小田曾對近代江南廟會中的商品交易行爲和個人消費狀況進行分析，其研究成果《近代江南廟會與農家經濟生活》（《中國農史》2002 年第 2 期）對本人研究明清時期賽會的花費狀況具有啓示意義。
〔註 12〕民國《南潯志》卷三十二《風俗》，《中國地方志集成‧鄉鎮志專輯》第 8 冊。
〔註 13〕乾隆《濮鎮紀聞》卷末《雜識》，《中國地方志集成‧鄉鎮志專輯》第 21 冊。
〔註 14〕民國《濮院志》卷六《風俗》，《中國地方志集成‧鄉鎮志專輯》第 21 冊。
〔註 15〕光緒《羅店鎮志》卷一《風俗》，《中國地方志集成‧鄉鎮志專輯》第 4 冊。
〔註 16〕嘉慶《朱涇志》卷一《風俗》，《中國地方志集成‧鄉鎮志專輯》第 1 冊。
〔註 17〕嘉慶《朱涇志》卷一《風俗》。
〔註 18〕「祐聖會」祀眞武大帝。眞武又稱玄武，北方之神，三月三日爲眞武誕日。

吳江「五方聖賢會」〔註19〕甚奢靡，「費各數千金」。至清中期，濮院「鰲山會」數日間「費且盈萬」，珠寶會亦「糜費以萬計」，〔註20〕花費比之明末成倍增加。但延至清晚期，花費增速卻逐漸放緩。光緒時「蘇州七子山『三官誕會』」〔註21〕，舟車之費、果蔬之費，香火零星不下白金數萬」〔註22〕；陸墓「『賢聖會』，會中糜金近一萬，而會外花銷亦不可計數」〔註23〕。民國時「常熟塘橋鄉，每逢春秋之季，各廟有賽會之舉，往往動費萬金」〔註24〕；上海城隍會「每次至少以三日計，需費數萬金」〔註25〕。花費數額與清前期基本持平，由於社會的承平熙攘與迎神賽會的日盛一日是「皮之不存，毛將焉附」的關係〔註26〕，因而，當晚清江南經濟發展速度放緩甚至一度呈現衰退時，賽會的花費也未持續增長。

從史料記載來看，戲費和儀仗裝扮是最主要的花銷，酬神所用香火錢所佔比例並不高。蘇州「雷尊誕會」時，「圓妙觀中廟祝點燭之費，何止萬錢」〔註27〕，銅錢10000換作白銀不過5餘兩，花費不算高。《信義志稿》言「近鎮村莊自新正至初夏，各有臺戲……戲價數十緡至百餘緡不等」，十緡為銅錢一萬，百緡為銅錢十萬，約白銀50餘兩，為廟祝點燈之費的10倍。周莊鎮

〔註19〕 五方賢聖的身份有三種說法，一說五方賢聖指五湖之神，一說指五龍之神。（王稚登：《吳社編》）還有一說認為，五方賢聖為春秋時人蘧伯玉。

〔註20〕 民國《濮院志》卷六《風俗》。

〔註21〕 三官分別是天、地、水三官，三官誕辰分別在上元、中元、下元三日。遇三元日，士庶拈香，駢集於元觀之有神像者。蘇州城西七子山有三官行宮，釋氏奉香火。至日，輿舫絡繹，香潮尤盛。歸持燈籠，上街「三官大帝」四字，紅黑相間，懸於門首，云可解厄。或有以小插香供燭，一步一拜至山者，曰「拜香」。參見《清嘉錄》卷一《三官素》。

〔註22〕 《申報》1878年7月15日。

〔註23〕 《吳門賽會》，《申報》1882年6月15日。

〔註24〕 《常熟日報》1919年3月24日，轉引自朱小田：《在神聖與凡俗之間：江南廟會論考》，第137頁。

〔註25〕 《申報》1920年2月14日。

〔註26〕 樊樹志：《盛世的投影 —— 民間信仰與迎神賽會的記憶》，「明清以來江南城市的記憶」國際學術研討會論文，2009年11月。

〔註27〕 此則材料出自道光時人顧祿的《清嘉錄》卷六《雷齋》。范金民對道咸時期的銀錢兌換比率進行估算，約為銀一兩約換錢1900文。據《籌辦夷務始末》卷二載，道光十八年「每銀一兩換制錢一千六百有零」；《皇朝政典類纂·錢幣四》載，道光二十五年「京中紋銀每兩易制錢幾及二千文，外省每兩易錢二千二三百文不等」。取二者平均，大約銀一兩可換制錢1900文。參見范金民：《清代徽州商幫的慈善設施》，《中國史研究》1999年第4期。

「二三月間各鄉村集名優演劇，從郡城邀至，歌值加倍，午後登場，演不過二十局，恒費二十餘金」〔註28〕，爲玄妙觀香火錢的4～5倍。定海縣「每臺戲少則四五金，多至二十餘金」〔註29〕，以演戲數夜計，則耗費高達數百兩，爲玄妙觀香火錢的20倍。儀仗裝扮更是花費甚巨，杭州「雷王誕」〔註30〕會時「會中龍燈惟二條係夏布所紮，其餘皆上等湖綢，萬民傘四十八柄，傘沿全用貢緞，而繡以金色各樣，每柄值錢二百數十千」〔註31〕，48柄萬民傘總計約花費10000000錢，折合爲銀5200餘兩，爲玄妙觀香火錢的1000倍。

如此高額花費，是否成爲民眾無法承擔的重負呢？各家說法卻不盡相同。貝青喬曰「昨日取錢今取穀，春衣典卻還賣犢」〔註32〕。《朱涇志》言「凡村莊賽會最非善事……有錢者擾累非淺，無力者典貸俱窮」〔註33〕。但《貞豐里志》卻認爲中元龍舟競渡，雖爲「鎮中之流弊」卻「不至有傷家業」〔註34〕。民國時期的一份調查資料顯示，蘇州地區一個家庭用於迷信活動的費用高達20%、30%，〔註35〕另一份關於句容的調查資料則顯示，雇農的敬神費僅占總消費的4.5%，〔註36〕兩種估算相差大約6倍。筆者認爲必須在此考慮一點，即迷信花費並非都爲賽會，其中還包括了延請巫醫看病的費用，因爲「鄉俗最信師巫，有疾病醫藥非所急，必延羽士禳之，一禳不應必再禳，小禳不愈必大禳，費數緡至數十緡不等。費牛船鬻田宅亦所不惜」〔註37〕。一緡爲銅錢一千，十緡爲銅錢一萬，約合銀5餘兩。除去此項花費，農民4.5%的敬神費大體可靠。

〔註28〕 嘉慶《貞豐擬乘》卷上《風俗》，《中國地方志集成・鄉鎮志專輯》第6冊。

〔註29〕 民國《定海縣志》1924年版，轉引自朱小田：《在神聖與反俗之間：江南廟會考論》第138頁。

〔註30〕 六月二十四日爲雷祖誕日。有爲首者，集眾爲醮會，伶人舁老郎神像入觀，監齋、鹵簿、儀從，皆梨園子弟所充。參見《清嘉錄》卷六《雷齋》。

〔註31〕 《賽會紀盛》，《申報》1876年3月28日。

〔註32〕 貝青喬《催社糧詞》，道光《璜涇志稿》卷一《風俗》，《中國地方志集成・鄉鎮志專輯》第9冊。

〔註33〕 嘉慶《朱涇志》卷一《風俗》。

〔註34〕 嘉慶《貞豐擬乘》卷上《風俗》。

〔註35〕 醒農：《東山農村迷信問題之商榷》，《莫釐風》第2期，東聯出版社1947年1月1日版，轉引自小田：《在神聖與凡俗之間：江南廟會考論》第165頁。

〔註36〕 巫寶山：《各地農民狀況調查・句容》，《東方雜誌》第24卷，第16號，1927年。

〔註37〕 宣統《信義志稿》卷二十《風俗》，《中國地方志集成・鄉鎮志專輯》第8冊。

民國初年，賽會的人均花費大致維持在 5 元左右。「南通狼山奉泗州大聖，每年朝山禮拜的至少也有三、四萬人，山上僧寺照例收香錢，每人是銀元一枚，也有闊氣的，在寺裏吃一頓素餐，多加香錢，自三、五元至七、八元不等。也有苦力的農夫納香錢不到一元。平均計算，敬香連路費，每人總要花銀三四元。」〔註38〕盛澤「雙楊會」人均花費 5 元。〔註39〕常熟老城隍廟會上素膳每份 1 元。〔註40〕「浙江永康方岩山，每年香客二三十萬人，以每人之耗費以最低限度二元計，為數已達四五十萬。」〔註41〕賽會花費因人而異，從 1 元至 7、8 元不等，其花費主要用於食宿和進香，並未超出個人和家庭的承受能力，「耗業費財」之說多有偏頗之處。

第二節　迎神賽會表演與大眾娛樂

表演形式豐富是江南迎神賽會的地域特徵之一。顧頡剛先生曾評價迎神賽會說，「賽會是南方好，因為他們文化發達，搬得出許多花樣，而且會得鬥心思，一個地方有了幾個賽會，就要爭奇賭勝，接近他們浮華的力量」〔註42〕。「舁神」巡遊、龍舟競渡和賽神演劇是賽會中最引人注目的三大項目。在「舁神」巡遊中，臺閣又是最吸引眼球的表演形式。

臺閣初現於南宋，是將兒童或優伶分數層固定在一木製臺架的豎杆上，化妝打扮以扮演仙佛鬼神以及戲曲、傳說、神話等故事人物，再配以圖案背景裝飾，由數人擡扛，在街道或廣場上巡遊表演的形式。〔註43〕南宋杭州城「祠山誕會」〔註44〕時，「臺閣巍峨，神鬼威勇，並呈於露臺之上。自早至暮，

〔註38〕養氣：《賽會祈神是無益的》，《申報》1922 年 4 月 21 日。

〔註39〕汪光祖：《沒有一個有心人了》，《新盛澤》1924 年 5 月 1 日。

〔註40〕嚴洗塵：《五月廿一的太倉》，轉引自朱小田：《在神聖與凡俗之間：江南廟會考論》第 175 頁。

〔註41〕《申報》1926 年 10 月 28 日。

〔註42〕顧頡剛：《妙峰山》，第 12 頁。

〔註43〕車文明：《臺閣：一種古老而廣泛的廣場表演藝術》，《文化遺產》2008 年第 2 期。

〔註44〕「祠山誕會」祀祠山大帝張渤。張渤或說吳興烏程人，或說武陵龍陽人，欲自「長興之荊溪鑿河至廣德，以通舟楫之利。工役將半，俄化為異物，驅役陰兵。夫人李氏見而怪之，遂隱形遁去。居民思之不已，即橫山立祠以祀之，祈祭不報」。俗傳二月八日為祠山誕日，民間於此日食凍狗肉，此日前後必有風雨，謂請客風、送客雨。參見《吳郡歲華紀麗》卷二《祠山生日》。

觀者紛紛」〔註45〕。《武林舊事》描述臺閣形制「有木床鐵擎爲仙佛鬼神之類，駕空飛動，謂之臺閣」〔註46〕。此時臺閣多爲宗教人物，是否由眞人扮演尚不清楚，從臺閣「呈於露臺之上，自早至暮，觀者紛紛」的描述來看，架於臺閣者可能只是佛道塑像而已。

明中後期江南臺閣裝飾有較大改觀，絲織品和珠寶的大量使用使臺閣成爲「异神」隊伍中最亮麗的景觀，大大提升了賽會的觀賞性。張岱評價家鄉山陰的臺閣時不無自豪地說，「自五雪叔歸自廣陵，多購法錦宮緞，從以臺閣者八……蓋自有臺閣，有其華無其重，有其美無其都，有其華重美都，無其思致，無其紋理。」〔註47〕絲織品的使用爲賽會營造了轟動一時的效應，「楓橋楊神廟臺閣，自駱氏兄弟主之，一以思致文理爲之，三年亦三換之」，以致「四方來觀者數十萬人」。〔註48〕以珠寶裝飾臺閣在明末十分常見，「楊神誕會」時「臺閣上有金玉珠寶墜地，拾者如有物憑焉不能去」〔註49〕。楓涇鎮臺閣「煉金作柱細如指，以錦繡飾之，使不見跡，上乘童子，裝點故事。綴以金玉珠翠，必使絢爛奪目而後已」〔註50〕。

臺閣人物取材廣泛，除宗教人物外戲劇小說人物也是臺閣扮演的主角。鎮江「都天會」臺閣一二十架，皆扮演故事，此「臺閣一二十座非一人所能辦，必前一年預爲之，而出會前一日，尚不知今年之臺閣是何戲劇也」〔註51〕。蘇州東山「城隍會」臺閣共十九座，施巷的「老一百」，殿前的「珍珠塔」，葉巷的「借茶」，漾橋的「打漁殺家」、唐股村的「白水灘」，曹塢的「十字坡」，渡水橋的「水漫金山」，王舍的「打店」等都取材於戲曲故事。〔註52〕這些臺閣人物衣飾華美，造型美觀、搖曳多姿、輕盈飄逸，加之由人扛擡、以堅實鐵柱擎之的高空表演形式，極大拓展了賽會的視覺空間。

〔註45〕吳自牧：《夢粱錄》卷一《八日祠山聖誕》。

〔註46〕周密：《武林舊事》卷三《迎新》，《東京夢華錄（外四種)》，中國商業出版社1982年版。

〔註47〕張岱：《陶庵夢憶》卷七《及時雨》。

〔註48〕張岱：《陶庵夢憶》卷四《楊神廟臺閣》。

〔註49〕張岱：《陶庵夢憶》卷四《楊神廟臺閣》。

〔註50〕光緒《重輯楓涇小志》卷十《拾遺》，《中國地方志集成‧鄉鎮志專輯》第2冊。

〔註51〕歐陽兆熊：《水窗春囈》卷下《都天會》，中華書局2007年版。

〔註52〕嚴家偉：《東山臺閣》，《蘇州雜誌》1990年第2期，轉引朱小田：《在神聖與凡俗之間：江南廟會論考》。

不僅如此，臺閣還融合戲劇元素和水鄉景觀，形成了極富特色的龍舟競渡風俗。蘇州龍船在「閶、胥門，南北濠及楓橋西路水濱皆有之，各占一色……頭亭中選俊童裝臺閣故事，曰「龍頭太子」也……尾高丈許，牽彩繩，令小兒水嬉，有獨佔鰲頭、童子拜觀音、指日高升、楊貴妃春睡諸戲」〔註53〕。西湖龍舟亦是如此，「西湖有龍舟四五隻，頭尾均高彩畫如龍形。中艙上下兩層，首有「龍頭太子」及秋韆架，均以小孩裝扮，太子立而不動，秋韆上下推移」〔註54〕。朱涇鎮「五月五日，龍舟競渡多至六七舟，舟上旗帳各分五色，皆用洋呢顧繡，舟上亦裝臺閣」〔註55〕。

除富麗堂皇的龍舟裝扮外，江南龍舟競渡的特別之處還在於，它不僅比賽水手的航船速度，更考驗水手的水上競技能力。虎丘龍舟勝會之時，「先有閣袍、纓帽之人，手執五色小旗插畫舫之楣，而後諸龍舟各認旗色，回招盤旋，謂之『打招』，一招水如濺珠，金鼓之聲與水聲相激」，當畫舫中人擲土罐於水中時「龍舟中人執戈競鬥，入水相奪以為娛樂」〔註56〕。震澤東嶽誕會「村各具船，船自成隊，隊各別以旗。一隊前導，數十艘後隨，銜接疏密，不爽尺寸。一隊左上，一隊右下，一隊鳳來，一隊雲遊。迴旋盤舞於嶽滸者，謂之水朝……觀之時，商旅止楫，符檄守津，行人休廛市罷。兩岸觀者雪屯蟻聚，四方來者張宴幕、載婦女，連舸接艦，夾岸鱗錯」〔註57〕，可謂「舉國若狂」。此類活動相比競爭速度的劃舟競技更具競爭性和觀賞性。

正因江南龍舟競渡具有較強的競爭性和觀賞性，因而此項娛樂在江南並不局限於端午時節，清明、中元亦有競渡。周莊鎮「中元有龍舟之勝……秋冬四方遊客或擅彈詞或工評語，復絡繹而至」〔註58〕。巴城鎮，「里中每年中元節城隍賽會，龍舟競渡。先一日，神坐社船往巴城湖西壇地祭無祀孤魂。祭畢船向北進至斜堰闐常界乃還，所謂巡閱邊防。神船在巴湖時，社船十餘銜接，鼓吹喧闐，龍舟亦歌唱馳使，旗傘煊耀，大聲雷動，巴水鼎沸。繞神三匝，首奪錦標，高呼得意，夕陽輝映，絡繹歸舟」〔註59〕。棲塘鎮，清明

〔註53〕袁景瀾：《吳郡歲華紀麗》卷五《劃龍船》，江蘇古籍出版社1998年版。
〔註54〕范祖述：《杭俗遺風·時序類：龍舟競渡》，上海文藝出版社1989年版。
〔註55〕嘉慶《朱涇志》卷一《風俗》。
〔註56〕袁景瀾：《吳郡歲華紀麗》卷五《劃龍船》。
〔註57〕道光《震澤鎮志》卷二《風俗》，《中國地方志集成·鄉鎮志專輯》第13冊。
〔註58〕嘉慶《貞豐擬乘》卷上《風俗》，《中國地方志集成·鄉鎮志專輯》第6冊。
〔註59〕民國《巴溪志·社會》，《中國地方志集成·鄉鎮志專輯》第8冊。

時節「水際龍舟，岸濱彩會」，俗稱「水南會」。濮院鎮「清明日鄉人每圩各裝一船爲划船會」〔註60〕。江南地區水域廣大的地理環境爲龍舟競渡的普泛化提供了自然條件，便利了競渡娛樂與迎神活動的結合，極大擴展了賽會娛樂的影響區域。

如果說臺閣和競渡擴展了賽會的視覺空間，那麼戲曲表演則是一場視聽盛宴。明清時期，隨著鄉居地主城居化和里甲制度崩潰，由宗族和鄉紳控制的祀神劇，逐漸讓位於地方游民控制的市場劇。〔註61〕這一戲曲組織形式的變化帶來了戲劇表演內容的變化。游民爲實現「斂財」目的，改革戲劇演出，使內容和形式更加世俗化以迎合大眾口味，滿足觀眾忘卻痛苦、發泄憤懣、表達喜悅、增進友誼和鄉誼等各種心理訴求。

明末松江府迎神賽會時搬演雜劇故事如「曹大本收租」、「小秦王跳澗」之類。據日本學者田仲一成考證，曹大本收租本於《龍圖公案》小說，主要講述宋仁宗的表兄弟劉大本（劉誤爲曹）依仗財勢，欺壓百姓，最終被包青天捉拿問罪的故事。「小秦王跳澗」講述的則是唐代將軍尉遲恭追擊秦王李世民的美良川戰役。當李世民跨馬跳過被稱爲虹倪澗的寬闊深淵後，追來的尉遲恭也三次打馬跳過深淵，繼續追擊。這時，營救秦王的秦叔寶也驅馬躍過，與尉遲恭戰鬥。這是一齣表演三位英雄英勇戰鬥的戲劇，情節簡單，甚至有些荒誕不經，但武戲打鬥卻相當精彩，因而深受觀眾喜歡。這一時期，南京的上元燈會中也經常搬演這齣武劇，劇目爲「小秦王奔逃，尉遲恭勇驍」。

田仲一成對這一時期市場劇的劇目進行整理後發現，以野史小說爲藍本的豪俠類戲劇位居首位，約占 50%。《吳社編》中列舉的雜劇劇目共 10 篇，其中《虎牢關》（三國志平話）、《曲江池》（李娃傳）、《楚霸王》（楚漢之爭）、《單刀會》（三國志平話）、《劉知遠》（殘唐五代史）、《三顧草廬》（三國志平話）都是根據野史小說改編的豪俠劇。豪俠劇在賽會中深受歡迎的原因，一是由於其取材多以野史小說爲藍本，情節跌宕起伏，引人入勝，更容易展現人物性格和豐富人物形象，形成代表性的名篇佳段。如取自《三國志平話》的《單刀會》、《虎牢關》、《三顧茅廬》等唱段，逐漸成爲了明後期迎神賽會演劇中的經典唱段。此外，武戲成分較多也是豪俠劇吸引觀眾的重要原因。武戲的鑼鼓音樂節奏感強，鏗鏘有力，便於活躍現場氣氛，聚集人氣。武戲

〔註60〕民國《濮院志》卷六《風俗》，《中國地方志集成·鄉鎮志專輯》第 21 冊。
〔註61〕參見（日）田仲一成：《中國戲劇史》，北京廣播學院出版社 2002，第 222 頁。

的動作打鬥驚險刺激，即便觀眾在鬧哄哄的氛圍中，根本聽不清伴奏和唱詞，也能在較遠的距離內欣賞到精彩的打鬥場景。

當然，賽會戲劇並不總是輕鬆愉悅的搞笑劇，戲劇也借助催人淚下的悲劇情節，表達對現實的不滿，引起觀眾的共鳴，進而起到「導瀉」的社會效益。正因戲劇娛樂具有這一特點，趙世瑜將其稱之為社會控制的「安全閥」。

以《曹大本收租》為例，這則故事雖以皆大歡喜結尾，但其間安排的故事情節處處體現人世悲涼和老百姓的無奈。故事中曹大本是宋仁宗的親戚，依仗權勢，欺壓百姓。「書生陳可中向大本借了十兩銀子，加上利息還了十五兩。但大本垂涎陳妻美色，將借據金額改為五十兩，並添上以其妻田氏作為人質的字樣。陳赴京趕考途中，遇到包拯，訴說了大本的惡行。包拯喬裝私訪，途中遇到陳妻田氏後，與田氏同去大本家理論，不料卻被關進水牢。在牢中結識了送飯的奴婢吳氏，得知吳氏也有類似的經歷：吳氏的丈夫從大本那裡借了五兩銀子，卻被篡改成二十五兩，丈夫被逼死後，母女被迫為奴，女兒因不從大本為妾被踢死，遺體也被燒成了灰燼。吳氏同情田氏遭遇，將二人放走。包拯回到官衙，開庭受理吳氏和田氏的訴狀，派欽差捉拿大本，不料欽差被大本打死。於是包拯再次來到大本家，假裝弄錯了逮捕令而來謝罪，大本中計，表示和包拯和解，並親送包拯出門，被包拯埋伏的手下人抓獲，送往都城問罪。但仁宗卻祖護親戚大本，赦免了他。陳可中到京城參加考試，再次遇到大本，被大本抓住並挖掉了眼鏡。最後，包拯再次捉拿大本，予以定罪。」〔註62〕

這齣劇雖以罪人伏法的圓滿結局收場，但全然不是一部輕鬆搞笑劇，劇情極為寫實，尤其是大本依仗皇親國戚的身份，不但欺壓百姓、打死欽差，而且在被定罪以後仍然能逍遙法外，被豁免釋放的劇情設計，表達了百姓對現實政治的強烈不滿，因此這實則是一齣借古諷今之劇。〔註63〕從娛樂功能的角度來看，這則寫實劇實則是將觀眾引入劇情之中，借助罪犯伏法的情節，

〔註62〕 （日）田仲一成：《中國戲劇史》第 227、228 頁。
〔註63〕 戲劇的某些情節雖然荒誕不經，與正史有違，但也是為了滿足觀眾的某種意願。以昭君出塞為劇情的《和戎記》在明末的南京燈會上屢屢上演，但此劇的劇情實在經不起推敲。《和戎記》中「昭君在列隊入國前，要求匈奴單于殺掉陷害自己的畫家毛延壽，單于答應了她的要求，殺了毛延壽，昭君自己也投進烏江死了。」但據史料記載，昭君下嫁單于，生了二子，又嫁單于繼子終了一生。如果昭君投烏江死了，怎會有昭君出塞呢？可見，劇情的安排完全是為迎合觀眾不捨昭君離開中原的心理。

發泄對官府的強烈不滿，抒發大眾心中的憤懣和不快，起到情緒疏導的作用。

綜上所述，明中後期至清前中期是江南迎神賽會娛樂性強化的重要時期。不僅賽會花費持續增長，而且在表演項目上也有明顯創新，高空臺閣和水上競渡拓展了賽會的視覺空間，戲劇演出引人入勝、扣人心弦，爲賽會取得「一境若狂」的轟動效益提供了可能，加之賽會節律伴隨農事節律進行的調整，三者分別從經濟、藝術、時間三個層面促進了迎神賽會娛樂性的增長。

第三節　迎神賽會節律與大眾娛樂

明清時期，迎神賽會主題在江南區域內具有若干一致性。一月「元夕燈會」、二月「土地神會」、三月「城隍會」、「東嶽會」、五月「龍舟會」、七月「盂蘭盆會」、八月「青苗會」成爲區域內最具影響的賽會。〔註64〕就舉會時間而言，諸會雖大體延續「春祈秋報」的傳統，但春季賽會的規模和影響遠大於秋季。著名的西湖香市「起於花朝，止於端午」。蘇州府「秋山香市，凡支硎、靈巖、虎阜、穹窿諸山，遠鄉男婦，亦結伴雇船，旗書『朝山進香』字至山，則策杖步行以爲虔，和面膜拜以爲敬，習俗相沿。必彌月而止，惟不逮春時香市之盛」〔註65〕。

在列表統計的 61 縣、2 廳的相關資料中，秋季舉行「青苗會」、「猛將會」或「土地會」的縣份共 17 個，而春季舉行土地神會的縣份高達 25 個。〔註66〕造成兩季差異的原因，除氣候因素外，經濟因素即經濟作物種植改變了家庭勞作和家庭收益的時節顯得更爲關鍵。〔註67〕尤其是在蠶桑區，「改稻爲桑」的盛行，使秋季水稻收益在家庭經濟收入中的比重下降，秋季賽會的規模和影響也隨之下降。不僅如此，春季賽會在稻作區和蠶桑區也表現出明顯的地域差異：

其一，「龍舟會」舉會時間和盛行區域不一。五月「龍舟會」主要盛行於

〔註64〕 參見文後附表。

〔註65〕 袁景瀾：《吳郡歲華紀麗》卷八《秋山香市》。

〔註66〕 秋季舉行青苗會或猛將會的縣份有：長洲、元和、吳縣、崑山、新陽、仁和、錢塘、海寧、武康、上海、金山、青浦、華亭、無錫、嘉興、平湖、鎮洋，共 17 個縣份。春季舉行土地會的縣份有：長洲、元和、吳縣、武進、陽湖、江陰、宜興、荊溪、仁和、錢塘、餘杭、富陽、臨安、於潛、昌化、海寧、嘉興、秀水、平湖、桐鄉、安吉、武康、六合、高淳、鎮洋，共 25 個縣份。

〔註67〕 參見李伯重的相關研究，以及《江村經濟》中關於「棉七稻三」的說法。

棉作區，在蠶桑區並不盛行。依據列表統計，農作區〔註68〕舉辦「龍舟會」的共有 13 縣、1 廳，但蠶桑區中僅蘇州府城、杭州府城、湖州府的德清以及嘉興府的海鹽舉辦「龍舟會」。不僅如此，蠶桑區「龍舟會」的時間多提前至三月，如湖州府德清縣於清明賽龍船會，只因「重五」正值農忙，因預移於「清明」，〔註69〕而不在五月舉行。「龍舟會」的區域差異，或可歸因於經濟作物品種差異而帶來的農時差異。

在棉作區，端午「龍舟會」正值農忙以後，此時舉會有利於放鬆農忙時緊繃的神經，使大眾作短暫休憩後投入到新一輪的夏種之中。而在蠶桑區，端午正值新絲上市，此時閉戶養蠶的工作尚未結束，大規模舉會勢必消耗人力、物力，因而將「龍舟會」或提前或取消。

其二，春季「香汛」的時間不一。棉作區「香汛」在三四月間，蠶桑區則在二三月間。〔註70〕如朱涇鎮「三月清明，上下塘賭賽神會」〔註71〕。真如里「香民每於四月間賽神」〔註72〕。沙頭里「三四月間，鄉村社會，舁神至璜涇東嶽廟」〔註73〕。雙鳳里「遠近神廟三四月間解黃錢赴宮焚化」〔註74〕。璜涇鎮「三月朔四月中，村民日集岳廟解黃錢」〔註75〕。蠶桑區春季賽會的高潮則在二三月間，有些地區甚至提前至正月至二月。如平望鎮「自正月至二月，各坊及各鄉村祠廟俱迎神投刺賀歲，亦有演劇設席者，既畢，城隍復演劇設席，遍請各神，名曰專席」〔註76〕。雙林鎮「鄉間各圩堡，自正月初旬，至清明前止，照田畝派錢，搭臺演春戲。絡繹不絕。鄉民……每春社時，賽會演戲」〔註77〕。列表顯示，蠶桑區杭嘉湖三府的土地神會也都集中在二三月間。

〔註68〕作物種植以木棉為主的棉作區，如松江府、太倉州、蘇州府的崑山新陽、常熟昭文四縣，常州府的江陰縣。蠶桑區為湖州府、嘉興府、杭州府的餘杭、富陽、蘇州府的吳江、盛澤等地。

〔註69〕民國《德清縣新志·風俗》。

〔註70〕南京是棉作區，湯山農諺中有「三月上廟，四月種田」之說，據朱小田的研究，此地廟會確係農曆三四月間舉行的多，秋天次之。朱小田：《在神聖與凡俗之間：江南廟會考論》第 183 頁。

〔註71〕嘉慶《朱涇志》卷一《風俗》，《中國地方志集成·鄉鎮志專輯》第 1 冊。

〔註72〕民國《真如志·風俗》，《中國地方志集成·鄉鎮志專輯》第 3 冊。

〔註73〕乾隆《沙頭里志》卷二《風俗》，《中國地方志集成·鄉鎮志專輯》第 8 冊。

〔註74〕道光《雙鳳里志》卷一《風俗》，《中國地方志集成·鄉鎮志專輯》第 9 冊。

〔註75〕民國《璜涇志稿》卷一《風俗》，《中國地方志集成·鄉鎮志專輯》第 9 冊。

〔註76〕光緒《平望鎮志》卷十一《節序》，《中國地方志集成·鄉鎮志專輯》第 13 冊。

〔註77〕民國《雙林鎮志》卷十五《風俗》，《中國地方志集成·鄉鎮志專輯》第 22 冊。

明清時期，江南地區迎神賽會節律的變化，順應了商品化農業發展所致的生產節奏變化，並未產生「耗業失事」的惡果。這一變化了的賽會節律滿足了農民休憩娛樂的心理需求，加之江南地區相對豐裕的生活環境，農民以狂歡的方式實現放鬆，參與賽會也就不足爲怪了。葉聖陶先生對賽會與農民娛樂間的關係，曾有一段精彩的論述：「一般人爲了生活，皺著眉頭，耐著性兒，使著力氣，流著血汗，偶而能得笑一笑，樂一樂，正是精神上的一服補劑。因爲有了這服補劑，才覺得繼續努力下去還有意思，還有興致。否則只作肚子的奴隸，即使不至於悲觀厭世，也必感到人生的空虛，有些人說，鄉村間的迎神演戲是迷信又靡費的事情，應該取締。這是單看了一面的說法，照這個說法，似乎農民只該勞苦又勞苦，一刻不息，直到埋入墳墓爲止。要知道迎一回神，演一場戲，可以喚回農民不知多少新鮮的精神，因而使他們再高興的舉起鋤頭。迷信，果然；但不迷信而有同等功效的可以作爲代替的娛樂又在哪裏？」〔註78〕

迎神賽會不僅延續「春祈秋報」傳統，成爲農民的主要娛樂方式，在城市和工商業市鎮中，賽會也成爲商人、手工業者、城鎮游民以及婦女群體的重要娛樂方式。有關商人參與賽會的動機，另有專章論述，此不贅述。〔註79〕在此，重點討論雇工、游民等底層群眾和女性群體參與賽會娛樂的情況。

隨著城市和市鎮經濟的發展，江南的外來工匠愈益增多。如蘇州城內「踹匠不下萬餘，均非土著，悉以外來」〔註80〕。外來雇工同樣需要娛樂和休憩，以放鬆身心。蘇州五月山塘龍舟競渡，「踏布坊人群操小舟，鳴金伐鼓，劃槳如飛」〔註81〕杭州城中「織染傭工多釀遊吳山，趁此日息工」〔註82〕。濮院鎮「三月二十八，賽東嶽會，輿夫、僕從，率織工、拽工及市井少年爲之，皆自謂捨身祈福，屆期無敢規避者」〔註83〕。盛澤鎮「中元夜，四鄉傭織之

〔註78〕葉聖陶：《倪煥之》，人民文學出版社 1982 年，第 96 頁。賽會娛樂不僅是休憩放鬆的機會，也是個人能力的一次展示。明代震澤東嶽會的參與者來自震澤鄉各村，「村各具船，船自成隊，隊各別以旗。……隊之精武者得岸人喝彩，得意勝千金之賞，不稱則拍掌發笑，隊長俯首自愧不敢怒也。」道光《震澤鎮志》卷二《風俗》。

〔註79〕參見本文第二章。

〔註80〕《長州吳縣踹匠條約碑》，《明清蘇州工商業碑刻集》江蘇人民出版社 1981年，第 68 頁。

〔註81〕袁景瀾：《吳郡歲華紀麗》卷五《山塘競渡》。

〔註82〕萬曆《杭州府志・風俗》，轉引自民國《杭州府志・風俗》。

〔註83〕民國《濮院志》卷六《風俗》，《中國地方志集成・鄉鎮志專輯》第 21 冊。

人，及俗稱曳花者，約數千人，計聚東廟並昇明橋，賭唱山歌，編成新調，喧闐達旦」〔註84〕。雙林鎮「正月十一日爲太君神誕，本鎮則賽放生橋。是日，至早至晚演戲。包頭業及黑坊工人主其事」〔註85〕。對工匠而言，賽會不僅滿足了休憩娛樂的內向型需求，也滿足了交際娛樂的外向型需求。工匠身處它鄉，無依無靠，賽會娛樂成爲驅逐孤獨，加強溝通聯繫的最佳途徑。蘇州龍舟競渡時「踏布坊人操小舟，鳴金伐鼓，劃槳如飛，俗呼『煙囪洞』」，在士人看來踹匠的娛樂或許「聒噪可厭」，但他們卻毫不理會，仍然自以爲樂。〔註86〕

　　積極參與賽會的另一群體是社會游民。早在明宣德年間，游民現象已十分突出，周忱言「僧道遊墮，皆有同夥」，曾下令「禁惰浮，勸農桑」。〔註87〕到嘉靖以後，愈來愈多游民開始出任賽會會首。〔註88〕南翔鎮「市井惡少無賴，所謂打降、白拉者，……擡神絮詐，諸不經事，多起於若輩」〔註89〕。外岡鎮「鎮中不安靜之人，糾合同志，充當保正，沿街貼費，遇事生彼。甚至迎神賽會，高臺演戲，坐派金錢，皆出若輩所爲」〔註90〕。盤龍鎮上「好

〔註84〕乾隆《盛湖志》卷下《風俗》，《中國地方志集成·鄉鎮志專輯》第11冊。
〔註85〕民國《雙林鎮志》卷十五《風俗》，《中國地方志集成·鄉鎮志專輯》第22冊。
〔註86〕袁景瀾：《吳郡歲華紀麗》卷五《山塘競渡》。
〔註87〕明末以來游民的構成日益複雜。一方面隨著江南經濟發展和人口增長，人地矛盾愈益突出，農業中的富餘勞動力不得不到城鎮謀生，無業謀生者則成爲城鎮游民；另一方面，大量的外來人口流向江南受雇於人成爲雇工，其工作大多具有季節性和短暫性的特徵，在工閒或失業之時，他們或返鄉或留守，留守者爲謀生計歇居寺院，極易與當地游民發生聯繫，轉化爲游民。康熙四十年，蘇州府就曾因此禁止寺院容留之法。「向來流棍煽惑，多在西山廟、半塘寺、西園禪院、菩提場、鄉山廟等處，爲聚眾倡亂之場。嗣後嚴飭各住持僧道，如有踹匠持強聚集，許即指名密報，以憑拿究。如敢仍前縱容，住持僧道，一併治罪。則奸究不致聚結爲非，而踹匠亦得安心樂業矣。總之，踹匠原爲謀生而來，非因走死而口。惟是流棍之線索必靈，則踹匠口口口至將生失業，爲禍無窮。今日之痛除流棍者，非接力地方靖奸萌，實爲踹匠驅蟊賊也。」（《蘇州府約束踹匠碑》，洪煥椿主編：《明清蘇州工商業碑刻集》，第64頁）寺廟是游民與踹匠發生聯繫的場所，賽會活動則是加深聯繫的手段，所謂「流棍一命而出，千百踹匠景從」（《蘇州府約束踹匠碑》，《明清蘇州工商業碑刻集》第63頁），由此引起官府的極大恐慌。
〔註88〕王稚登：《吳社編》，《筆記小說大觀》：臺北新興書局1970年，第4編，第6冊。
〔註89〕嘉慶《南翔鎮志》卷十二《雜誌·紀事》，《中國地方志集成·鄉鎮志專輯》第3冊。
〔註90〕乾隆《外岡續志》卷二《俗蠹》，《中國地方志集成·鄉鎮志專輯》第2冊。

事者迎神演劇，自誇豪舉，鳩財聚眾，各村賽祭，引誘招搖，釀成奸竊，又或開場賭博，揮金如土」〔註91〕。月浦里「不逞之徒於曠野搭臺斂錢演戲，苛派出資，稍不順意則群毆之」〔註92〕。對於游民而言，賽會娛樂或許不乏借機斂財的目的，但休憩、娛樂仍然是不可或缺的與會動機。賽會娛樂中所獲得的勝利的榮耀，在士人看來或許不名一文，但在這些底層群眾看來，卻是他們能力的體現與自信的源泉。蘇州端午龍舟競渡，「當頭之人，率皆里巷游手，隔歲先以帶葉竹竿豎橋上為來年出龍認色」，「出龍前數日，祀神演武，曰『下水』，上岸送神，謂之『拔龍頭』」〔註93〕。周全的準備是為確保競賽的勝利，勝利的榮耀必將增色其平凡的生活。

婦女也是賽會娛樂活動的重要參與群體之一。《照世杯》中有這樣一段評論，「我們吳越的婦女，終日遊山玩水，入寺拜佛，倚門立戶，看戲赴社，把一個花容粉面，任你千人看，萬人瞧。他還要批評男人的長短，談笑過路的美醜。」〔註94〕說吳越婦女終日遊山玩水，未免言之太過，但入寺拜佛，看戲赴社的行為中又確不乏遊山玩水的目的。《貞豐擬乘》的一段記載將江南婦女「借佛遊春」的心理淋漓盡致地表達出來：

> 此間男女最崇香信，遠則越海而至普陀，不避風波之險，外此如武當、三茅、九華、天竺等處，亦歲必至焉。若虎丘之墓，附近名山不過資遊覽計耳，再或村嫗里老，無力出鄉，僅在馬觀莊、落霞浦、野廟中，和南膜拜，作竟日之遊，亦以為了卻一年心事也。
>
> 〔註95〕

隨著江南絲織業和棉織業的發展，女性經濟收益不斷增加，女性不僅在家庭經濟生活中的地位得以提升，而且其外出娛樂也由此具備了經濟基礎。〔註96〕無錫三月十八日「三茅誕會」，村婦將「終歲機杼所積餘錢零布，必罄用始為快」，說明女性的賽會支出大多來自自己的經濟收入。但女性在經濟收入增加的同時，也必須同時承擔更大的生存壓力，年復一年的養蠶繰絲、紡紗織布

〔註91〕光緒《盤龍鎮志·風俗》，《中國地方志集成·鄉鎮志專輯》第 2 冊。

〔註92〕光緒《月浦志》卷九《風俗》，《中國地方志集成·鄉鎮志專輯》第 4 冊。

〔註93〕顧祿：《清嘉錄》卷五《劃龍船》，江蘇古籍出版社 2008 年版。

〔註94〕酌元亭主人：《照世杯》卷三《走安南玉馬換猩絨》，上海古籍出版社 1956 年，第 63 頁。

〔註95〕嘉慶《貞豐擬乘》卷上《風俗》，《中國地方志集成·鄉鎮志專輯》第 6 冊。

〔註96〕徐光啟曾指出，江南所以「能供百萬之賦，……全賴此一機一杼而已」。

的勞動，使他們因勞動崗位固定和缺乏身體運動以及勞動者之間似乎沒有交流，而引發緊張和激動。尤其是在蠶桑區，四月爲蠶月，家家閉戶，忙於蠶事，互不往來，尤易引發女性的緊張和焦慮。因此，盛大的芝村「龍蠶會」安排在「蠶忙」之前，以祈禱龍蠶豐收，緩解緊張情緒。盛澤「蠶神誕會」則安排在五月新絲上市之後，以娛樂方式慶祝豐收，消除疲憊、放鬆身心。

比之於男性，女性參與賽會的行爲既是一種逃避，又是一種追求，還是一種挑戰。賽會是逃避繁重的家務勞動、婚姻壓力、生育壓力〔註97〕的最佳途徑，尤其會中精彩的戲曲表演，使她們得以暫時忘卻現實生活的痛苦，全身心投入到另外一個虛擬世界之中。婦女參與賽會，還是對現實統治秩序的一種挑戰。吳越婦女經濟地位相對較高，豔裝出遊，吸引異性，甚至對異性評頭品足，既是對男性權威的一種挑戰，又是女性本能的一種釋放。上古時有桑林之舞，盛唐時有曲江宴遊，降至明清，男女之間公開交往的機會幾近喪失，迎神賽會成爲男女間自由交往的唯一非法機會。以女性口吻吐露心聲的竹枝詞，將娛樂活動掩飾下朦朧又強烈的愛情需求隱晦地表達出來。

燒香詞

深閨寂寞回寒愁，爲借燒香一浪遊，風格自知饒豔麗，淡濃妝束幾雕搜。燒得心香福壽綿。佛前士女踵相連，憐他瓜字初分女，也向人叢看少年。新色衫裙自剪裁，鮮明花朵配身襯。燒香一會諸姬面，怪道心思一樣來。虔把名香供法王。低頭一一訴衷腸，觀音本是多情佛，說盡癡情也無妨。〔註98〕

斜塘竹枝詞

燒香先過福源宮，夾路重楊更向東。妾自拈花郎自笑，不曾眉羽心已通。〔註99〕

從社會心理學的角度來講，賽會娛樂具有放鬆、消遣、發展三大功能。身處底層的游民、雇工，禮制束縛下的女性群體，參與賽會的目的都有放鬆、消遣的意圖。即便是非理性的娛樂行爲，也是爲表達期望、宣洩不滿，從而實

〔註97〕 蘇州盂蘭盆會時，婦女「集開元寺剪紅紙爲裙，著而脫之，云免他生產厄」。《姑蘇竹枝詞》卷四，《中國風土志叢刊》第43冊。

〔註98〕 倪起鳳：《燒香詞》，（道光）《塘灣鄉九十一圖里志》《物俗》，《中國地方志集成‧鄉鎮志專輯》第1冊。

〔註99〕 倪以埴：《斜塘竹枝詞》《中國風土志叢刊》，廣陵書社2003年版，第43冊，第12頁。

現個體更好地發展。從宗教與娛樂的關係來看，「一旦崇拜者結合起來，他們的歡騰狀態就必須得外在轉化成一場縱情舉動，要想讓它服從精心策劃好的目的，可不是件容易的事。其中，有一部分放縱舉動會毫無目的地失去控制，它們不斷擴展，僅僅是為了意願擴展，並把歡樂帶到所有的遊戲中」〔註100〕。宗教中的娛樂行為向來具有非理性的狂歡特徵，娛樂需求是人之本能。

第四節　儒家化：認可與批判間的折衷選擇

在賽會之風熾盛的背景之下，就是否禁賽這一棘手問題，士人並未達成一致，分歧集中在賽會功能的認同與否定上。有關禁賽的理由以江陰人李明經所論最為充分，共列十條。列舉如下：

其一，瀆鬼神，借眾人之錢財，供會首之醉飽。

其二，亂法度，僧道藉以弄戲，婦女藉以遊玩。

其三，耗材用，以有限之財供無益之費。

其四，誤本業，賽會既在三春，既失其時，又失其業。

其五，混男女，傷風敗俗，莫此為甚。

其六，煽火燭。

其七，興賭博。

其八，聚打降。

其九，遭盜賊。

其十，壞風俗，使民咸入豪奢，而敗壞風俗。〔註101〕

《濮院志》也列舉了與此類似的六條理由，「一曰競奢，二曰誨淫，三曰招盜，四曰起爭，五曰廢時，六曰失事」〔註102〕。上述諸條大多都是對賽會娛樂性的批判與駁斥，「亂法度、混男女、煽火燭、興賭博、聚打降、遭盜賊」都為賽會娛樂的害處。

對賽會並不完全否定者，也是從社會功能的角度展開論述：

其一，認為賽會娛樂是人的本能需求。「與民同樂」是仁政的傳統，元末明初人費愷在《歲華紀麗譜》中曾對太守張詠積極籌劃上元燈會的活動表示

〔註100〕（法）涂爾幹：《宗教生活的基本形式》，上海人民出版社 2006 年版，第 363頁。

〔註101〕錢泳：《履園叢話》卷二十一《出會》。

〔註102〕民國《濮院志》卷六《風俗》，《中國地方志集成・鄉鎮志專輯》第 21 冊。

讚賞，認爲這是「與民同樂」的仁政表現。〔註103〕明清時期反對禁賽的「崇奢論」也是延續和發展了這一主張。黃印就曾感慨，民眾生活應「一張一弛」，平日辛勤勞作是張，賽會娛樂則爲弛，理宜「王道所不禁」。〔註104〕

其二，客觀承認賽會的俗文化價值。趙翼於嘉慶十六年（1811）與老伴同遊小茅山廟會時，寫下了《三月十八日檀橋門首同看小茅山香會經過》一詩，記述他在廟會看「攤簧」春臺戲時的情景：「熙熙人共樂春臺，二老相隨笑口開，不比帷車避新婦，聽他看煞子瞻來。」〔註105〕詩中的二老即是趙翼夫婦二人，「笑口開」表明他對俗文化的形式還是認同的。正如錢泳所說，雅俗之間並沒有嚴格的界限，「富貴近俗，貧賤近雅，須於俗中帶雅，方能處事，雅中帶俗，可以資生」〔註106〕。這一觀點在當時也具有一定的普遍性。

其三，認可賽神戲劇具有教化的功能。賽會戲劇名爲酬神，實爲娛人，楓涇賽神時極盡奢華，謂「神非是不樂」，正是以娛神爲藉口，行娛人之實。雖爲娛人，但教化功用確絲毫不減。賽會時，一個削皮匠因觀戲太投入，將歷史人物秦檜與劇中的秦檜混爲一團，激憤之餘誤殺了秦檜的扮演者。依照常理，削皮匠應以死償命，但知縣得知後卻未將其判罪，說明這個知縣主觀上肯定了工匠的忠義行爲，認同了賽會戲劇的教化功能。〔註107〕

從上述分析可知，對賽會嚴禁與否，雙方的分歧集中在對賽會娛樂行爲的解讀上。是「耗業費財」還是「娛樂休憩」、是「鄙俗不堪」還是「俗中帶雅」，是「敗壞風俗」還是「神道設教」，對賽會娛樂功能不同角度的認識，使士人之間產生了分歧，加深了對賽會娛樂性的探討，也由此促成了試圖調和兩者的第三種觀點的出現。儒家化正是客觀承認賽會的教化功能，並主張對其娛樂方式加以引導、改造的折衷選擇。

從社會控制的角度而言，儒家化改造兼有輿論控制和信仰控制的兩類優點。「輿論作爲社會控制手段的優點，具有三點特徵：1、廣泛影響社會成員，

〔註103〕費愷：《歲華紀麗譜》卷一《上元放燈》，《四庫全書》第530冊。

〔註104〕黃印：《錫金識小錄》卷一《備參上·補訂節序》，《中國方志叢書·華中地方》，成文出版社（臺北）1982年，第426冊，第87頁。

〔註105〕「看煞子瞻」是用蘇東坡出遊時熱鬧的場面，形容春臺戲的熱鬧場面。趙翼：《甌北集》卷五十二，上海古籍出版社2007年，第1334頁。

〔註106〕錢泳：《履園叢話》卷七《雅俗》。

〔註107〕楓涇鎮演戲，觀劇者誤殺秦檜的扮演者。其人爲皮貨業之削皮工，所操即割皮刀也。《楓涇小志》卷十《拾遺》。

不太容易引起個人反抗的情緒。2、比法律控制更少機械性。輿論能運用逐漸增加的壓力，制裁預期中的越軌行爲，具有預防性。3、輿論行爲具有及時性和廉價性。」〔註108〕上述三點特徵，信仰控制同樣具備，但信仰控制的確立必須確立一個前提——「如果要使一個人相信凶兆和許諾，當然必須使他確信報應是必然無誤的」〔註109〕。

儒家化以擁立「正神」來遏制「淫神」，客觀上承認了鬼神存在的合理性和因果報應的合法性。〔註110〕《論語・述而》言「子不語怪」，但袁枚《子不語》和紀曉嵐的《閱微草堂筆記》中卻充斥著佛教的輪迴報應、道教的鬼神符籙、儒家的倫理說教，反映出儒家化改造以社會教化爲目的，以神道設教爲手段的特徵。在改造較爲成功的無錫泰伯賽會中，沒有「异神」出巡這一儀式，泰伯祭祀嚴格遵循儒家先賢祭祀的禮儀。但與此同時，泰伯賽會又保留了不少民間道教的因素，明中期以來泰伯廟一直由道士主持，道士不僅掌管著泰伯廟的廟界，而且擁有無窮的「捉鬼」法力。〔註111〕儒家化既然承認鬼神存在的合法性，也就相應認可了迎神賽會的靈應性。可以說，宗教性的存在是明清時期賽會娛樂性不斷強化的根本，「借佛遊春」的說法很好地映證了這一點。

在迎神賽會中，宗教與娛樂的關係相互依存。娛樂起先只是宗教功能的附屬，至後來發展爲賽會功能的主體，賽會的性質也由祭祀活動向娛樂活動演變。延續至近代，在西方科學主義的影響下，「禮俗改造」運動將迎神賽會指責爲迷信落後的集中表現，力圖將迎神賽會的娛樂性與宗教性相剝離，迎神賽會被迫褪下宗教的外衣後，才成爲了較純粹的娛樂與經濟活動。〔註112〕

〔註108〕E・A・羅斯：《社會控制》華夏出版社1989年，第71～72頁。

〔註109〕E・A・羅斯：《社會控制》第97頁。

〔註110〕即便是大理學家也無法擺脫鬼神觀念的束縛，成爲眞正的無神論者。湯斌在《華嶽祈雨文》（《湯子遺書》，《四庫全書》1312冊）中懇請華山之神降雨，言「若三日不雨，民奔走與淫昏之鬼，斌不能止也。民將歸靈於鬼魅，將淫祠日盛，左道日興，雖告以名山大川，澤被生民，其孰信之」。說明此時的湯斌尚無毀五通時的堅決與果斷，迫於當時久旱不雨的緊急形勢，不得不求助於正神，「斌不能止也」亦表現出理學家的無奈。

〔註111〕參見第五章第二節。

〔註112〕新中國成立後，依靠強大的國家力量，開展破除迷信的風俗整飭運動，民間的迎神賽會幾近消亡。改革開放以來，隨著東南沿海地區與海外的聯繫日趨密切，在海外並未取締的賽會活動成爲溝通大陸與海外聯繫的文化紐帶，賽會之風因而在東南沿海呈再度復興之勢。賽會的復興，究其原因仍然在於其娛樂功能、心理調適功能，包括經濟功能等在現代社會仍然具有存在的合理性。

然而失去了宗教的賽會就像失去了靈魂的人類，宗教性的喪失必將最終削弱賽會的娛樂吸引力，成爲近代賽會走向衰落的直接原因。

附：江南迎神賽會統計表

1、蘇州府迎神賽會一覽表

月 份	長洲、元和、吳縣	崑山、新陽	常熟、昭文	吳江、震澤
一月	上元燈會、玉皇誕會〔註 113〕、猛將會	上元燈會、玉皇誕會	上元燈會	上元燈會
二月	土地誕會、文昌會〔註 114〕、祠山誕會、觀音誕會	祠山誕會	祠山誕會、觀音誕會〔註 115〕	
三月	城隍出巡會、玄壇神誕會〔註 116〕、東嶽會〔註 117〕、	元帝會〔註 118〕、東嶽會	眞武誕會、李王神誕會〔註 119〕、東嶽會	
四月	浴佛會〔註 120〕、蛇王誕會〔註 121〕、呂仙誕會〔註 122〕、	呂祖誕會、山神誕會〔註 124〕	浴佛會	浴佛會

〔註 113〕正月初九爲玉皇誕日，又稱「天誕日」。

〔註 114〕二月初三爲文昌誕日，民間以梓潼爲文昌帝君。

〔註 115〕二月十九爲觀音誕日，六月十九爲觀音成道日，九月十九爲觀音涅磐日，「觀音會」的時間不獨在二月，六月、九月也有「觀音會」，但大多不如二月「觀音誕會」之盛。

〔註 116〕「玄壇誕會」祀玄壇老祖，民間傳爲財神。

〔註 117〕三月二十八日爲東嶽誕日。

〔註 118〕元帝，即眞武大帝，亦稱玄帝，北方之神。

〔註 119〕據濱島敦俊考證，常熟李王爲湖州府長興縣土神，神姓李名祿，生於大觀二年（1108），卒於宣和七年（1125），時年十七歲。參見濱島敦俊：《明清江南農村社會與民間信仰》第 27 頁。

〔註 120〕「浴佛會」又稱「龍華會」。世俗以四月八日爲釋迦生辰，各寺院建龍華會，以小盆坐銅佛，浸以香水，復以花亭鏡鼓遍行閭里，迎往富家，以小杓教佛，提唱誦偈，男婦布捨錢財，居入持齋禮懺，名曰「浴佛」。參見《吳郡歲華紀麗》卷四《浴佛》。

〔註 121〕四月十二日爲蛇王誕日。吳中傳蛇王爲方孝孺。參見《吳郡歲華紀麗》卷四《蛇王生日》。

〔註 122〕四月十四日爲「呂仙誕會」。呂仙即呂洞賓，八仙之一，相傳唐貞元十四年四月十四日生，生時異香滿室，天樂浮雲，有白鶴仙人入帳中，忽不見，後屢

	藥王誕會〔註123〕		
五月	龍舟會、關帝誕會〔註125〕	龍舟會、關帝誕會、城隍誕會	龍舟會	
六月	翻經會〔註126〕、火神誕會〔註127〕、雷祖誕會		
七月	猛將會、盂蘭盆會〔註128〕	盂蘭盆會	盂蘭盆會	盂蘭盆會
八月		青苗會〔註129〕		
九月		登高會		
十月				
十一月				
十二月				

2、松江府迎神賽會一覽表

月　份	華　亭	上　海	金　山	青　浦	婁　縣	奉　賢	南　匯	川沙廳
一月	上元燈會	上元燈會	上元燈會	上元燈會	上元燈會	上元燈會		上元燈會

　　　舉進士不第，遇鍾離子得道成仙。世傳仙人每於誕日化成襤褸乞丐，混迹福濟觀中，有患奇疾者，至是日進香，每得獲抽，謂仙憐其誠而濟度也。是日，士女駢集進香，遊人雜鬧，謂之「軋神仙」。參見《吳郡歲華紀麗》卷四《軋神仙》。

〔註124〕此處山神爲崑山境內馬鞍山之山神。

〔註123〕四月二十八日爲藥王誕日，醫士駢集進香於三皇廟。廟祀伏羲、神農、軒轅、黃帝。是日，藥市中人，牲禮陳獻，醵金演劇，以祝神嘏，名「藥王會」。參見《吳郡歲華紀麗》卷四《藥王會》。

〔註125〕蘇州城西各商會館俱建關帝祠，以敦崇信義。五月十三日爲關帝誕日，是日，牲禮酬獻，明燈演劇，鼓樂喧闐，拜禱尤謹。俗以此日雨爲磨刀雨，主人口平安。參見《吳郡歲華紀麗》卷五《磨刀雨》。

〔註126〕六月六日，各寺院以藏經暴曬於烈日中，集村嫗爲翻經會，謂翻經十次，他生可轉男生。參見《清嘉錄》卷六《翻經》。

〔註127〕六月二十三日爲火神誕日，俗傳神爲炳靈公，即東嶽三郎，或說神爲祝融，名重黎，位高辛氏火正。參見《清嘉錄》卷六《火神素》。

〔註128〕七月十五中元節舉「盂蘭盆會」，閭里醵錢結會，集僧眾設壇禮懺設經，拯濟孤魂，施瑜伽食，名「放焰口」。紙糊作鬼王像以臨壇，精冥鏹鉅萬，香亭旛蓋擊鼓鳴鑼，有七葉功德，雜以盂蘭盆冥器之屬，於街頭城隅焚化，名曰「盂蘭盆會」。參見《吳郡歲華紀麗》卷七《盂蘭盆會》。

〔註129〕八月二十四日，田家祀社，曰「青苗會」。

		、三官誕會〔註130〕	、三官誕會					
二月		觀音誕會	觀音誕會、玄帝會楊爺會〔註131〕	觀音誕會	觀音誕會			
三月	城隍會	天后誕會、城隍會、城隍夫人誕會龍華香會	城隍會、東嶽會	城隍會	東嶽會	城隍會		城隍會
四月		浴佛會、呂祖誕會	浴佛會、呂祖誕會		浴佛會			
五月		龍舟會、關帝誕會	龍舟會、關帝誕會	龍舟會	龍舟會、關帝誕會			龍舟會
六月		城隍曬袍會、火神誕會、雷祖誕會	觀音會、火神誕會、雷祖誕會、城隍誕會	觀音會	觀音會			
七月	盂蘭盆會	盂蘭盆會	盂蘭盆會	盂蘭盆會	盂蘭盆會	盂蘭盆會		地藏誕會〔註132〕、城隍會
八月	青苗會	青苗會	青苗會	青苗會	觀潮會			
九月		登高會	登高會、楊爺會	登高會				
十月								城隍會
十一月								
十二月								

〔註130〕上海「三官誕會」時間爲元月二十七、七月二十七、十月二十七，與它處不同。

〔註131〕楊爺又稱「楊蠶老」，爲金澤、外岡、羅店等鎮土神。按，楊爺，宋御前都統制楊則之，嘉定外岡人，生有靈異，能遊神度厄，歿後封照天侯，晉封義信王。又一說云楊爺爲楊滋，楊則之之孫。爲理宗朝官，兩淮安撫制置使。時邊疆騷擾，民多遷徙，乃招集撫綏，籍其壯者爲兵，分屯要害，敵猝犯境，出奇技勝之。捷聞，有詔褒嘉。尋以老病乞歸，不許，卒於官，追封護國忠惠侯。廟食邑中，葬外岡西陽橋側。參見（光緒）《羅店鎮志》卷一《風俗》。

〔註132〕七月三十日爲地藏王誕日。

3、常州府迎神賽會一覽表

月　份	武進、陽湖	無錫、金匱	江　陰	宜興、荊溪	靖　江
一月	上元燈會	五路財神誕會、上元燈會		上元燈會	上元燈會
二月	土地神會、祠山誕會	祠山誕會	土地神會、文昌誕會、觀音誕會	土地神會、祠山誕會	
三月		眞武誕會、南水仙誕會〔註133〕、三茅會〔註134〕、東嶽誕會	東嶽誕會		
四月		府城隍誕會	浴佛會、季子誕會〔註135〕	浴佛會、城隍會	浴佛會
五月	陳果仁誕會〔註136〕、龍舟會	龍舟會、錫邑城隍誕會			
六月		西水仙誕會〔註137〕	觀音會、雷祖誕會	張公誕會〔註138〕	
七月	盂蘭盆會、地藏誕會	盂蘭盆會、睢陽會〔註139〕	盂蘭盆會	盂蘭盆會	盂蘭盆會

〔註133〕南水仙神爲明朝嘉靖年間無錫知縣王其勤，以抗倭護城，受百姓愛戴，立廟祭祀。

〔註134〕「三茅會」祀三茅眞君，即漢代修道成仙的茅盈、茅固、茅衷三兄弟，是道教茅山派祖師。

〔註135〕「季子誕會」祀季札。季札，春秋時人，又稱延陵季子，四月十三爲季子誕辰。

〔註136〕陳果仁，隋將。據《新唐書・沈法興傳》、《隋司徒八絕碑》的記載，可將其生平基本勾勒如下：陳果仁原爲隋太僕臣元祐部將，在隋末煬帝被殺之際，與沈法興合謀擒住元祐，起兵自立，封爲司徒。後陳果仁成爲沈法興女婿，武德元年（618年），沈法興本與李子通勾結反唐，但懼公成勇，不敢行事。武德三年，法興詐稱有疾，果仁前往問疾，飲酒中毒身亡。但這一由兩種材料拼接而成的生平資料並不可靠，趙翼就認爲，正史的記載與碑刻的記載中有不少矛盾之處（《陔餘叢稿》卷三五《常州忠祐廟》）。相關研究可參見葉舟博士論文《清代常州城市與文化——江南地方文獻的挖掘與闡釋》，復旦大學歷史系博士學位論文，2007年。

〔註137〕西水仙神爲明朝天啓年間無錫知縣劉五緯。

〔註138〕6「張公誕會」祀唐將張巡。

〔註139〕「睢陽會」祀唐將張巡。安史之亂時，張巡誓死守衛睢陽，屢次擊敗叛軍，但終因寡不敵眾，戰死於睢陽。

八月	大王神誕會〔註140〕、延壽司誕會〔註141〕			
九月	金邑城隍誕會	九皇會	果利袁公誕會	
十月	穢跡大士誕會			
十一月				
十二月				

4、杭州府迎神賽會一覽表

月 份	仁和、錢塘	餘杭、富陽	臨 安	於 潛	昌 化	海 寧	新 城
一月	上元燈會、三官誕會			上元燈會	上元燈會	五路財神誕會、上元燈會	上元燈會
二月	土地會、張王誕會〔註142〕、文昌會、觀音誕會、	陳明府君誕會〔註143〕、土地神會	土地神會	花朝會	土地神會	土地神會、朱令公誕會〔註144〕	
三月	眞武會、東嶽會、城隍出巡會				眞武誕會	雙廟會〔註145〕、關帝出巡會	
四月	浴佛會					城隍誕會	
五月	龍舟會、關帝誕會、溫元帥會〔註146〕、郡城	龍舟會			關聖誕會、城隍誕會	關帝誕會	

〔註140〕大王神即里社神，無錫縣大王神有春申君、呂蒙正、諸葛孔明、伍子胥、項羽、徐偃王、隋煬帝等。

〔註141〕延壽司俗稱延聖殿老爺，傳爲晉人周處。參見朱海容、錢舜娟：《江蘇無錫拜香會活動》，收入《中國民間文化》第5集，《稻作文化與民間信仰調查》第178～200頁。

〔註142〕張王即祠山大帝張渤。

〔註143〕陳明府君，即南湖廟所奉天曹也。

〔註144〕朱令公，生平不詳，爲海寧潮神。

〔註145〕祀唐將張巡、許遠。

〔註146〕據《杭俗遺風》載，東嘉忠靖王，姓溫。傳說爲前朝茂才來省中鄉試，寓中夜聞鬼下瘟藥於井，思救闔城百姓，以身投井。次日，人見之撈起，渾身青色，因知受毒，大吏奏封。五月十八誕辰，十六出會，名曰「收瘟」。

	隍誕會〔註147〕					
六月	觀音會、火神誕會、雷祖誕會、				觀音會	
七月	盂蘭盆會、東嶽會、土地會、	盂蘭盆會	盂蘭盆會	盂蘭盆會	盂蘭盆會、東平王誕會	盂蘭盆會、地藏王誕會	盂蘭盆會
八月	觀潮會					土地神會	
九月	登高會	登高會	登高會			雙廟會	登高會
十月	城隍會			城隍會			
十一月							
十二月							

5、嘉興府迎神賽會一覽表

月份	嘉興	秀水	嘉善	平湖	海鹽	桐鄉	石門
一月	燈會、徐王賽會〔註148〕	燈會				燈會	燈會
二月				土地神會		土地神會、觀音誕會	土地神會、觀音誕會
三月	土地神會、城隍出巡會	土地神會	天竺香會		龍舟會	馬頭娘娘會〔註149〕	龍蠶會
四月	城隍誕會〔註150〕、浴佛會				浴佛會		
五月	關帝誕會						
六月	觀音會				觀音會		觀音會

〔註147〕據《七修類稿》記載，杭州府城隍爲明人周新，誕於五月十七日。
〔註148〕徐王，即徐偃王。一說爲周穆王時徐國之王，行仁義之治，江淮一帶有三十六國追隨之，後爲楚國所敗走。一說爲衢州徐氏先祖。
〔註149〕馬頭娘娘，又稱馬鳴王菩薩，杭嘉湖地區的蠶業神。
〔註150〕四月四日爲城隍誕日。

七月	盂蘭盆會、地藏王誕會	盂蘭盆會、		盂蘭盆會	盂蘭盆會	盂蘭盆會、地藏王誕會	盂蘭盆會、地藏王誕會
八月	土地神會			土地神會	青苗會		青苗會
九月							
十月							
十一月		神會					
十二月							

6、湖州府迎神賽會一覽表

月份	烏程、歸安	德清	安吉	長興	武康
一月	上元燈會	上元燈會	上元燈會	上元燈會	上元燈會
二月	觀音誕會		土地神會、文昌會、祠山誕會、	觀音誕會、祠山誕會、	土地神會、觀音誕會
三月	東嶽會、蒙恬會〔註151〕、	龍船會〔註152〕、總管會、東嶽會	眞武誕會、元壇神誕會〔註153〕、東嶽誕會	眞武誕會、東嶽會	
四月	浴佛會			浴佛會	
五月	關帝誕會、府城隍誕會		關帝誕會、靈祐侯州城隍誕會、城隍誕會	關帝誕會	
六月					
七月	盂蘭盆會、地藏王誕會	盂蘭盆會	金總管誕會〔註154〕、三官會、盂蘭盆會、東平王會〔註155〕	盂蘭盆會	盂蘭盆會
八月	歸安城隍誕會、總管會		李王會〔註156〕		土地神會

〔註151〕祀秦將蒙恬，蒙恬在民間被尊爲筆業祖師。
〔註152〕祀總管神戴侯，相傳戴侯因援競賽人溺，力盡而斃，故以此紀念。
〔註153〕祀財神趙公明。
〔註154〕祀宋人金元七，封利濟侯。
〔註155〕祀唐將張巡。
〔註156〕祀清人李衛，八月十八爲誕日。

九月			
十月		三官會	
十一月			
十二月			

7、江寧府迎神賽會一覽表

月份	上元、江寧	六　合	高　淳	句　容	溧　水	江　浦
一月	上元燈會	上元燈會	上元燈會			
二月	祠山誕會、觀音會	土地神會		祠山誕會、觀音會、文昌會、關帝會		
三月	城隍出巡會、茅山會、東嶽會	東嶽會	土地神會			
四月	浴佛會、都天會〔註157〕					
五月	關帝誕會、龍舟會	關帝誕會、龍舟會				
六月	老郎會〔註158〕					
七月	盂蘭盆會、地藏誕會、城隍出巡會	盂蘭盆會、城隍出巡會		盂蘭盆會		
八月						
九月	登高會	登高會				
十月	城隍會					
十一月						
十二月						

〔註157〕「都天會」祀張巡。
〔註158〕老郎神，梨園業之行業神。蘇州「老郎會」祀唐明皇，南京「老郎會」祀管仲。參見《吳郡歲華紀美》卷六《雷齋》,《金陵歲時記・老郎會》。

8、鎮江府迎神賽會一覽表

月 份	丹 陽	金 壇	溧 陽	丹 徒	太平廳
一月	上元燈會				
二月					
三月					
四月	浴佛會				
五月	龍舟會				
六月					
七月	盂蘭盆會				
八月	三茅會				
九月	登高會				
十月					
十一月					
十二月					

9、太倉州迎神賽會一覽表

月 份	鎮 洋	嘉 定	寶 山	崇 明
一月		上元燈會	上元燈節	上元燈會
二月	燈會 張大帝誕會			土地會
三月	土地解餉會		城隍出巡會、東嶽會	狼山神誕會、城隍會、東嶽會
四月	浴佛會		浴佛會	浴佛會、呂祖誕會
五月	龍舟會、關帝會	龍舟會	龍舟會	龍舟會
六月				雷祖誕會
七月	青苗會、盂蘭盆會	盂蘭盆會		盂蘭盆會、地藏誕會
八月				
九月	登高會			登高會
十月		城隍誕會		
十一月				
十二月				

上述表格根據丁世良、趙放編《中國地方志民俗資料彙編》（華東卷）中所錄方志資料整理而成。

第二章 崇奢、治生、逐利、商戰：
迎神賽會經濟功能的深化

迎神賽會由民間「社祭」習俗發展而來，興起於北宋，明朝洪武年間遭禁，成化年間復興。〔註1〕自明嘉靖以降此風愈趨興盛，至清乾隆年間臻於鼎盛，其間雖有地方官員以「耗業費財」、「招盜興賭」為由，屢次頒佈相關禁約、禁令，試圖嚴加控制，但賽會之風仍屢禁而不止。

對上述現象，目前學界多從社會控制的角度展開論述，並往往把它歸併於「淫祠」興衰現象中進行考察。在總結「淫祠」興衰規律時，多數學者認為「淫祠」發展隨王朝興衰呈現周期性的特點，即王朝興盛則社會控制加強，「淫祠」相應衰落，反之亦然。〔註2〕然而，筆者認為，這一結論並不完全適用於明清時期的迎神賽會。明清時期賽會之風屢禁不止，確在一定程度上反映了朝廷對民間社會控制的削弱，但此種狀況的產生並不僅僅因於王朝的興亡更迭，更與16世紀以來的商品經濟的迅速發展有關。本章正是試圖從迎神賽會經濟功能變遷的角度，考察賽會持續興盛與商業發展之間的關係，並進

〔註 1〕 明中期以後，迎神賽會中的「舁神」儀式逐漸滲透到本與祠神信仰無關的節令賽會中，民間的重大節慶如元宵、清明、端午、中秋、重陽等都有迎神賽會化的趨勢。迎神賽會與節令賽會之間的界限日趨模糊，二者的含義也漸趨一致。

〔註 2〕 趙獻海：《明代毀「淫祠「現象淺析》，《東北師大學報》2002 年第 1 期；羅東陽：《從明代淫祠之禁看皇權、儒臣與民間社會》，《求是學刊》2006 年第 1 期；蔣竹山：《湯斌毀五通神——清初政治菁英打擊通俗文化的個案》，《新史學》1995 年第 6 卷第 2 期。有關「淫祠」現象及其相關問題的研究概況，可參見蔣竹山和王健二人的綜述。

而探討社會變遷與社會控制之間的關係。

第一節　崇奢：迎神賽會的復興與商人階層

賽會在儀式上有「座會」、「巡會」之分。「座會」是定點性賽會，以祠廟為中心；「巡會」是活動性賽會，以「舁神出巡」爲特點。到清末時，「巡會」形式已相當普及，以至《清稗類鈔》以「巡會」的特點概括賽會：「具儀仗雜戲迎神，以輿舁之出巡，曰賽會，各省皆有之。」〔註3〕其實，「巡會」至明中期才廣泛盛行於賽會中，〔註4〕其間得益於商人積極推動。

明代賽會在洪武年間遭禁後，於成化末年復興。據《仁和縣志》記載：

迎神賽會乃是敝俗，而仁和此俗肇於褚塘。成化末年，其里有魯姓者，素性機巧，好爲美觀。時值承平，地方富庶，乃倡議曰：「七月二十三日乃是褚侯降生，理宜立會，以伸慶祝。」乃糾率一方富豪子弟，各出己資，妝飾各樣臺閣及諸社夥，次第排列、道以鼓樂，通衢迎展，傾城内外居民聞風往觀，如此者兩年，歆動他境子弟，轉相效尤。〔註5〕

文中的「褚侯」，正是絲織業所奉之機神，「相傳爲褚遂良九世孫也，……先家居廣陵，傳得織綾錦法，歸居故里，業益以精，迄今環里之人，善織綾錦，自神始也」〔註6〕。魯姓者既「素性機巧」又「好爲美觀」，很可能就是一位以絲織業致富的機戶。賽會舉行時「道以鼓樂，通衢迎展」，明顯採取的是「舁神出巡」的「巡會」形式。這一形式出現後，不僅在褚塘盛行不衰，而且「歆

〔註3〕 徐珂：《清稗類鈔·迷信》「賽會」條，中華書局 1986 年，第 10 冊，第 467 頁。

〔註4〕 「舁神出巡」儀式的出現，與明初城隍官僚等級制的確立有著密切聯繫。出巡之神多爲城隍、猛將，其儀式往往按照明朝官員出巡時的場景設計安排，顯然是對現實政治的模仿。出巡隊伍中的「臺閣」，在宋時只是置於露臺之上無法移動的觀賞物，到明中期以後則改爲由人扛擡參與巡行。此一變動亦是爲適應「巡會」儀式的需要，其變化過程也可證明「巡會」到明中期才廣泛出現。有關「臺閣」的產生情況，參見《江蘇省志·民俗志》，江蘇人民出版社 2002 年，第 421 頁。

〔註5〕 康熙《仁和縣志》卷二十七《紀事》，《中國地方志集成·浙江府縣志輯》第 5 冊，第 527～528 頁。

〔註6〕 康熙《仁和縣志》卷十四《壇廟》，《中國地方志集成·浙江府縣志輯》第 5 冊，第 285 頁。

動他境子弟，轉相效尤」，其迅速流行的原因恐怕是，流動的「巡會」比定點的「座會」更能滿足「魯姓者」等富裕的工商業者和富豪子弟們炫富、耀富的心理。

到嘉靖以後，商人捐助賽會的現象已十分普遍。例如，蘇州「五方賢聖會」是當時最奢靡的賽會之一，每一舉行則「會所集處，富人有力者，捐金谷，借乘騎，出珍異，倩伎樂，命工徒雕朱刻粉，以主其事」〔註7〕。又如，無錫的「府城隍廟賽會」熱鬧非凡，有賴於該地「北塘商賈所集，出資易也」〔註8〕。入清後，商人對賽會的捐助進一步常規化，由單個商人的自發捐助，轉變為以行業名義的集體捐資。在無錫，府城隍廟由「米行祝氏主之」〔註9〕；在南京，徽州木商捐助上新河燈會和都天會已成為每年的慣例；〔註10〕在吳江盛澤，迎神賽會上的捐閣、臺閣都由綢行、絲行、領戶出資認派。〔註11〕

筆者認為，商人對賽會捐助的常規化起因於商人對賽會經濟功能認識的加深，具體說來有如下幾點：

1、商人以行業名義進行捐助，無疑有擴大行業影響的目的。《金陵歲時記》與《白下瑣言》中，都記載了徽州木商捐助南京上新河燈會的事例，說明徽州木業捐助燈會的行為已取得了廣泛的社會影響。其次，商人捐資賽會，也有宣傳商品的意圖。尤其在江南地區，商人利用賽會推銷商品的情況已較為普遍，民間俗語中所說的「硤石巧，濮院寶」、「忙做忙，莫忘朱涇賽城隍」等正是這一情狀的真實寫照。清代吳江「祐聖會」和濮院「珠寶會」都以「碎剪錦綺」著稱，當地借賽會之機大力推銷本地特色絲綢商品，所以直至清末，吳江盛澤鎮迎神賽會上的捐閣、臺閣還由綢行、絲行、領戶出資認派。朱涇賽會時，上下塘「賭出擡閣」，以「指粗鐵柱絷小兒於上」，宣傳的是本鎮的冶鐵技術。據《朱涇志》記載，「擡閣鐵柱，獨屬朱涇，粗笨不賴觀，細巧則易折，全在鍛鍊時候，不剛不柔，火候恰好也，他處勝會，必邀朱涇工匠為

〔註7〕　王稚登：《吳社編》，《筆記小說大觀》4編6冊，第4041頁。

〔註8〕　黃印：《錫金志小錄》卷一《備參上》「補訂節序」條，《中國方志叢書‧華中地方》，成文出版社（臺北）1982年，第426冊，第87頁。

〔註9〕　黃印：《錫金志小錄》卷十一《紀異》「府城隍受戒」條，《中國方志叢書‧華中地方》，第427冊，第764頁。

〔註10〕　潘宗鼎：《金陵歲時記‧龍燈》，南京出版社2006年，第18頁。

〔註11〕　周德華：《吳江絲綢志》，第463頁，轉引自朱小田：《在神聖與凡俗之間——江南廟會論考》第136頁。

之」〔註12〕。可見朱涇冶鐵技藝遠勝他處，舉行賽會正是對此項技術的顯示宣揚。從經濟學的角度來看，此類行為無疑已帶有廣告宣傳的策略意味。

　　2、商人往往借賽會加強行業間的監督和行業內部的聯繫，達到行業資源的整合，這也是其樂於長期捐助賽會的重要原因。例如，蘇州府城隍廟賽會每一舉行，則「郡中市肆，懸旌入行，聚規、罰規，皆在廟臺擊牲演劇，香火之盛，十百於他神祠」〔註13〕。可見，賽會在演出娛眾的同時，也發揮著行業監督和行業認同的功能。再以絲織業市鎮濮院為例，

> 乾隆二十八年（1763）里人創設一釐會，即機戶賣綢一匹，綢行與接收合捐用錢一文，勳著綢每匹合捐二文，有司事者共同經理，其所買綢數有煉坊簿籍可稽，萬無遺漏。觀工之外，凡遇寺廟工作，至今無不取給於是。〔註14〕

這種由商人自行管理賽會資金的做法，改變了過去通過捐助寺廟，由廟祝來進行管理的模式。不僅有效防止廟祝侵吞廟產，保證了賽會資金來源的穩定，更重要的是便利了綢行與領行之間的相互監督。因「其所買綢數有煉坊簿籍可稽，萬無遺漏」，綢行與領行得以借助「一釐會」瞭解彼此之間的經營狀況，規範市場競爭。在加強行業間相互監督的同時，同一行業內也借助賽會密切聯繫以提高市場競爭力。如吳江震澤鎮「雙楊會」，每十年舉行一次，由震澤及南潯兩地絲業公所共同籌款集資，〔註15〕兩地絲織業同行則以此為契機，加強彼此之間的商業往來。

　　趙世瑜認為，江南廟會「較少華北、西北、甚至西南地區那種商業貿易、物資交流大會的性質」，「遺存至今的江南或華南廟會這（商貿）方面的色彩也遠不如遊神活動」〔註16〕。實際上，江南賽會的市場功能同樣極為突出。其市場功能，並不單一表現為商品交換的初級功能，更體現為商品信息溝通、行業資源整合等更高層次的功能。濮院鎮的絲市交易，起初「設市翔雲觀，

〔註12〕嘉慶《朱涇志》卷一《疆域志·物產》，《中國地方志集成·鄉鎮志專輯》第1冊，第993頁。

〔註13〕顧祿：《清嘉錄》卷三《犯人香》，中華書局2008年，第86頁。

〔註14〕嘉慶《濮川所聞記》卷二《寺觀》「翔雲觀」條，《中國地方志集成·鄉鎮志專輯》第21冊，第232頁。

〔註15〕周德華：《吳江絲綢志》第461頁，引自朱小田：《在神聖與凡俗之間 —— 江南廟會論考》第141頁。

〔註16〕趙世瑜：《明清時期江南廟會與華北廟會之比較》，《狂歡與日常：明清以來的廟會與民間社會》第218、216頁。

後則聚集大街，所謂永樂市也，日中爲市，接領踵門，近年在綢行收買，不集大街矣。」絲市交易地點的變化反映了交易量不斷擴大的事實。因此，絲商在「一釐會」成立後即在翔雲觀中「添設戲臺、神像，及眞武行宮、財神九天等殿」〔註17〕。這樣，酬神演戲的賽會活動兼具了商品信息溝通與行業資源整合的功能。

　　3、中小商人通過賽會可直接牟利，因而往往自覺維護和推動賽會活動的舉行。在江南賽會的市場功能逐步深化的同時，其最初的商品交易功能仍然在香市中保留下來。有關江南香市的研究，范金民老師、朱小田已有相關論著，〔註18〕此處無須贅述，僅就香市的利潤情況略陳一二。香市對於中小商販而言是高利潤的市場形式。如蘇州虎丘香市中的要貨，雖然只是兒童玩具，銷量卻很大，不僅在本地暢銷，而且吸引了不少外地客商前來訂貨。〔註19〕又如重污染的染坊業在虎丘一帶多次遭禁，〔註20〕說明當地居民已充分認識到香市的利潤，不惜限制染坊的發展以維護山塘風光，吸引更多的遊人。

　　綜上所述，賽會的持續興盛歸因於賽會市場功能的不斷深化。富商大賈借賽會之機宣傳商品，加強行業相互監督與行業內部聯繫。中小商販視賽會爲難得的商機，趁機兜售商品，獲取數倍於往日的利潤。富商大賈對賽會的持續捐助，中小商販對賽會的青睞，其最終的目的都是爲了「利」。批評者言賽會「廢業耗財」、「虛糜無度」，殊不知賽會蘊含著巨大的經濟利益。明中期以來商人對賽會經濟功能的認識，從最初的炫耀財富、兜售商品，逐漸發展出宣傳產品、溝通信息、整合資源、規範市場等認識，說明賽會市場功能的深化滿足了商品經濟持續發展的需要。賽會也因商人的持續捐資成爲江南奢糜風氣的文化象徵，客觀上推動了商人價值觀念在民間的傳播和影響。商人價值觀念的傳播又進而改變了士人對待奢糜的看法。〔註21〕

〔註17〕　嘉慶《濮川所聞記》卷一《物產》，卷二《寺觀》「翔雲觀」條，《中國地方志集成・鄉鎮志專輯》，第 21 冊，第 224、232 頁。

〔註18〕　參見范金民：《明清江南商業的發展》第 147～151 頁；朱小田：《在神聖與凡俗之間——江南廟會論考》，第 129～174 頁。

〔註19〕　顧祿：《桐橋倚棹錄》卷十一《工作》，中華書局 2008 年版，第 383 頁。

〔註20〕　參見《蘇州府永禁虎丘開設染房污染河道碑》，蘇州博物館等編《明清蘇州工商業碑刻集》，江蘇人民出版社 1981 年，第 71 頁。

〔註21〕　學界有關「崇奢論」的研究，名家輩出，成果豐碩。前輩學者傅衣凌、楊聯陞揭示了商業發展與「崇奢論」產生的關係；余英時從價值觀的角度，探討商人價值觀念對「奢靡論」產生的影響。樊樹志的研究最早涉及迎神賽會中

第二節　治生：士人反「禁賽」的主張與行爲

　　士人是社會的精英階層和儒家價值觀的維護者，其觀點不僅代表社會的正統輿論，也影響著朝廷的決策與施政。從理學家陳淳伊始，士人一直是毀淫祠、禁賽會的積極倡導者。比之於宋代批判集中於「僭越禮制」，明清士人關注的重點則在「耗財誤業，招盜興賭」上，從財富積累的角度批判賽會，這本身也反映了商業發展對經濟思想的影響。

　　不過，在尖銳的批判之外，士人中出現的反對貿然「禁賽」的呼聲，這一點更值得引起重視。嘉靖年間人陸楫在《蒹葭堂雜著摘鈔》中說：

> 只以蘇杭之湖山言之：其居人按時而遊，遊必畫舫、肩輿、珍饈良酥，歌舞而行。可謂奢矣。而不知輿夫、舟子、歌童、舞妓仰湖山而待爨者，不知其幾。故曰：彼有所損，則此有所益。〔註22〕

這段文字乃學界研究「崇奢」思想的典型史料。文中陸氏以「彼有所損，則此有所益」的辯證觀點肯定了山林冶遊的經濟功能，雖然行文中並沒有提及賽會二字，但「居人按時而遊」的活動中，無疑包括了豪民富賈借佛遊春、酬神演劇的賽會活動。

　　「崇奢」儘管沒有成爲當時社會思想的主流，也沒有被統治者接受，但其思想脈絡卻一直延續下來。乾隆時人顧公燮論蘇州風俗時說：

> 即以吾蘇郡而論，洋貨、皮貨、衣飾、金玉、珠寶、參藥諸鋪，戲園、遊船、酒肆、茶座如山如林，不知幾千萬人。有千萬人之奢華，即有千萬人之生理。若欲變千萬人之奢華而返於淳，必將使千萬人之生理亦幾於絕。〔註23〕

戲園、遊船、酒肆、茶座的生計雖不完全依賴於賽會活動，但其經營狀況的好壞，無疑與賽會的興盛與否有著密切的聯繫。顧公燮在另一段文字中將這種關係揭示得更加透徹：「昔日陳文恭公宏謀撫吳，禁婦女入寺燒香，三春遊屐寥寥，則輿夫、舟子、肩挑之輩，無以謀生，物議譁然，由是弛禁。」〔註24〕道

的奢靡之風與市鎮經濟間的關係。近來的研究則倡導對儒生階層「奢靡」觀念的考察。參見鈔曉鴻：《近二十年來有關明清「奢靡」之風研究述評》，《中國史研究動態》2001年第10期。

〔註22〕《蒹葭堂稿》卷六《雜著》，《續修四庫全書》第1354冊，第640頁。

〔註23〕《消夏閒記摘鈔》卷上《蘇俗奢靡》，涵芬樓秘笈本，第27頁。

〔註24〕《履園叢話》卷一《安頓窮人》與顧公燮《消夏閒記摘鈔》卷上《撫藩禁燒

光時人袁景瀾記錄蘇州風俗，在描述端午龍舟賽會時也說：

> 夫其繁費無度，作爲無益，固非敦本崇模之道。顧吳俗華靡，
> 而貧民謀食獨易。彼其揮霍縱恣，凡執纖悉之業，待以舉炊，而終
> 歲無凍餒者比比也，此貧富相資之一端，爲政者，迨不可執迂遠之
> 見，以反古而戾俗也。〔註25〕

袁景瀾的觀點在儒生中頗具代表性。袁氏記錄蘇州風俗本以「崇儉抑奢」、「敦
本崇模」爲目的，然而在對賽會現象進行細緻的觀察後，卻不得不承認賽會
具有「貧富相資」的經濟功能，因而主張「爲政者，迨不可執迂遠之見，以
反古而戾俗也」。袁景瀾和顧公燮都是熱心地方事務的儒生，他們的反「禁賽」
主張，明顯是受到「崇奢」思想的影響，其中「貧富相資」的觀點，是他們
反對「禁賽」的道德依據。

　　如果說，商人是從商業利潤的角度認識賽會的經濟功能，士人則是從解
決生計的角度來認識賽會。表面看來，士、商的觀點各執一端，前者看重個
人私利，後者則強調「貧富相濟」。其實不然，「貧富相濟」既然肯定了貧富
分化的事實，也就是相應肯定了貧富分化的前提──追逐財富的合理性。在
經濟狀況不斷惡化的情形之下，儒生也把自身生計和賽會活動聯繫起來，以
賽會作爲解決生計的手段之一，甚至聯合商人、廟祝經營組織賽會。可惜有
關儒生直接參與賽會的記載並不多見，即使是在相關的記載中，儒生的行爲
也是作爲被批評和指責的對象而記載下來的。試舉三例：

　　1、乾隆年間，青浦縣金澤鎮有陳三姑娘廟「地方有癢生楊姓者，爲廟中
護法，與僧朋比剖分……（後）徐某與楊姓爭利，互控松江府」〔註26〕。

　　2、乾隆年間，常熟虞山盛行「劃倒船」的賽會活動，南北船中所奉之神
爲張巡手下將官南霽雲，也有記載爲張士誠部將，「然其所稱『南府』、『北府』
者皆無廟祀，借民房爲居，言神愛其家，居住其家，必發大財」〔註27〕，「儒
學斗食范某，素奉是神，具鹵簿儀仗，在欞星門前，喧闐徹晝夜，諸生詣范

香演劇》文字雷同。顧氏之書成於乾隆五十年，而錢泳在乾隆五十九年時曾
到過蘇州，很有可能是在這一時期讀到此書，而將其摘錄其中。有關同一事
件的記載，出現在不同的文獻中，可見此事在當時必定引起了諸多士人的關
注。

〔註25〕袁景瀾：《吳郡歲華紀麗》卷五《山塘競渡》。
〔註26〕《履園叢話》卷十五《陳三姑娘》。
〔註27〕《履園叢話》卷十五《倒劃船》。

譙責，范辭不遜」〔註28〕。

3、光緒六年，黃渡鎮賽龍舟會，「里人李宸鳳募資建西市綠龍舟，明年南鎮饒天順等募資建白龍舟，東市譚某等亦募資建青龍舟，鉦鼓甚盛」〔註29〕。

第一例中，楊生與廟僧合作，共享廟中香火利潤。廟中僧人聘請楊生為護法，看中的正是他「庠生」的身份以及能說會道的能力能夠為寺廟吸引更多的香客。楊生的做法與士大夫寫墓誌銘索取潤筆費的做法，在經濟性質上其實並無差異。第二例中，范生不惜遭人唾罵，也要將神請到欞星門前，可見其改變經濟狀況的願望之強烈。在最後一例中，黃渡賽會的籌劃者李宸鳳是當地的一位儒生，其與南鎮、東市商人共同籌辦龍舟賽會的原因，很可能是為打破鎮北重固鎮猛將賽會對香市利潤的壟斷。〔註30〕從上述三則生員組織賽會的事例來看，賽會所帶來的經濟利益，是儒生階層參與賽會最重要的現實原因。

當部分儒生從道德層面和利益層面都開始認同賽會的經濟功能時，反「禁賽」的言論也極易發展為反「禁賽」的輿論，進而阻止地方官府「禁賽」措施的推行。即使位高權重的封疆大吏也不得不屈從於輿論壓力。「昔湯文正公撫吳，以酒船耗費民財，將欲禁之，或言此小民生計乃止」〔註31〕，「昔陳文恭公宏謀撫吳，禁婦女入寺燒香，三春遊屐寥寥，則輿夫、舟子、肩挑之輩，無以謀生，物議譁然，由是弛禁。」「或言」、「物議譁然」說明反對「禁賽」者絕不在少數，顧公燮又指出「此原非犯法事，禁之何益於治」很明顯是以士人的口氣來反對「禁賽」的。

後來，錢泳將顧公燮的這段文字摘錄於《履園叢話》中，改換標題為《安頓窮人》，以示贊同。以他為幕多年的經歷來看，料想當時的幕僚中亦有不少

〔註28〕《重修常昭合志》卷二十《人物志癸》引趙允懷《小松石齋文集》，轉引自王健：《明清江南毀淫祠研究》，《社會科學》2007年第1期，因未核到原文，故將轉引文獻標出。

〔註29〕民國《黃渡續志》卷2《風俗》。李宸鳳，字巢阿，諸生，傳記見同書卷五《人物》。《中國地方志集成·鄉鎮志專輯》，第3冊，765、772頁。

〔註30〕據咸豐《黃渡鎮志》卷2《風俗》記載：「猛將廟在重固鎮，為鄉人報賽之所八月十八前後數日，遠近燒香者爭趨之，田家器用畢聚成市。……遇歲稔則近廟村民鳴鑼至黃渡以百計，謂之敲燈。」《中國地方志集成·鄉鎮志專輯》，第3冊，706頁。

〔註31〕「蘇郡向年款神宴客，每於虎丘山塘巷梢大船頭上演戲」，在戲園出現之前，酒船是演戲酬神主要場所之一。參見顧公燮：《消夏閒記摘抄》卷下《郭園始創戲館》，第21～22頁。

反對地方官員「禁賽」者。研究者在探討「淫祠」現象時，認爲淫祠屢禁不止，很大程度上起因於地方官府的政策不具連貫性。如果進一步探討官府的政策爲何不具延續性，地方衙門中的幕僚反「禁賽」言論的出現，則可能是官府「弛禁」賽會最重要的原因之一。尤其是在清代「幕與吏共天下」的局面之下，幕僚、胥吏﹝註32﹞對待賽會的態度，更可能影響地方官員的態度。

反「禁賽」言論在清代的延續和發展，既與賽會「貧富相資」的就業功能不斷強化有關，也與中下層士人尤其是儒生階層不斷惡化的經濟狀況相關。社會的商業化加劇了貧富分化更激烈了社會競爭，部分不諳營生的士人在這股浪潮中貧困沒落，爲尋求出路不得不改變儒家的「治生」觀念，或棄儒從商、或棄儒從醫、或投靠官僚、或依附商賈，組織賽會等文化活動也成爲他們的「治生」方式之一。當這部分士人對賽會就業功能的認可實現道德和利益合一時，地方反「禁賽」的輿論也就悄然形成了。

第三節　寬禁：乾隆朝的政策轉向

前論「禁賽」舉措難以奏效的原因，是部分士人對賽會生計功能的認同，發展爲反對地方官府「禁賽」的社會輿論壓力。除此之外，筆者認爲清廷對賽會生計功能的認識轉變也是導致賽會由「屢禁不止」到「弛禁不止」的直接誘因之一。

嚴禁賽會是明初就定下的原則，《大明律》規定：「凡軍民裝扮神像，鳴鑼擊鼓，迎神賽會者杖一百，罪坐爲首之人，里甲知而不首者，各笞四十，其民間春秋義社，不在此限。」﹝註33﹞恪守祖訓是明代政治的特色之一。後來的繼任者們延續了明初的禁賽政策，不敢隨意變更，即使是在崇禎年間，朝廷對「禁賽」一事心有餘而力不足的局面下，崇禎仍然說：「邪黨自須正法，以後仍當嚴禁。」﹝註34﹞明朝嘉靖以來，迎神賽會有愈演愈烈之勢，並非是

﹝註32﹞　胥吏組織賽會的現象值得另作探討。明中期以來，生員充吏的現象屢禁不止，這些生員以胥吏身份出任賽會「會首」時，兼有減輕罪惡和牟取利潤的雙重目的。

﹝註33﹞　《大明律釋義》卷十一《禮律》「禁止師巫邪術」條，《續修四庫全書》第863冊，第89頁。

﹝註34﹞　《崇禎長編》，中央研究院歷史語言研究所校印本。轉引自趙獻海：《明代毀「淫祠「現象淺析》，《東北師大學報》2002年第1期。筆者未查到原文，故將轉引文獻標出。

由於政府弛禁，而與商業經濟發展和政局動蕩有關。首先，商業發展助長了民間的賽會之風，集中表現爲商人以賽會「鬥富」和商人對賽會的持續捐助。其次，嘉靖倭亂加劇了東南沿海一帶的社會動蕩，弱化了朝廷對民間社會的控制，「賽會」這類民間自發活動因而得到相應發展空間。據《張澤志》記載，「嘉靖倭亂後，鄉中有迎神賽會之舉，年凡三次，清明中元十月朔，甚於清明一舉，豐年尤盛，舉則或三四日或旬餘。」〔註 35〕《吳社編》中也明確提到參加過抗倭鬥爭的「城中淘金戶」扮作「沙兵」參與蘇州五方賢聖會的遊神活動〔註 36〕。

明清易代後，清王朝延續了明王朝的「禁賽」政策。康雍時期的「禁賽」以湯斌、田文鏡爲代表。湯斌在康熙二十三（1684）年任江蘇巡撫，上任後即推行「去奢崇儉」的風俗整飭，不僅禁燬蘇州上方山五通「淫祠」，而且嚴禁賽會演戲，甚至嚴禁一切可能從賽會中衍生出的陋俗，如聚眾賭博、婦女燒香、淫詞豔曲等。與此同時，湯斌還嘗試恢復社學、鄉約實現敦俗睦里，返樸還淳。〔註 37〕相較於前者，雍正二年（1724）田文鏡在河南巡撫任內推行的風俗改革也頗具特色。他上任伊始便頒佈禁約，稱「異端邪教最易煽惑人心，以致鄉愚男婦聚處混雜，不但敗壞風俗，抑且陰作匪爲，……然聚眾必有其由，而入教必有其漸，發掘根源皆自迎神賽會而起。」〔註 38〕強調聚眾賭博、邪教猖狂皆因賽會興盛而起，賽會是滋生一切社會不穩定因素的源泉。湯、田二人都提出了「禁賽」的主張，湯斌是理學名臣，其風俗改革重在移風易俗，而田文鏡是吏治名臣，其措施側重於打擊「邪教」以穩定秩序，二人雖各有側重，但嚴禁賽會都是其風俗整飭的重要內容。

然而，無論是江蘇還是河南，「禁賽」措施維持得都不長久。湯斌在江蘇巡撫任上僅兩年餘便告卸任，風俗整飭也就此中斷。關於湯斌離任的原因，眾說紛紜，而風俗整飭的措施過於激進或許是其中最重要的原因。〔註 39〕田文鏡在雍正五年《奏請裝訂進呈宣化錄摺》中也委婉表達了無法移風易俗以臻朝廷教

〔註 35〕民國《張澤志》卷十一《雜誌類·風俗》，《中國地方志集成·鄉鎮志專輯》第 1 冊，第 566 頁。

〔註 36〕王稚登：《吳社編》，《筆記小說大觀》4 編 6 冊，第 4046 頁。

〔註 37〕湯斌所頒佈的與迎神賽會相關的風俗訓約，詳見於《湯子遺書》卷九。《文淵閣四庫全書》，第 1312 冊，第 594～609 頁。

〔註 38〕田文鏡：《撫豫宣化錄》卷四《嚴禁迎神賽會以正風俗事》，《四庫存目叢書》史部 69 冊，第 288 頁。

〔註 39〕吳建華：《湯斌毀「淫祠」事件》，《清史研究》1996 年第 1 期。

化的困境，「(臣) 奉皇上殊恩畀以重任，又不能躬行實踐爲群吏先，俾令風俗敦龐，共躬盛世，惟以言詞警策，實屬具文，臣罪又無可逭旨」〔註40〕。

　　清初的禁賽措施無法像明初一樣雷厲風行，關鍵在於日益嚴峻的游民問題。湯斌言賽會演劇「皆地方無賴棍徒，借祈年報賽爲名，圖飽貪腹」，又言「吳中刁惡游民最爲百姓患」〔註41〕，可見他已注意到江南因地狹民稠而滋生的游民問題。然而在當時里甲組織已經崩潰，江南人口不斷滋生的大背景下，他所推行的「各安其業」的經濟政策，崇儉抑奢的道德教化，並無助於游民問題的解決。湯斌風俗整飭是康熙旨意的表達，湯斌的匆匆離任則反映了康熙對此一事的反思。湯斌之後，康熙時代再無大規模的禁賽運動。直至雍正即位，朝廷頒佈《聖諭廣訓》，才再次整頓風俗。但從田文鏡雍正五年奏摺的內容來看，朝廷已開始動搖「禁賽」的立場。田文鏡感歎「聖化者事關重大，又不可不愼」，雍正朱批　「甚是」〔註42〕，說明君臣二人都意識到賽會積習難改的原因仍然出在游民問題上。事實上，雍正並非不知游民以技藝謀生的道理，早在雍正二年六月朱批江蘇布政使鄂爾泰奏摺時，他就曾對湯斌的做法提出批評：「凡轉移風俗之事，須徐徐漸次化理，不可逆民之意，而強以法繩之也。從前如湯斌等及幾任巡撫亦有爲此舉者，皆不能挽回而中止，反致百姓之願望，無濟於事。蘇州等處酒船、戲子、匠工之類，亦能贍養多人，此輩有游手好閒者，亦有無產無業就此覓食者，倘禁之驟急，恐不能別尋生理。」〔註43〕但他忽略了兩點：其一，以技藝謀生的游民並非只出現在江南，河南同樣存在；其二，以技藝謀生者不少是外來游民，如果不安撫這批外來者，就不能有效地取締「邪教」活動。在游民問題的處理中，繼任者乾隆比他的父親顯得高明，這集中體現在乾隆朝的「寬禁」政策上。

　　「寬禁」二字，明確出現在乾隆元年（1736）安徽巡撫趙國麟的《爲欽奉上諭寬禁演戲等事奏摺》中：

〔註40〕　《河南總督田文鏡奏請裝訂進呈〈宣化錄〉摺》，雍正五年十一月二十六日。中國第一歷史檔案館：《雍正朝漢文朱批奏摺彙編》，江蘇古籍出版社1991年版，第11冊，第122頁。

〔註41〕　湯斌：《湯子遺書》卷九《禁賽會演戲告諭》、《嚴禁習風以安良善告諭》，《四庫全書》，第1312冊，第605、603頁。

〔註42〕　《河南總督田文鏡奏請裝訂進呈〈宣化錄〉摺》，雍正五年十一月二十六日。中國第一歷史檔案館：《雍正朝漢文朱批奏摺彙編》，第11冊，第122頁。

〔註43〕　《江蘇布政使鄂爾泰奏謝天語褒嘉並繳朱諭摺》，雍正二年六月初八。中國第一歷史檔案館：《雍正朝漢文朱批奏摺彙編》，第3冊，第146～147頁。

祈年報賽、演戲酬神，即吹豳飲蠟之遺風，誠如聖諭所云，人情之常，何可概禁者？若蠲免洪恩，萬姓歡欣情不自禁，大都巨鎮，偶有一二演戲，用申感戴之忱，非相率皆然也……如有酗酒鬥毆、蹂躪田禾、耗消資種者，督率屬員實力查察禁止，並勸諭鄉民百凡撙節勤儉，以防民情縱逸之漸，仰副聖朝寬嚴相濟之治理。〔註44〕

乾隆以一字朱批「好」，表示對臣下的讚賞和對「寬禁」政策的默許。「寬嚴相濟」是「寬禁」政策的原則，其實質則是將賽會與賽會所衍生的「聚眾賭博」、「邪教猖狂」等現象區別對待，弛禁賽會而嚴禁賭博和「邪教」活動。乾隆默許「寬禁」的原因仍然是日趨嚴重的游民生計問題需要尋求解決的途徑，而賽會已成為不可或缺的途徑之一。

上文提到湯斌已經注意到賽會中游民謀生的現象，言賽會演劇「皆地方無賴棍徒，借祈年報賽為名，圖飽貪腹」。到乾隆時期，游民問題更趨嚴重。在江南地區，由於人口增加，本土游民的數量急劇增加，如「里中游手」、「地方無賴棍徒」等。這些人視賽會為「斂錢」之機，當時廣泛盛行的「解錢糧」習俗，就與他們的積極推動有關。此外，江南也出現了數量眾多的外來游民，賽會演技成為不少外來者的謀生手段。解決他們的生計問題，不僅關係到江南地區的穩定，更有利於周邊地區的穩定。

乾隆二年安徽巡撫趙國麟奏：「鳳陽一府，遊惰成風，皆因耕織不勤之故，查游民向無出境之禁，是以不在保甲稽查之內，嗣後……如有挈眷攜家，秧歌花鼓成群四出者，責令保甲一併稽查勸阻。」朱批：「此事應緩之為之，而不可遽繩以法制禁令也。」〔註45〕鳳陽游民靠演戲為生，賽會上的酬神戲自然是他們收入的重要來源。乾隆時期的宮廷畫師徐揚在《姑蘇繁繪圖》中描繪過賽會春臺戲的場景，展示的是《紅梅記》中的《打花鼓》一折。據《清稗類鈔》記載，「打花鼓」最早出現在雍、乾之際的鳳陽一帶，因淮河水患加深，百姓無以為生，因而以花鼓外出乞食。畫中所繪場景，與趙國麟奏摺中所言內容一致，真實反映了大批游民乞食江南的場景。乾隆主張地方官「應緩之為之」，實際上是認可了他們外出謀食的生存方式。正如乾隆《吳縣志》

〔註44〕 《安慶巡撫趙國麟為欽奉上諭寬禁演戲等事奏摺》，乾隆元年四月二十五日。哈恩忠：《乾隆初年整頓民風民俗史料》（上），《歷史檔案》2001年第1期。
〔註45〕 《安慶巡撫趙國麟為整飭鳳陽地方民俗事奏摺》，乾隆二年閏九月十五日。哈恩忠：《乾隆初年整頓民風民俗史料》（上），《歷史檔案》2001年第1期。

的著者所說，此「非根本之途，亦一補救之術也」〔註46〕。

　　從清王朝禁賽政策的轉變中，不難看出，賽會的生計功能逐漸被最高統治者認可。賽會由社會控制的對象，轉變爲藉以控制游民的經濟手段，其角色的轉變，實際上反映了清王朝經濟政策的轉變。清代游民問題的出現既有人口增長的原因，也有商業化刺激下貧富分化加劇、人口流動加速的原因，並不能完全歸因於朝廷救荒不力。這一問題既然無法通過敦風化俗的風俗整飭來解決，更不可能依靠重農抑商的傳統經濟政策來解決，而只能通過順應經濟發展趨勢的刺激消費擴大生計來部分解決。「奢靡無度」的賽會正是憑藉其「奢」的特點成爲解決游民生計的有效途徑。

　　余英時的研究也表明，乾隆對賽會就業功能的認可正是受到了「崇奢」論的影響。乾隆三十年，乾隆帝第四次南巡揚州時曾作詩稱：「三月煙花古所云，揚州自昔管絃紛。還淳擬欲申明禁，慮礙翻殃謀食群」。在詩末自注中，他指出：

　　　　常謂富商大賈出有餘以補不足，而技藝者流藉以謀食，所益良
　　　多。使禁其繁華歌舞，亦誠易事。而豐財者但知自嗇，豈能強取之
　　　以贍貧民？且非王道所宜也。化民成俗，言之易而行之難，率皆如
　　　此。〔註47〕

這段話明顯是針對揚州鹽商的奢靡生活而言的，但乾隆在詩中不僅沒有指責這種奢靡，反而公開認可奢侈消費的社會功能，甚至倡導鹽商們擔負起解決游民生計的社會責任。由此反觀陳宏謀「禁賽」失敗一事，可能不僅是地方反「禁賽」輿論的作用，更與乾隆對待賽會的態度有關。

　　乾隆南巡時公開「崇奢」的言論，無疑滋長了民間的賽會之風，如楓涇上巳賽神之舉，在康熙年間已頗爲興盛，到乾隆年間「更踵事奢華，後間三四年則一爲之」〔註48〕。可見，賽會屢禁不止的現象，正逐漸發展爲賽會的弛禁局面。儘管朝廷強調「寬禁」的目的，是爲了更有力地打擊賭博、盜竊等不良社會現象，以及有效抑制「邪教」活動等，但從中我們也可以體會到

〔註46〕乾隆《吳縣志・風俗》，引自范金民、夏維中：《蘇州地區社會經濟史（明清卷）》，南京大學出版社 1993 年，第 550 頁。

〔註47〕嘉慶《重修揚州府志》，卷三《巡幸志三》，《中國地方志集成・江蘇府縣志輯》，鳳凰出版社 2008 年，第 41 冊，57 頁。

〔註48〕光緒《重輯楓涇小志》卷十《拾遺》，《中國地方志集成・鄉鎮志專輯》，第 2 冊，140、144 頁。

「寬禁」政策的實質是對賽會的弛禁。之後，朝廷對賽會的批判一如既往，然而卻很少在一省範圍內採取較大規模的禁賽措施。〔註49〕

賽會弛禁局面的形成，也反映了清王朝對民間社會思想控制的削弱。與此同時，朝廷加強了對賽會中賭博現象的查禁和對民間「邪教」組織的打擊力度，〔註50〕與此相關的法律條例數量不斷增加，反映了朝廷對民間社會的法律控制強化。〔註51〕乾隆將賽會活動與賽會所滋生的「不良」社會風氣區別對待，其「寬嚴相濟」的施政理念，標誌著18世紀清王朝在社會控制手段方面的重大轉變。這一轉變意味著，朝廷不得不放棄控制成本較低的思想控制等軟性控制手段，而選擇控制成本較高的法律控制等剛性控制手段，軟硬之間的變化是對商業持續發展趨勢的被動順應。

明清迎神賽會屢禁不止是由社會變革引發的社會控制問題。16世紀以來商業的發展改變了社會的階層結構，商人崛起和商人價值觀念的傳播，衝擊

〔註49〕 道光和同治年間，江蘇巡撫裕謙和丁日昌都先後推行過風俗整飭。前者主要針對蘇州上方山再度復興的五通信仰，對賽會奢靡之風的批判，並未發展為具體的措施；後者是洋務派的代表人物之一，其禁賽主張很快被《教會新報》轉載，由此推測其禁賽原因很可能與西方天主教在華傳播有關。參見裕謙：《裕忠節公遺書》卷三《請毀上方山五通淫祠疏稿》、《禁婦女入廟燒香住廟受戒疏稿》、《陳明恭行節儉訓勉風俗疏稿》，《中國近代史料叢刊》，臺北文海出版社1966年版，第423冊，203～212頁；參見《教會新報》1869年12月18日，上海圖書館藏。

〔註50〕 乾隆五年，署理江南總督郝玉麟奏議除壓寶流弊事：「嗣後如有開寶誘賭者，請將開寶掌盒之人，初犯枷號一個月、責四十板，再犯枷號兩個月，責四十板，交鄉保收管；壓寶之人照違制律各治罪。」朱批：「著照所議行」（《署理江南總督郝玉麟為議復請除壓寶流弊事奏摺》，乾隆五年四月十二日），同意地方官員對賭博之人按律治罪嚴懲。乾隆四年，兩江總督那蘇圖奏：「查拿常州府江陰縣長涇鎮夏天祐等五名為首設教者，將五人嚴行枷責示眾，勒令改教。起出經卷等項，概行焚毀。」朱批：「辦理甚妥，知道了。」（《兩江總督那蘇圖為查禁西來教以正風俗事奏摺》，乾隆四年四月初一日）乾隆五年，山東巡撫朱定元奏：「竊查東省瀕海臨河，氣剛俗悍，睚眥必報，勇戾成風。且多崇信邪教，拜福求神……今日夜思維，若嚴行查拿，恐奉行不善，胥役人等即茲擾累。輾轉審酌，惟有明許自首、暗加察訪之法……臣亦不時密遣心腹誠實之人，於各處細加體察。並採訪地方官役有無不法事宜及民生現在情景，務期民不滋擾，地方安靜，仰報皇恩於萬一。」朱批「如此諸凡留心，甚是」（《山東巡撫朱定元為查訪東省邪教事奏摺》，乾隆六年正月十七日），對其做法表示讚賞。孔飛力通過對江南「叫魂案」的分析，勾勒了一個對「邪教」活動密切關注、謹小慎微乾隆。可以說，在對「邪教」的處理上，乾隆比他的父親有過之而無不及。

〔註51〕 秦寶琦《清律中有關懲處會黨的條款及演變》，《歷史檔案》2009年第1期。

了儒家的經濟思想和價值觀念，動搖了朝廷對民間社會思想控制的理論基礎，最終迫使朝廷轉變控制的手段，弱化思想控制而強化法律控制。這種控制手段的變化正是由社會經濟變遷而引發的，商業的發展是削弱朝廷對民間社會思想控制的經濟根源。即使是在清前中期，皇權強化，對士人思想控制強化的時代，朝廷對民間社會的思想控制仍然呈削弱之勢。

第四節　逐利：迎神賽會再度興盛與行會組織

　　行業組織參與迎神賽會的歷史至遲可追溯至唐代，《太平廣記》就曾記載唐代吳地「太伯誕」會時，金銀行等的參與實況。〔註 52〕宋代，參會行業雖日漸增多，但這些行業的經營內容仍多與祭祀相關，如「七寶行獻古董，青果行獻時果，魚兒活行呈獻異樣龜魚，花業獻異檜奇松，米麥行獻稌禾、蕎麥」〔註 53〕等，且根據「米麥等行，歲供稌禾、蕎麥等薦新，皆有賠費」〔註 54〕和「市肆……但合充用者，皆置爲行」的解釋來看，行業參與賽會的行爲並非完全出於自願。明中期以後，與祭祀供品無關的行業廣泛參與到迎神賽會中，尤以絲織業爲甚，如杭州「褚侯誕會」、嘉興濮院「祐聖會」、蘇州「五方賢聖會」極盛一時的繁榮場面都與絲行捐資有關，〔註 55〕絲織業對迎神賽會表現出濃厚的參會熱情。

　　晚清，太平天國戰爭後迎神賽會再度復興，這一時期的參會行業已遍及至各行各業。蘇州「周王誕會」和「韓王誕會」分別由玉器業和米麥行捐助；〔註 56〕南京「東嶽會」中有所謂「茶擔」者，盛玉器珍玩，計一擔之值可數千金，爲錢業公所之物；〔註 57〕杭州「盂蘭盆會」時行目中人各爲一班。〔註 58〕「都天會」的賽期在每年四月中下旬，與會者盡係商家，淮安「都天會」

〔註 52〕　李昉：《太平廣記》卷二百八十《劉景復》，《文淵閣四庫全書》第 1045 冊。
〔註 53〕　《夢梁錄》卷十九「社會」，《東京夢華錄》卷六，《都城紀勝》「社會」，中國商業出版社 1982 年版。
〔註 54〕　李燾：《續資治通鑑長編》卷二四六「熙寧六年七月己丑」，中華書局 2004 年版。
〔註 55〕　魏文靜：《明清江南迎神賽會屢禁不止與商業化》，《歷史教學》2009 年第 7 期。
〔註 56〕　《吳縣示禁保護玉器業祀產碑》、《元和縣示禁保護韓蘄王廟祀碑》，《明清蘇州社會史碑刻集》，蘇州大學出版社 1998 年，第 531、472 頁。
〔註 57〕　《東嶽盛會》，《申報》1886 年 4 月 22 日。
〔註 58〕　《盂蘭會》，《申報》1878 年 7 月 9 日。

共有二十餘業參與其中；〔註59〕揚州「都天會」以六陳行、布衣行、銅鐵行、木竹行、葷店及廚行五業爲首；〔註60〕寧波「都天會」向來共有六社，會之最盛者爲糖行所捐助；〔註61〕鎮江「都天會」上共有錫箔業、駁船業等二十八個行業參與其中。〔註62〕上述行業的參會行爲完全看不出官方強制色彩。究其原因，固然有滿足娛樂需求、崇奢炫富的目的，但亦有更深層次的經濟動機。〔註63〕

首先，行業需要借助行業神崇拜增強內部凝聚力。出於發展需求，行業往往借助祠廟作爲議事聚會的場所，久之便參與到祠廟的祭祀活動中。如蘇州吳縣玉器業以周宣靈王廟爲行神廟在此地議事經營，上海米業「假既濟道院爲同業議事之處」〔註64〕。行業選擇祠廟作爲議事聚會的場所，一則考慮到祠廟具有幽靜、寬敞的地理環境便於商討事務；二則試圖通過行業神信仰，加強團結以增強內部凝聚力。正如湖南武岡南貨業會規所云：「同人思欲以合群力而聯衆心，爰於己亥，玉成一會，以祀雷祖、五穀尊神。」〔註65〕爲提升行業神宗教地位，衆多行業還選擇將行業神依附於城隍、東嶽等國家正神之下。北京朝陽門外的東嶽廟附近遍佈著馬行、豬行、羊行、棚行等行業神廟。〔註66〕上海城隍廟一帶分佈著豆業、鞋業、舊花業、帽業、布業、羊肉業、銀樓業、鐵鑽業、沙柴業、丐業、酒館業、肉店業、錫器業、鄉柴業、花糖行、青藍布業等十六個行業的公所。〔註67〕在「以娛神歆，以乞其庇」〔註68〕的目的之下，行業神成爲行業認同的重要象徵。

〔註59〕 胡樸安：《中國風俗》，九州出版社2007年，第142頁。
〔註60〕 《都天勝會》，《申報》1882年6月8日。
〔註61〕 《賽會減色》，《申報》1888年5月21日。
〔註62〕 《鎮江都天會》，《申報》1920年5月30日。
〔註63〕 筆者曾在《明清迎神賽會屢禁不止與商業化》一文中探討過工商業者參與迎神賽會的心理動機，此處則是從行業利益的角度進行探討。
〔註64〕 《上海縣爲米業提捐重建米店公所諭示碑》，《上海碑刻資料選輯》，人民出版社1980年，第364頁。
〔註65〕 彭澤益：《中國工商行會史料集》，中華書局1995年，第246頁，。
〔註66〕 （日）田仲一成：《中國戲劇史》，北京廣播學院出版社2002年，第384～387頁。
〔註67〕 《上海城隍廟爲廟園基地歸各業公所各自承糧告示碑》，《上海碑刻資料選輯》第362頁。
〔註68〕 《東嶽廟馬王殿會衆奉祀碑記》，轉引自（日）田仲一成：《中國戲劇史》第387頁。

　　其次，行業借祭祀活動整頓行規以規範競爭。蘇州城中「市肆懸旌入行、聚規、罰規皆在玄妙觀中擊牲演劇」〔註69〕，祀神活動成為開展行業公共事務的最佳時機。湖南永順錢莊業規定，「每年財神誕日，設席會議，重整規則一次」〔註70〕。長沙山貨業和巴陵米業分別於「財神誕」和「后稷誕」會前後，將秤送至公所「共同較準」以防「大小不一」。〔註71〕整頓行規的經濟活動借助祀神活動變得更加神聖不可侵犯。

　　關於宗教性質的行業祭祀會社與經濟性質的行會組織間的關係，學界歷來存有爭議。Morse 主張先有行業祭祀組織才有行會組織，「行會最初不過是崇拜手工業、商業等想像上的創造者的人的結合，至於他的種種經濟功能是後來才發達的。」全漢昇不贊同這一觀點，認為行業祭祀組織的產生應是在行會組織產生之後，「這種宗教上的崇拜，只能算是加重行會團結的手段，絕不是產生行會的母體」〔註72〕。筆者贊同後一種說法。據《夢粱錄》的描述，「每遇神誕日，諸行市戶俱有社會，迎獻不一，如七寶行獻七寶玩具為社……青果行獻時果為社……魚兒活行獻以異樣龜魚呈現獻」，反映出應是先有「行」的存在，才有行業祭祀會社的出現。儘管時常以祭祀會社來代指行會，如北京木作業的「魯班會」，它既指行業的祭祀組織，又指木作業的行會組織。但大部分行業仍將「行」與祭祀會社區別開來，如湖南工商業中綢布莊之錦雲會、文質會，靴鞋業之孫祖會，書業之文昌會、篾店之魯班勝會、紙店之蔡倫會、染坊之梅葛祀、成衣業之軒轅會，白鐵幫之老君新會、襪鋪業之雷祖會等等，都屬於行業祭祀會社。可見，祭祀會社是行業發展到一定階段的產物，其產生主要是為滿足行業增強凝聚力和規範競爭的需要。清代是行業神崇拜的極盛時期，隨著行業祭祀組織的廣泛建立，行業的賽會捐資和廟產管理也漸趨規範化。

　　再次，借助賽會行施善、救助以應對危機。鴉片戰爭後，傳統手工業受到前所未有的衝擊，為應對危機增強行業競爭力，傳統行會紛紛步入歸併、合併之途。〔註73〕蘇州吳縣玉器業於嘉慶十三年（1808）成立「永慶神會」，

〔註69〕顧祿：《清嘉錄》卷三《犯人香》，中華書局 2008 年，第 86 頁。

〔註70〕彭澤益：《中國工商行會史料》第 237 頁。

〔註71〕彭澤益：《中國工商行會史料》第 478 頁。

〔註72〕全漢昇：《中國行會制度史》，百花文藝出版社 2007 年，第 3 頁。

〔註73〕據范金民的研究，江南地區的公所雖在鴉片戰爭以前產生，但大量出現卻是
　　　在鴉片戰爭以後，應對日益繁多的同行業務和與西方列強經濟勢力抗爭，是

至道光三年時吸納祭祀會社「陰皂班」、「護衛班」加入其中，到光緒二十八年時成立公所。〔註74〕蘇州漆作業在道光十七年（1837 年）成立性善公所，〔註75〕道光二十五年重修公所時又有長慶會、長壽會加入其中，〔註76〕咸豐元年時再有長生會、華陽會、長福會加入其中，性善公所的發展狀況映證了行會的歸併趨勢。〔註77〕在危機面前，規範和限制行內競爭固然還是祀神的重要目的，但求神庇祐和共度難關似乎成為了祀神更重要的功能，行內慈善活動在行會組織下以祀神的名義下發展起來。蘇州雲錦公所在道光十九年士紳設局賑濟機匠時並未參與救助，只是提供了機匠的戶口「此舉責成經造緞紗帳房，秉公開呈，機匠戶口，並不勸助分毫」〔註78〕，至道光二十三年至二十四年間則有胡壽康等設局捐濟同業，〔註79〕光緒十五年時雲錦公所又添設蒙養小義塾，資助同業中無力讀書子弟。與絲織業具有同等重要地位的棉布業，在同治八年建立尚始公所後也把行業善舉擺在行業事務的突出位置，規定「各夥於薪俸內每千捐錢十文，店主人亦復照數捐助，戊辰春，再為勸募，每千捐錢兩文，彙存公所，按期分給月米錢文，兼助喪儀等費」，施助的對象主要是行業內的雇工、夥計。

這些行內救助活動與善堂、善會救助活動的不同之處在於，它僅在行業內部展開，是面臨生存壓力的行業組織有意識地強化會社互助功能的結果。寧波長生會在光緒十二年前後也開始將二十多年間盂蘭盆會的餘款「陸續購置城內市房十三幢，並基地在內。所收利息，議立施棺、惜字等善舉。」〔註80〕會款大量用於慈善事業說明祭祀會社施善救助的功能被強化了。

隨著行業生存壓力增大，這一時期慈善事業還成為不同行業進行地域整合的重要紐帶。在上海，從光緒十二年到宣統三年間，以寧波人為主體的鋼

這一時期公所大量出現的主要原因。參見范金民：《清代江南會館公所的功能與性質》，《清史研究》1999 年第 2 期。

〔註74〕 《吳縣示禁保護玉器業祀產碑》，《明清以來蘇州社會史碑刻集》第 531 頁；《周王神誕》，《申報》1880 年 10 月 23 日。

〔註75〕 《吳長元三縣示禁保護漆作業善舉碑》，《明清以來蘇州社會史碑刻集》第 319 頁。

〔註76〕 《漆作業捐資重修性善公所碑》，《明清蘇州工商業碑刻集》第 146 頁。

〔註77〕 《漆作業捐助修理性善公所碑》，《明清蘇州工商業碑刻集》第 148 頁。

〔註78〕 顧震濤：《吳門表隱·附集》，江蘇古籍出版社 1999 年版。

〔註79〕 《蘇州府為綢緞業設局捐濟同業給示立案碑》，《明清蘇州工商業碑刻集》第 26 頁。

〔註80〕 《四明公所長生會章程碑》，《上海碑刻資料選輯》第 262 頁。

鐵器業永生會、內河水輪業、木業之長興會，肉業之誠仁會，馬車漆業之同議勝會、以及長生會皆收歸四明公所管理。長生會在碑文中詳述了併入公所的原因：「近年來，賒領棺木者尤多，每歲不得不仍向同鄉中募勸醵資，玉成其事。但吾輩來滬，繫屬一時謀業，去留難卜，恐此後此會終至廢止。現公議將會中所置基地、市房樓屋十三幢，每年約收租錢五百五十餘千文，助入公所，永遠經營。」〔註81〕上述組織陸續歸併入四明公所後才有了晚清上海規模空前的盂蘭盆會。四明公所的建立雖在嘉慶年間，但其真正發揮行業整合的作用卻是在光緒十二年以後，尤其是光緒三十年以後諸多行業紛紛加入四明公所，無疑是為尋求雄厚資本的庇護。

　　由此，繼續探討趙世瑜在《魯班會：明至民國初北京的祭祀組織與行業組織》一文中所提出的問題，儘管行業祭祀組織內孕育著分化的因素，但雇主和工匠仍然同存於同一行業祭祀組織內，二者之間的分化並不徹底。究其原因，不僅是基於共同的行業信仰，更重要的則是行內慈善救濟活動的發展。晚清時期，面臨外部激烈競爭與內部分化挑戰的行業組織，將行業祭祀活動發展為施善救濟活動，既緩解了行業分化，又為行業的持續發展提供了廣闊空間。

　　清末民初，在西方商業模式的影響之下部分行會逐漸向同業公會演變，1918 至 1929 年間，政府多次頒佈法令，要求「凡在同一區域內經營各種正當之工業或商業者，均得依本法設立同業公會」〔註82〕。同業公會建立後，救濟貧困同業、撫恤鰥寡孤獨等制度廢除，行業祭祀組織逐漸失去了依存的空間，走向衰亡。與此同時，迎神賽會亦在行會和商會的引領下走上了「去迷信化」和商業化運作的道路。

第五節　商戰：迎神賽會的商業化運作

　　商業化運作是近代江南迎神賽會組織與運作最突出的特點，具體表現在資金運作、項目策劃和組織管理三個層面。在資金運作上，行業祀神醵捐的

〔註81〕參見《鋼鐵機器業永生會存款四明公所碑》，《內河小輪業永安會入四明公所碑》、《竹業同新會捐助四明公所碑》、《光緒三十年肉業誠仁堂助款四明公所碑》，《頭擺渡（碼頭百宮）蘭盆會助入四明公所碑》，均收入《上海碑刻資料選輯》。

〔註82〕馬敏：《中國同業公會史研究中的幾個問題》，《理論月刊》2004 年第 4 期。

發展促進了資金運作的規範化和科學化，調動了捐資者的投資熱情。在項目策劃上，「舁神」表演的舞臺化和工商會展的引入激發了民眾的參與熱情，形成了節事經濟效益。在組織管理上，晚清衙役、民國軍警與行業組織密切配合，確保了賽會管理有條不紊。江南迎神賽會的商業化運作以營利為目的，形成了以政府為主導，以行業為主體，以民間資本運作為主的運營模式，促成了迎神賽會由單一民俗節慶向綜合旅遊節事的嬗變。

一、迎神賽會資金籌措行業化和規範化

迎神賽會的組織與運作複雜又精細，資金籌集是組織策劃的首要。賽會資金多由民間募資，或以里社為單位，或以家族為單位，或以行業為單位。延續至晚清，江南賽會資金來源行業化的趨勢愈益明顯，行業捐資成為賽會資金的主要來源。以晚清江浙滬地區影響最大的寧波「都神會」為例，該會幾十年間一直由糖行、米行、六陳行等 6 個行業持續捐資，其中又以糖行捐資數額最大，在物力艱難的年份，若「糖行力有不逮則賽會減色不少」〔註83〕，若各業艱難生意冷淡，則「一切紗船、綵閣皆停止不賽」〔註 84〕。行業的持續捐資既帶動了晚清賽會的發展，也使賽會在資金籌集方面表現出濃鬱的行業依賴特點，金陵燈會「花燈炫彩華麗」，燈彩紮花所需竹木全部來自木行捐助，〔註85〕杭州「東嶽誕會」所需數十萬，「半由個人捐集，半由各號墊用」〔註 86〕。

行業捐資廟會的經濟動機多樣。筆者通過《申報》數據庫對晚清迎神賽會最盛的鎮江、寧波兩地展開探究，以「寧波賽會」和「鎮江賽會」為標準檢索項進行檢索，剔除相同文獻後，共檢索到寧波賽會文獻 36 篇，其中 25 篇分佈於 1878～1894 年；以「鎮江賽會」為標準項進行檢索，剔除相同文獻後，共檢索到鎮江賽會文獻 20 篇，其中 10 篇分佈於 1875～1895 年。可見，1872 年《申報》創刊至 1949 年《申報》停刊的 78 年間，迎神賽會報導頻率最高的年份集中於 1875～1895 年，此二十年正是洋務後期江南經濟復蘇和快速增長的重要時期。在 56 篇關於寧波賽會和鎮江賽會的文獻中，《京口賽會》

〔註83〕 《賽會減色》，《申報》1888 年 5 月 21 日。
〔註84〕 《賽會減色》，《申報》1878 年 11 月 1 日。
〔註85〕 《雨阻賽會》，《申報》1877 年 12 月 17 日。
〔註86〕 《重行朝賽》，《申報》1881 年 9 月 2 日。

等文獻明確提及舉會初衷，「一則預復往昔之盛觀，一則藉獲商民之齊集，以有易無，市面必更熱鬧」〔註87〕。可見迎神賽會與經濟間的聯繫已成爲工商界的共識，炫富只是行業捐資的非理性動機，振興市面、復蘇經濟、追逐利潤才是行業持久捐資的根本所在。

行業從賽會中獲取的經濟收益分爲顯性收益和隱性收益兩類。顯性經濟收益是指賽會期間酒樓、飯館、茶社等通過對香客或遊客的直接商品交易所獲取的利潤，即通常所說的廟市經濟收益。〔註88〕

隱性經濟收益是指行業借助賽會形成的行業知名度和影響力，類似於現代經濟學的品牌效益。關注隱性經濟收益的多是一些實力雄厚的工商行業，如絲業、錢業、木業、糖業等，其所涉領域與迎神祭祀並無直接關聯，從中獲取的直接經濟利益相當有限。但捐資賽會讓其展現了行業實力和影響力，贏得更多商貿洽談的機會，進而獲取隱性經濟收益。在長期的捐資中逐漸形成了「各業以所執之業認一二事」的格局，金陵「東嶽會」中「油漆鋪認牌對，綢緞染坊認傘旗，絲行認香亭」，各業藉此展示實力，如「銜牌牌式不一，皆紫檀嵌空，兩面鑲五色玻璃。傘數百柄，計一傘之值不下三四十金，內繡四大名山、長江全圖等，其價又不止以十倍數」。〔註89〕絲織業與迎神賽會的關係最爲密切，賽會所用聯燈、綵旗、沙船、臺閣、服飾無一不需絲綢裝扮，所用絲綢均繫「時式花樣，色色鮮明，窮極其麗」，否則「衣服暗淡，步列錯雜，遊趣頓減，無甚可觀。」〔註90〕金陵「東嶽會」於亂後，「一片荒涼，僅餘下瓦礫」，後因緞業復蘇「彩燈鼓樂較地方官出巡，尤覺整齊嚴肅」。〔註91〕其他如金陵木業捐資「上元燈會」、金陵錢業捐資「東嶽誕會」、吳江絲織業捐資「雙楊會」等，大抵原因都是如此。「雙楊會」舉會期間，當地酒樓飯館等的直接經濟收益僅數萬元，但「雙楊會」後的絲織品交易量卻高達幾十萬元，約占盛澤鎮全年絲織品交易量的十分之一。〔註92〕《鎮江市志》亦載：「每年鎮江『都天會』後各批發行業生意興隆，成交額達數百萬兩之多。」還有

〔註87〕 《京口賽會》，《申報》1879 年 6 月 6 日。
〔註88〕 朱小田：《近代江南廟會與農家經濟生活》，《中國農史》2002 年第 2 期。
〔註89〕 《東嶽盛會》，《申報》1887 年 5 月 9 日。
〔註90〕 《慈城賽會》，《申報》1884 年 5 月 24 日。
〔註91〕 《東嶽盛會》，《申報》1886 年 4 月 24 日。
〔註92〕 《盛澤社會之一班》，《新黎里》1923 年 6 月 1 日。

些商戶另闢蹊徑，通過捐資中小型賽會以獲取知名度和影響力。時上海一家名為升和的綢莊，從 1874 至 1883 年間，一直為「城隍夫人誕」會提供彩綢，其「所紮綵綢不需伸假於人，皆由己出」，〔註 93〕通過持續捐資，綢莊知名度不斷擴大，成為遠近聞名的莊鋪。

行業對賽會隱性經濟利益的追逐正是晚清賽會不同於清前中期的重要特點，亦是晚清賽會商業化運作的重要表現。在重商主義思潮影響下，對豐厚經濟利益的追逐使行業對賽會的捐資相比以往更加積極主動。為最大限度地調動行業成員的捐資熱情，不同於傳統香資攤派等平均攤派方式而是綜合考慮行業成員經濟水平差異的祀神釐捐制逐漸在江南盛行開來。

行業釐捐是明中期以後在江南會館、公所中廣泛採用的一種資金籌措方式，主要用於行業公所等行業設施的修建和行業事務開展，行業釐捐與宗教民俗事務結合形成祀神釐捐，始於清康熙年間。康熙四十五年（1706）吳江盛澤鎮修建三義殿，率先採用釐捐的形式，「此廟歷世常新之著，實在此一釐。緣凡省商賈貿易於斯者，計銀兩之多寡，留儲每兩千分之一」〔註 94〕。到乾隆年間，絲織業市鎮濮院也出現了釐捐，「乾隆二十八年（1763）里人創設一釐會，即機戶賣綢一匹，綢行與接收合捐用錢一文，勘著綢每匹合捐二文，有司事者共同經理，其所買綢數有煉坊簿籍可稽，萬無遺漏。觀工之外，凡遇寺廟工作，至今無不取給於是。」〔註 95〕參照營業額多寡以千分之一抽取釐捐，充分考慮到各店經營狀況的差異，形成了不同於香資攤派整齊劃一的特點。「其所買綢數有煉坊簿籍可稽，萬無遺漏」表明歷歷可查的帳簿成為會資徵收科學化的有力實證，確保了迎神賽會資金的穩定。

太平天國戰爭期間，清政府在江南地區廣設釐捐局，向各行業徵收釐捐以籌集軍餉，官方釐金制度的產生加速了祀神釐金制的發展。自咸豐四年（1854）清政府在江蘇首先確立釐金制度後，祀神釐捐逐漸從絲織業拓展到其他行業。這一年蘇州府元和縣的「韓王神誕會」由六陳米麥行中的糶糴客

〔註 93〕 《邑廟觀燈》，《申報》1874 年 3 月 29 日，《慶賀神誕》，《申報》1877 年 5 月 11 日。《邑廟懸燈》，《申報》1883 年 5 月 4 日。

〔註 94〕 《備修三義殿一釐緣碑記》，《江蘇省明清以來碑刻資料選集》，北京：三聯書店，1959 年，第 440 頁。

〔註 95〕 （嘉慶）《濮川所聞記》卷二《寺觀》，《中國地方志集成‧鄉鎮志專輯》第 21 冊。

商和牙行共同捐輸，「每石共捐制錢四文，以資備祭祀和神誕慶祝」〔註96〕。
鎮江「都天會」在咸豐十一年（1861）後實行釐金制，參加者須按營業額抽
取一分左右的釐頭，稱「公釐」作爲活動經費。〔註97〕同治七年（1868）上
海水木業「各匠包造房屋者，每工抽釐五文，如有自行備料，惟發點工者，
每工抽釐二文」〔註98〕。光緒二年（1876）上海油麻業「統抽釐金、租、頂
總計錢八百一十七萬兩千六百七十九文，其中常年敬神、金身復漆、醮資費
共計三百三十八萬六千四百文」〔註99〕。光緒八年「揚州都天神會，各行業
提釐爲出會經費」〔註100〕。光緒十六年後，上海舊花業「同業買貨，價作洋
數，每洋提錢四文，各照底簿，按月彙交司年收存，以備敬神等用」〔註101〕。

　　從時間上來看，1861年後祀神釐捐制的全面推廣從制度層面有效保證了
晚清迎神賽會的資金來源。從地域上來看，祀神釐金在江南地區的推廣程度
較深。根據彭澤益所輯《中國工商行會史料》記載，咸豐四年長沙刻字店曾
約定，「大凡生意至三十兩，每兩抽釐一分，以備每年祭祀用費」〔註102〕。然
而此後不久，因行業發展困難此項釐金即行廢弛。長沙錢業也在會規中反覆
聲明，釐金的徵收只是一種權宜之計而非長久之計，「初修公廟，經費不敷，
始議按照月釐減半抽收月捐，此亦眾擎易舉之法……一俟虧款填足，廟用歲
修各有所資，即行停止」〔註103〕。光緒二年，上海油麻業的祀費釐金達到三
百三十八萬六千四百文，超過湖南地區任何一個行業。〔註104〕祀神釐金廣泛
流行於江南的原因，或許仍然與江南工商業的發展水平密不可分。

　　從江南迎神賽會的資金運作來看，出於經濟動機的資金籌措和運用經濟
手段的資金管理都表現出晚清賽會不同於清前中期賽會的商業化運作特點，
迎神賽會的經濟效益也更爲明顯。

〔註96〕　《元和縣示禁保護韓蘄王廟祀碑》，《明清以來蘇州社會史碑刻集》第472頁。
〔註97〕　朱小田：《在神聖與凡俗之間——江南廟會論考》，北京：人民出版社，2002
　　　　　年，第139頁，。
〔註98〕　《上海縣爲水木業重整舊規各匠按工抽釐諭事碑》，《上海碑刻資料選輯》第
　　　　　310頁。
〔註99〕　《油麻業經抽售客釐金彙清總數碑》，《上海碑刻資料選輯》第350頁。
〔註100〕　《都天勝會》，《申報》1882年6月8日。
〔註101〕　《上海縣爲舊花業公議章程諭示碑》，《上海碑刻資料選輯》第362頁。
〔註102〕　彭澤益：《中國工商行會史料》第294頁。
〔註103〕　彭澤益：《中國工商行會史料》第236頁。
〔註104〕　《油麻業經抽售客釐金彙清總數碑》，《上海碑刻資料選輯》第350頁。

二、迎神賽會表演設計商業化和新奇化

持續穩定的資金來源是迎神賽會娛樂項目不斷推新的經濟基礎，追逐利潤的經濟動機更刺激了商家在賽會表演設計上不斷推陳出新，主要表現為臺閣人物世俗化、「舁神」表演商業化和賽會陳列新奇化三個方面。

1、臺閣人物世俗化

臺閣是「將兒童或優伶分數層固定在豎杆上，化妝打扮以扮演仙佛鬼神以及戲曲、傳說、神話等故事人物，再配以圖案背景裝飾，由數人擡扛，在街道或廣場上巡遊表演的形式」〔註 105〕。早在南宋杭州「祠山誕會」時已有臺閣陳設其間，但此時的臺閣造型單一，且固定於露臺之上，未與「舁神」巡遊結合，規模與影響十分有限。〔註 106〕臺閣形式的不斷豐富始於明末，這一時期江南臺閣逐漸形成了以絲綢緞匹和金玉珠寶裝扮的表現傳統，明人張岱回顧蘇州楓橋楊神廟臺閣時，就曾感歎：「自有駱氏兄弟主之，一以思致文理為之，三年亦三換之」，以致「四方來觀者數十萬人」，臺閣「以錦繡飾之，使不見跡，上乘童子，裝點故事。綴以金玉珠翠，必使絢爛奪目而後已」。〔註 107〕

清朝覆滅後，模仿官員出巡的「舁神」儀式現實性減弱，政治傳統斷裂以致鑼、旗、傘、扇等藝術表演形式的發展也相應受到限制。臺閣則不同，自明末以來臺閣主題則多以歷史人物和戲劇人物為主，創作思路受政治影響較小，又因其多以金、玉、絲綢裝飾，藝術表現力強，藝術形式多樣，因此清末民初賽會中臺閣出的數量不斷增加，規模不斷擴大。鎮江「都天會」有臺閣一二十架，此「臺閣一二十座非一人所能辦，必前一年預為之，而出會前一日，尚不知今年之臺閣是何戲劇也」〔註 108〕。

臺閣推新加速了臺閣表演地方化和世俗化的趨勢，源於草根社會的普通人物登上了臺閣舞臺。1888 年寧波「都神會」中出現了地方姚戲《呆大成親》的呆大角色，引起一片騷動。〔註 109〕民國初年，蘇州「城隍會」共出臺閣 19

〔註 105〕車文明：《臺閣：一種古老而廣泛的廣場表演藝術》，《文化遺產》2008 年第 2 期。

〔註 106〕袁景瀾：《吳郡歲華紀麗》卷二《祠山生日》。

〔註 107〕光緒《重輯楓涇小志》卷十《拾遺》。《中國地方志集成·鄉鎮志專輯》第 2 冊。

〔註 108〕歐陽兆熊：《水窗春囈》卷下《都天會》，中華書局 2007 年版。

〔註 109〕《賽會鬧事》，《申報》1888 年 5 月 29 日。

座，分別取材於戲曲《老一百》、《珍珠塔》、《借茶》、《打漁殺家》、《白水灘》、《十字坡》、《水漫金山》、《打店》，不僅劇中人物方卿、閻婆惜、阮小七、許起英、張青、白素珍、武松皆爲草根，且劇情中不乏美豔女子穿插其間，如《珍珠塔》中的陳翠娥、《借茶》中的閻婆惜、《打漁殺家》中的蕭桂英、《白水灘》中的許佩珠、《十字坡》中的孫二娘、《水漫金山》中的白素珍等。臺閣人物多由「變童美少」裝扮，衣飾華美，表情顧盼生輝。寧波「都神會」臺閣人物更是出神入化。1892 年「都神會」中「彤雲社」臺閣取自《雙珠鳳》來富唱山歌一折，其中花旦由名伶扮作，「清揚婉麗，豔若天人，使李三郎見之，當視梨園如糞土矣」；又有「兩孩扮成呂布戲貂蟬故事，英雄兒女各有風情，頗足令見者魂涓心醉」；「三星社」臺閣別出心裁，「一孩立於馬上，扮成麻姑仙子，掃除脂粉，別具風流」。〔註110〕民眾對俊男美女的公開推崇，早已突破了禮教束縛，這種類似「屌絲」的行爲正是商業社會中審美情趣外化的重要體現。

2、「舁神」表演商業化

從賽會的民俗特徵來看，「舁神」儀式具有時間上和地域上的唯一性，它在特定時間舉行，於特定路線巡行，不可複製與再現。但商業利益卻驅使「舁神」儀式的時間與空間位移成爲可能。

晚清的上海，中西交融，新式園林、戲院和舞臺不斷湧現，爲獲取更多票房收益，賽會「舁神」表演也隨之搬演至新式舞臺。1892 年，因「寧波神會之盛，四遠馳名，近有人延之來滬，日迎賽於楊樹浦半淞園。前日有友人之往觀者，歸而述及：

> 會自園中望江廳起，旂旎繞長廊而出，先是園中添設各種名花，四處遍懸綵旗，五光十色，幾令人目眩神迷，正中復搭成彩燈牌樓，高矗數十丈，其中暗藏綾絹紮成之八仙及雙獅搶繡球，玲瓏變幻，神妙無方。有白綢紗三角大旌一面，高約丈外，上書半淞園三字用六人擎之而走，繼有彤雲社五彩大方旗四面，行牌一面既以紅木雕嵌黃楊象牙之頭牌，燈數盞，又有兩人身穿白湖綢卍字接衫，足穿快靴，肩荷大金鑼一對，沿途敲擊，其聲鏜然。有年在十齡左右之二孩扮作中軍模樣跨白馬執小方旗並轡而走，後爲十景逍遙

〔註110〕《賽會志盛》，《申報》1892 年 5 月 30 日。

傘、九聯燈，再後爲龍船……臺閣。〔註111〕

1892 年這次的「都神會」邀約，可視爲賽會表演舞臺化的肇始。半淞園地處上海南市，此處人煙稠密卻缺乏相關娛樂場所，園主人吳氏此舉開啓了近代半淞園商業演出之先河，亦是近代賽會走向商業表演的里程碑式事件。「都神會」表演從 4 月 26 日至 5 月 27 日延續一月有餘，入園者華人每位收洋 4 角，西人每位收洋 8 角，小孩減半，〔註112〕商業售票使主辦方獲利頗豐。半淞園賽會後僅半月，上海和春茶社貼出廣告，邀請寧波「都神會」中「彤雲社」等 10 社助陣新戲，賽會表演再次登上了商業匯演的舞臺。〔註113〕之後「都神會」的辦會方與和春茶園達成長期合作關係，「都神會」表演也成爲了和春茶園的招牌項目，知名度不斷提升，以致慈禧 60 壽誕之時，商界巨擘四明公所亦專程邀請「來申以慶萬壽」〔註114〕。賽會表演的商業化使迎神賽會具備了向現代旅遊節事嬗變的可能，1919 年刊刻的《上海遊覽指南》將寧波「都神會」列爲旅遊資源推廣介紹，〔註115〕迎神賽會已然嬗變爲旅遊節事，在社會商業化的大潮中實現了從傳統向現代的華麗蛻變。

3、會展陳列新奇化

商品陳列雖是賽會的基本功能，但在歐美博覽會風潮的影響下，近代賽會商品陳列也表現出濃鬱的西式傾向，逐漸由廟市展覽向商業展覽過渡。商業展覽不同於傳統的廟市展覽，前者只是小規模的面對面以物易物交易，後者作爲工業化的產物，其展覽內容多爲現代工藝、地方物產，「一則爲發展商務，謀求商業洽談和訂；二則使人咸知物產之優劣、多寡；三則使人增長見識，開拓心胸」〔註116〕。

基於上述差異，晚清的有識之士曾多次闡發改革舊式迎神賽會的主張。陳次亮認爲各省賽會迎神之習，雖爲鄉儺遺意，但「作爲無益，動肇爭端」，於是建議改易爲西式賽會：

> 宜詳考各國立會之制，先於滬漢等埠籌款試行農桑礦務等會，
> 以勸民間。俟東省鐵路既成，則於天津購地造展，綜集中西，設一

〔註111〕《賽會志盛》，《申報》1892 年 5 月 30 日。
〔註112〕《半淞園賽會》，《申報》1892 年 5 月 27 日。
〔註113〕《和春茶園准演燈彩新戲》，《申報》1892 年 6 月 22 日。
〔註114〕《四明長生會啓》，《申報》1894 年 10 月 31 日。
〔註115〕《世界遊戲場》，《申報》1919 年 1 月 13 日。
〔註116〕《論中西賽會名同而實異》，《申報》1886 年 5 月 9 日。

博覽會，九重親校，以重其事。中外之金石、古玩、名畫、法書以及山海之珍奇、工作之器物，均可入會。購者議價，觀者取資。立會之費，預籌專款。會散後儲爲博物院，備後人考鏡之資。嗣後逐漸推行數省，一舉以開風氣，以拓利源。〔註117〕

陳次亮將賽會改造爲博覽會的主張，確實有一定可行性。傳統賽會與西式博覽會在物品陳列的豐富性以及商品交易的盈利性方面確有諸多相似之處。鍾天緯在陳次亮基礎上提出更具體的主張，「不如自行賽會以導華人先路而開富國之基。誠能就南方之賽會迎神、北方之廟集趕墟，變通其法，令百工商賈各行其業，自賽其物產，下至家用什物亦羅列於會場，兼行交易。」〔註118〕

1911 年的寧湖義振遊覽會可視爲上述主張付諸實踐的有益嘗試，在這次遊覽會上既有寧波「都神會」表演、湖州燈景演出等傳統表演項目，又有「飛艇軍艦旌幟等尙武之奇觀，輪船火車兵器利械等實業之異彩，更有如旦如丑可笑可樂等遊戲之新穎，以奇觀、異彩、新穎概括此次賽會尤爲未過。」〔註119〕但這次遊覽會只是將傳統賽會與西方展會強行合併，在舉會精神上僅僅將東西方賽會的娛樂精神相融合，並未觸及以賽促商、以賽促教的變革根本。

1924 年的盛澤「雙楊會」在江南賽會的變革中具有重要意義。盛澤地處蘇州吳江，明清以來即爲著名的絲織業市鎮，經濟發達，文化昌明，在上世紀初興辦博覽會的熱潮中，盛澤鎮的知識分子也提出西化賽會的想法。1923年徐蔚南在文中說「賽會，各國皆有。若美國之華盛頓紀念會，南洋菲律賓之嘉年華會，尤爲世人所稱道。莫不扮演新奇，暗寓諷刺。吾鎮賽會，曷取法於彼乎？」〔註120〕作爲地方報紙《新盛澤》的主編，徐蔚南的言論在當地自然具有輿論導向的作用。

「雙楊會」又稱「桑秧會」，起於清初，每十年舉會一次，會以震澤鎮郊的雙楊村爲起點，途經震澤、梅堰、盛澤等市鎮，前後延續半月有餘，一直是吳江地區最盛大的賽會之一。舉會之時「窮工極巧爲它處所不及，看者人山人海，頓增數萬，大小船支不下數千」〔註121〕。但 1924 年的這次「雙楊會」顯然不同於以往，在賽會舉行之前，地方實業家周心梅就提出「擬趁雙楊會

〔註117〕陳次亮：《賽會》，《皇朝經世文編》卷三十。
〔註118〕鍾天緯：《擴充商務十條：上南皮張制軍》，《皇朝經世文編》卷五十七。
〔註119〕《寧湖義振遊覽會特增賽眞會廣告》，《申報》1911 年 9 月 25 日。
〔註120〕遽：《賽會小言》，《新盛澤》1923 年 9 月 1 日。
〔註121〕《桑秧會》，《申報》1891 年 5 月 2 日。

之機，舉辦蠶絲成績展覽會」的建議，自治組織市民議會認爲此舉確有創新之處，不僅能展示蠶絲業發展成績，而且有助地方經濟發展，於是打消顧慮積極支持舉辦賽會。特殊的歷史背景使這次「雙楊會」表現出傳統與現代兼具的雙重特色，既有裹著絲織禮服的菩薩在會中「撞來撞去，相互迎送，相互致辭」，又有展示現代機械技術的工藝展品如裝著活動機關的木偶「搖經，掉絲捕魚，汽車等，頗有益於社會。」從「雙楊會」的整體收益來看，籌辦和舉行期間，商品銷售總額達到一百萬之多，其中又以綢行爲最，以「盛澤每年六、七百萬兩的絲綢交易額計」〔註122〕，「雙楊會」帶來的收益至少占全年收益的十分之一，由此顯示出傳統賽會完全具有向商品博覽會變革的可能。從「雙楊會」的組織籌劃來看，這是一次迎神賽會向西式賽會轉型的有益嘗試，西式賽會之商戰、娛樂、教育三個功能在「雙楊會」中均有體現。之後不久南京「都天會」也出現了蠶絲成績展覽會的內容，〔註123〕可見盛澤「雙楊會」的模式值得推廣。

作爲旅遊節事的重要內容，商業會展的發展既豐富了賽會的項目組成，也彰顯了賽會的節事效應。從「雙楊會」的運作實例來看，具體組織和籌劃者商會是推進賽會從傳統廟會向現代節事嬗變的關鍵。因賽會所帶來的商業利益與商會成員的經濟利益休戚相關，因而「清末民初的（商品）賽會熱，使振興工商業的經濟新觀念獲得長足發展」〔註124〕，賽會與地方經濟的關係也更爲密切。

然而，從旅遊人類學的角度來看，商業化改造卻在一定程度上削弱了賽會的原眞性，進而降低了賽會作爲旅遊資源的吸引力。1930 年國民黨中執會曾對廟會作過這樣一段解釋：

> 查廟會制度，雖係舊俗，早已成爲純粹商業性質之集會，並無迎神賽會種種迷信夾雜其間，實爲集鎮墟市集會，中下層社會，日用所需，每多取於此，與民眾關係至切，苟能改其會期，令從國曆，則於國曆之推行，自易收效，實無修正之必要。總之，此處所指「廟會」並非係指迎神賽會迷信舉動而言，請求修正，未免誤會。〔註125〕

〔註122〕《盛澤社會之一班》，《新黎里》1923 年 6 月 1 日。

〔註123〕《南京快信》，《申報》1926 年 5 月 24 日。

〔註124〕馬敏：《中國走向世界的新步幅：清末商品賽會活動評述》，《近代史研究》1988 年第 1 期。

〔註125〕《中執會解釋廟會之意義》，《申報》1930 年 12 月 5 日。

上述解釋代表了國民政府改革賽會的基本觀點，是民國初年「禮俗改造」觀念的具體闡述，以今天之視角審視，未免偏頗。江南地區的廟會與迎神賽會本無本質區別，不遺餘力將兩者區別對待，實爲強調賽會的經濟功能而弱化賽會的文化功能，然而文化功能的削弱必將影響賽會的延存與發展，正如李學昌的剖析「辛亥革命後科學觀念的傳播以及政權更迭後移風易俗的舉措，斷絕了迎神賽會的文化資源」﹝註126﹞。儘管如此，國民政府過激的禮俗改造措施仍反映出政府急於將傳統改造爲現代的迫切願望，正是這種自上而下，從官方至民間迫切現代化的憧憬，不斷激勵著迎神賽會的商業化改造，也推進了賽會的組織運作更加科學有序。

三、迎神賽會組織管理科學化和有序化

迎神賽會常有「萬人空巷、舉國若狂」的轟動效應，數萬人於短時間內彙聚一地，由此而來的管理壓力可想而知。商業利益驅使江南賽會舉會愈頻、規模愈大，管控壓力亦隨之增長。面對婦女走失、孩童走失、橋梁坍塌、房屋倒塌等突發狀況，爲克服安全隱患和保證賽會有序進行，以官府爲主導、以行業爲主體的管理模式在江南地區應運而生。

1、官府主導賽會安全管控

近代官府中主導賽會安全管控的主要是兩類人群，一爲衙門胥吏，二爲地方警察。明清州縣一級政府中負責賽會管控者並非地方官員，而是居於官民之間的衙門胥吏。清代衙門胥吏分爲書吏和衙役兩類，前者負責刑名、錢糧，後者主管地方治安。縱觀「東嶽會」、「城隍會」、「都天會」、「都神會」等大型賽會多有胥吏主導管控。晚清賽會中寧波「都神會」的組織管理最爲完備，先由各行商家集結成社，每社推柱首一名，繼而由柱首推舉總柱，負責整項賽會籌劃，但多年來「都神會」柱首一直由衙役擔任，衙役一旦擔任總柱，其職位便可終其一生。﹝註127﹞

此種特殊的管控體制亦是由胥吏特殊的政治身份決定的。胥吏是明清政治體系中的一類特殊人群，﹝註128﹞他們政治身份不高，但因籍貫多在本土而

﹝註126﹞李學昌：《20世紀上半葉杭縣迎神賽會衰落因素淺析》，《華東師範大學學報》
　　　　2007年9月。
﹝註127﹞《賽會停賽》，《申報》1889年4月17日。
﹝註128﹞趙世瑜：《兩種不同的政治心態與明清胥吏的社會地位》，《政治學研究》1989

熟知地方事務，其身份處於官民之間，比之於官，它僅爲吏，具有更多民間性，比之於民，它作爲吏，又具有更多官方性。以胥吏爲總柱，既能有效調度衙役等力役人員以保障賽會安全有序進行，又可借助官民之間的特殊身份，化解賽會中潛在的矛盾和衝突，維護社會穩定。1888 年寧波「都神會」時因「呆大成親」臺閣涉及貶損腳夫爲惰民，引起腳夫群體滋事，經總柱協調採取責令腳夫酬神演戲的方式最終將矛盾圓滿化解。〔註 129〕

隨著晚清賽會規模的進一步擴大，賽會安全管理的職責越來越重，爲確保地方賽會順利進行，地方警察開始調配到賽會安全管理的前線。1886 年上海「雷祖誕」會，蘇松太道恐「奸徒混迹，易肇事端」，遂飭各局員派勇梭巡，「上海縣莫邑尊亦派差協同」〔註 130〕，胥吏逐漸退居至協同地位。1919 年，上海吳家廳賽會肇禍後，不僅有片警負責管控，更設置了專門的遊巡支隊負責賽會安全管理。〔註 131〕警察制度源於西方，作爲商業社會的產物伴隨列強入侵傳入我國。在賽會的安全管理中，警察比之傳統胥吏管控能力更強，管理手段更現代，管理效果更佳。然而由於近代軍、警不分，軍隊的貿然行動卻容易給民眾帶來恐慌與不安。〔註 132〕

2、行業公所主持賽會組織籌劃

在長期的組織與策劃過程中，官府與行業逐漸達成了互利合作關係。蘇州「劉猛將誕」會時胥吏捐洋二百，交至洋貨公所收存，〔註 133〕二者在經濟上充分信任。胥吏、警察負責治安維護，工商各業則具體籌劃各項事務，各有分工。

淮安「都天會」時，工商各業事先確定人員分工，組織有關人員負責「接駕」、「朝廟」等事項，協調出會順序，布置出會現場，安排出會途中的祭壇擺設、道路整修和宣傳發動等一些列工作。除延續傳統的分工體系外，近代工商業亦嘗試將現代設備和傳媒手段用於賽會組織管理中。

（1）夜會管理

夜會的管理難度向來較大，以致官府出言示禁「白晝尚可，禁止夜會」

年第 1 期。
〔註 129〕《賽會鬧事》，《申報》1888 年 5 月 29 日。
〔註 130〕《滬城雜記》，《申報》1886 年 7 月 25 日。
〔註 131〕《浦東吳家廳出會照禍》，《申報》1919 年 4 月 14 日。
〔註 132〕（民國）陳金鏞：《余之生活觀》，第 25 頁，上海廣學會 1926 年版。
〔註 133〕《重修劉猛將軍廟示》，《申報》1878 年 8 月 15 日。

〔註134〕，但隨著現代化照明設備安裝採用，夜間廟會的火災隱患大大降低。1924 年吳江盛澤鎮寧紹會館的小滿「蠶神誕」會爲實現演戲酬神的轟動效應，打破了禁夜戲的禁令，通過主辦方──絲行與地方警察的合作，特安裝臨時電燈，因而有效保證了賽會的安全。〔註135〕

（2）交通疏導

在交通疏導方面，主辦方利用紙質媒體《申報》的影響，提前開展廟會「舁神」範圍和「舁神」路徑的宣傳，及時疏散人群，克服擁堵事件發生。「城隍誕會」是晚清上海規模最大的賽會，每年於清明、中元、下元舉行，自 1919 年下元誕會後，逐漸形成提前公佈出會路由的運作傳統。

出廟朝東，往南過長生橋，止四牌樓，往西縣東縣西，往北三牌樓，往西畫錦坊，往北過陳市安橋，往西過廣福寺，朝西走梨園路，往北走萬竹路，往西大境路，出拱宸路，朝南往老西門，一直出大東門，往北走鹵瓜街，往東走集水街，朝南走老馬路，一直往東出大碼頭，往南過工巡捐局，往西進新碼頭，往北走老馬路，往西進老白渡，往南過龍德橋，走荳市街，過花衣街，往西出王家嘴，往南過外倉橋，走南倉街，往西走教場街，往北出佛閣，往西過弔橋，往北過救火聯合會，往西進東喬家路，朝北過塔水橋，往西進西唐家弄，往南轉西走蓬萊路，過新縣署，進安瀾路，一直往南走過黃家闕路，一直過利涉橋，一直過審檢廳，往西。〔註136〕

城隍出巡之前，組織者提前將出會線路公佈於眾，標明出巡時所過街道、橋梁、牌樓、街坊以及寺院等，以有效引導人群在商業街市、寺院等處結集，防止因人流過大而發生擁堵、踩踏等。〔註137〕

（3）技術引進

除內部交通疏導外，外部可進入交通也因技術成熟而得以改善。滬寧、滬杭鐵路貫通從技術層面提高了交通的安全性與可進入性。1921 年，上海龍華香汛期間，滬杭鐵路線上「自三月初一至四月十五期間，每日上午十點至

〔註134〕《禁止夜會示》，《申報》1886 年 4 月 27 日。

〔註135〕《寧紹會館演劇續志》，《新盛澤》1924 年 6 月 11 日。

〔註136〕《下元節賽會之路由》，《申報》1919 年 11 月 22 日。

〔註137〕《下元節賽會之路由》，《申報》1919 年 11 月 22 日。《清明節迎神賽會之種種》，《申報》1920 年 4 月 5 日。《城隍神會路由》，《申報》1920 年 11 月 10 日。

下午四點增開專車兩次，藉以便利香客」〔註138〕。1926 年寧波江灣賽會時鐵路局除尋常列車外，特開專車 11 次。〔註139〕鐵路的貫通逐漸改變了以香船為主要工具的交通格局，有效減緩了遊客「水陸上下，踏木而行，履蹈甚險」的安全隱患。〔註140〕

迎神賽會組織和管理的科學化不僅保障了賽會有序進行，而且提升了賽會作為綜合旅遊節事的遊客承載能力。1923 年鎮江「都天會」時南京數千人乘滬寧早班車前往觀瞻，〔註141〕1926 年寧波江灣賽會時，僅火車運送的遊客即達 1 萬餘人，迎神賽會的影響範圍早已突破了「廟界」的限制，表現出更強的接納性與包容性。

迎神賽會源於「社祭」，其組織又稱「社」、「里社」、「村社」。伴隨明清商業的發展，江南城市和市鎮迎神賽會的組織基礎逐漸由地域型「里社」向行業型「會社」轉變，並在晚清社會急劇商業化的過程中最終完成了以「里社」為主向以行業「會社」為主的轉型。行業組織的廣泛參與使江南迎神賽會在資金運作、項目策劃以及組織管理等方面表現出商業化運作特徵和以營利為目的的經濟特性。可以說，迎神賽會已初步實現由單一民俗節慶向綜合節事活動的嬗變。

迎神賽會的興衰變遷與地方經濟休戚相關。自明代以降 600 餘年間，江南迎神賽會先後經歷了明初、明末清初、清咸豐同治時期以及民國中後期四個衰落期。此四個時期均為江南經濟經歷戰爭破壞後的衰退期，迎神賽會興衰與江南經濟狀況間的關繫於此可見一斑，「二者是皮之不存，毛將為附的關係」〔註142〕。也正因如此，在江南經濟遭遇 30 年代經濟危機以及日本侵華戰爭摧殘而走向凋蔽的背景之下，在傳統會館、公所向同業公會演進以致行會組織消亡、行業神認同削弱的影響之下，迎神賽會因經濟基礎和組織基礎的動搖也漸漸走向衰落。儘管如此，清末民初迎神賽會在運作過程中形成的以政府為主導，以行業為主體，以民間資本運作為主的商業模式仍有一定的借鑒意義。

〔註138〕《便利龍華香客》，《申報》1921 年 4 月 7 日。

〔註139〕《各地快信》，《申報》1926 年 5 月 13 日。

〔註140〕《吳門賽會》，《申報》1882 年 6 月 15 日。

〔註141〕《各地快信》，《申報》1923 年 5 月 30 日。

〔註142〕樊樹志：《盛世的投影 —— 民間信仰與迎神賽會的記憶》，「明清以來江南城市的記憶」國際學術研討會論文，2009 年 11 月。

第三章 「舁神」巡境到「舁神」巡城：
迎神賽會信仰空間的擴展

　　自上世紀 30 年代，日本學者岡山謙在對臺北士林地區進行田野調查時提出「祭祀圈」概念以來，學界已廣泛採用這一概念探討迎神賽會的信仰空間。1986 年臺灣學者林美容在《從「祭祀圈」看草屯鎮的地方組織》一文中，對「祭祀圈」概念進行界定，認爲「祭祀圈」是指「以主祭神爲中心，共同舉行祭祀的居民所屬的地域單位」。草屯鎮「祭祀圈」的構成可分爲四個層次：（1）聚落性「祭祀圈」，以土地公爲多。（2）村落性「祭祀圈」，多以村廟爲中心。（3）超村落「祭祀圈」，以歷史悠久的主要寺廟爲中心，傾向於聯結同姓聚落區。其形成可以水利結合的原則來解釋。（4）全鎮性「祭祀圈」，其形成可以自治結合的原則來解釋。〔註1〕日本學者濱島敦俊受此啓發，將林美容的「祭祀圈」理論運用到對江南民間信仰的研究中，借用費孝通先生提出的「鄉腳」概念來探討江南民間信仰中的「祭祀圈」的構造問題。〔註2〕認爲江南民間信仰中的「祭祀圈」範圍出現了由「里社」向以市鎮爲中心的「鄉腳」演進的趨勢，即由第一或第二層次，逐漸發展爲第三或第四層次，「祭祀圈」構造發生變化的關鍵原因在於明清江南商業的發展。

　　大陸學者吳滔、王健並不完全贊同這一觀點，吳滔認爲「鄉腳」格局不能完全反映江南市鎮民間信仰中的「祭祀圈」結構，認爲「祭祀圈」的形成

〔註1〕 林美容：《從「祭祀圈」看草屯鎮的祭祀組織》，《中央研究院民族學研究所集刊》第 62 期，1986 年。
〔註2〕 （日）濱島敦俊：《明清江南農村社會與民間信仰》第 5 頁。

還受到神祇靈力大小等因素的影響。〔註3〕王健則認爲「祭祀圈」的構成不僅與經濟因素有關，更與地方行政建製表現出一致性。〔註4〕那麼，在「祭祀圈」的形成中，政治因素與經濟因素分別發揮著怎樣的作用呢？上述研究大多立足於江南農村地區民間信仰的研究，對城市中的「祭祀圈」現象少有關注，各家所論雖論據充分，但卻很難達成共識。因此，本文擬以「异神」儀式的變遷爲切入點，探討江南城市的民間信仰中「祭祀圈」的結構問題，以期對江南民間信仰中「祭祀圈」的成因、結構特徵、影響展開進一步分析。

第一節　「异神」儀式的特徵及淵源

迎神賽會的「异神」儀式以「儀仗雜戲迎神，以輿异之出巡」爲特徵。其儀仗之大概爲「前導金鼓二，即大鑼也，而銜牌、傘、扇、旗、紅帽、黑帽、香亭及陳設各物之亭繼之，中雜以樂隊、騎隊。神輿將至，則先之以提爐，而僧道及善男信女則隨於後，有繫鐵鏈於手足者，有服赭衣而背插斬條者，有裸上體而懸香爐於臂者，皆先期許願，至是還願之人也」〔註5〕。

「异神」出巡儀式以城隍「三巡會」最爲隆重。此風雖非江南獨有之俗，但江南此風最盛。清末人胡樸安編《中華全國風俗志》言山東濟南風俗，「清明日、中元、十月朔爲三冥節，城隍出巡，儀仗甚豐，妓等白衣白裙，手捧練索，扮作女囚，若戲中所演蘇三者，乘敞轎隨行，謂藉以讖除罪惡，殊屬可笑。此風吳下盛之，不意此間亦有」〔註6〕。

若將胡樸安的記載與徐珂的記錄進行比較，則不難發現胡氏「此風吳下最盛」的感慨並非虛言。《清稗類鈔》之「吳人解餉會」條云：

> 蘇州之迎神遊市者，不一而足。清明、中元、十月朔，則府縣
> 城隍及各坊土地，皆至屬壇，率鬼享祭。若有瘟疫，則迎瘟神。道
> 光時，有所謂「解餉會」者，尤可笑。蓋土地各分坊市，每歲，廟
> 祝推一車，擊小鑼，周行轄境，沿戶斂錢，謂之完天餉。斂畢，乃

〔註3〕 吳滔：《神廟界域與鄉村秩序的重組 —— 吳江莊家圩廟考察報告及其初步研究》，《民俗研究》2008 年第 2 期。吳滔：《清代蘇州地區的村廟與鎮廟：從民間信仰透視城鄉關係》，《中國農史》2004 年第 2 期。

〔註4〕 王健：《明清以來江南民間信仰中的廟界》，《史林》2009 年第 2 期。另有申浩：《從「解錢糧」現象透視城鄉關係》一文對濱島敦俊的觀點表示贊同。

〔註5〕 徐珂：《清稗類鈔》迷信類《賽會》，中華書局 1986 年，第 4671 頁。

〔註6〕 胡樸安：《中國風俗》九州出版社 2007 年，第 80 頁，。

市紙錁，舁神，親解至穹窿山。山有玉皇殿，道士住持之。神至，
供偏殿，先走紙錁，次則廟祝與道士議私費。歲有定額，錁費俱如
數，則無事，盈餘則加級，不足則降級，甚至有鎖閉神像，勒令補
足者。餉解訖，乃朝帝。是日，神易九梁冠、大項圈，朝服朱履，
執圭坐軒，去長扛，舁至殿下，設大紅拜墊於地。廟祝伏神旁，代
唱聖壽無疆者三。殿上鐘鼓齊鳴，一道士立丹墀，贊，五拜三叩首。
舁者隨所贊，升椅以應之。禮畢回城，然不遽歸廟，必賃屋暫宿。
次日，復至元妙觀玉皇殿謝恩，禮亦如之，乃回廟。如過他神廟，
則停輿，而以帖入廟，候起居，廟神亦以帖答之。〔註7〕

在「舁神」出巡過程中，增添了各坊市土地解餉的內容，不僅使賽會內容更
加豐富，賽會活動更具娛樂特徵，也體現了「舁神」儀式中城隍與土地之間
的等級差異。濱島敦俊認為：村廟向鎮城隍廟解餉的儀式，反映出「祭祀圈」
由「里社」逐漸擴大至「鄉腳」範圍。這一變化產生的直接原因，是農業商
品化擴展了農村居民的活動空間，「鄉腳」成為江南農村居民的日常活動範
圍。〔註8〕筆者對這一觀點表示贊同。但若將這一儀式的變遷置於城市範圍內
考察，則可以發現另一類有趣的現象：「舁神」儀式中體現的地域認同，不僅
僅表現為城鎮與周邊鄉村發生關係的「鄉腳」認同，還表現為城市中以城牆
為界限的城市認同。這種城市認同是如何產生的，其淵源何在？在此，有必
要略加梳理。

據考，「舁神」儀式起源於佛教的「行像」儀式。《大宋僧史略》介紹「行
像」儀式曰：「行像者，自佛泥洹，王臣多恨不親睹佛，由是立佛降生相，或
作太子巡城相。」〔註9〕這一儀式在南北朝時期傳入我國後曾風靡一時。《魏
書·釋老志》載，「世祖初即位（424），亦遵太祖太宗之業，於四月八日，舁
諸寺佛像，行於廣衢，帝親御門樓臨觀散華，以致禮敬」〔註10〕。

發展至南宋時期，行像儀式在南方漢地佛教中逐漸式微，這一儀式轉而
與南方鄉村「祭社」習俗相融合，將輿上端坐者由佛祖改換為民間諸神，其
間促成這一轉變的是既熟悉佛教禮儀又熟知鄉村「祭社」習俗的白蓮教教徒。

〔註7〕 徐珂：《吳人有解餉會》，《清稗類鈔》第 4673 頁。
〔註8〕 （日）濱島敦俊：《明清江南農村社會與民間信仰》第 178 頁。
〔註9〕 贊寧：《大宋僧史略》（卷上），《續修四庫全書》1287 冊。
〔註10〕 魏收：《魏書·卷二十釋老》，中華書局 1974 年版。

據《宋會要》記載，淳熙八年有臣僚言「愚民吃菜事魔（白蓮教）夜聚曉散，非僧道而則置庵僚，非親戚而男女雜處，所在廟宇之盛，則以社會爲名，百十成群，張旗鳴鑼，或執器刃橫行郊野間，此幾乎假鬼神以疑衆，皆王制所當禁」〔註11〕。「執器刃橫行郊野間」這一帶有批判色彩的描述，客觀上反映出白蓮教組織的「祭社」活動已採用了「舁神」出遊的儀式，旗、鑼、器、刃則成爲神靈出巡的必備儀仗。

可以說，隨著「行像」儀式的融入，鄉村「社會」由原來局限於固定地點的座會，發展成爲了流動的巡會。由於巡會範圍大多是里社居民的居所範圍，因此以里爲單位的地域歸屬感在巡會儀式中得以不斷強化。爲了祈求神靈保境安民，兵刃器械也大量出現於「舁神」儀仗之中。

乾道三年（1167），知邵武軍王紛言，「本軍管轄鄉村多有不畏公法之人，私置兵器結集人丁，歲以爲常，謂之閭社。持槍仗鳴鑼鼓，千百成群，動以迎神爲名，甚者恃徒黨因而爲盜。欲望約束」〔註12〕。

淳熙二年（1175），中書門下省言，「訪聞卿民歲時賽願迎神，雖係土俗，然皆執持眞仗，立社相誇，一有忿事互起殺傷，往往致興大獄。理宜措置，詔諸路提刑司，行下所部州縣嚴行禁止，如有違戾，重作施行」〔註13〕。

淳熙十四年（1187），新知秀州趙亮夫奏：「所在州縣有神祠去處，每歲秋成豐稔，多用器械之屬，前後導引。乞申嚴條，令行下諸路州軍告諭民間，應有所藏迎神兵器立限出首，赴官交納，許以木錫代用。」「從之」。〔註14〕

紹熙四年（1193），臣僚言：「今天下郡邑，鄉聚每歲立社，戶衰金以造作兵器，小有忿意，變故隨生。近者都城鬻買娛樂雅意之具，多有裝飾兵器，美僞成眞。乞令後遇有獻神禱旱等事，不得以頭刃爲戲，凡物之像兵器者亦不許復鬻於市。」〔註15〕

賽會中兵刃器械頻出，筆者推測原因有二：其一，參與戰爭的民兵或退伍兵士將軍隊儀仗借鑒並運用到迎神賽會中，製造轟動效應，以達到娛樂的目的；其二，民眾在國家貧弱的困境之下，祈求神靈保境安民、驅逐外敵，

〔註11〕 《宋會要·刑法二》，《續修四庫全書》第 784 冊，398 頁。
〔註12〕 《宋會要·刑法二》，《續修四庫全書》第 784 冊，390 頁。
〔註13〕 《宋會要·刑法二》，《續修四庫全書》第 784 冊，398 頁。
〔註14〕 《宋會要·刑法二》，《續修四庫全書》第 784 冊，400 頁。
〔註15〕 《宋會要·刑法二》，《續修四庫全書》第 784 冊，401 頁。

故而將軍隊儀仗引入迎神賽會之中。〔註 16〕正因如此，以兵刃器械「舁神」出巡在南宋王朝剛剛建立不久的淳熙、紹熙時期屢屢可見，此風熾盛客觀上激化了社會矛盾，加劇了社會動蕩，威脅到南宋王朝的統治秩序，為此朝廷不得不屢次頒佈禁令，甚至下令「凡物之像兵器者亦不許復鬻於市」。

明代「舁神」儀式中大量使用兵器的記載已不多見，但在遭遇外敵入侵的特殊時期，儀式中遺存的軍事防衛意識仍得以彰顯。嘉靖倭亂後，蘇州府的「五方賢聖會」〔註 17〕，出會時即有「府庫之兵器」和由「抗倭軍士」扮演的沙兵，〔註 18〕說明「舁神」儀式中的軍事防衛意識在倭亂後得以強化。這一意識的強化為城市守護神信仰的興盛奠定了心理基礎，極度渴望安全、穩定的大眾心理促成了不少抗倭名將和地方官員由人成神，變為了城市的守護神。如嘉靖時無錫的地方官王其勤，因抗倭護城有功，成為了無錫南門外的水仙神。〔註 19〕再如嘉興府的岳飛廟，「明嘉靖中以倭亂建，癸丑以後倭夷寇城下，官兵悉力捍禦，默禱於王，忽見神兵數萬，約長丈餘，金戈鐵馬出入雲端，自是師屢捷。」〔註 20〕嘉靖倭亂後，江南城市守護神的紛紛湧現和城防意識的強化為「祭祀圈」擴展至全城範圍提供了可能。

第二節　「舁神」儀式變遷與「十廟」體系構築

如上所述，明中後期以降，江南城市賽會中「舁神」儀式最顯著的變化是「舁神」巡境向「舁神」巡城的發展。當時蘇州府中規模和影響最大的迎

〔註 16〕 淳熙八年，有臣僚言：「愚民吃菜事魔（白蓮教）夜聚曉散，非僧道而則置庵傮，非親戚而男女雜處，所在廟宇之盛，則以社會為名，百十成群，張旗鳴鑼，或執器刃橫行郊野間，此幾乎假鬼神以疑眾，皆王制所當禁。」說明民間宗教組織利用「舁神」形式，聯繫會員，舉行集會，已對宋朝廷的地方統治秩序構成威脅。《宋會要·刑法二》，《續修四庫全書》，第 784 冊，398 頁。

〔註 17〕 （隆慶）《長洲縣志》云：「比年創五方賢聖會，無慮二十餘處」，說明此會的出現不會早於嘉靖時期，很可能是在嘉靖倭亂以後。

〔註 18〕 王穉登：《吳社編》，《筆記小說大觀》第 4 編，第 6 冊。

〔註 19〕 據（嘉慶）《無錫金匱縣志》載，「王其勤，字時敏，松滋人，進士，嘉靖三十二年任。倭躪江南，錫城久廢，民情洶洶將潰。其勤至官之三日，即召父老謀築城，令仕宦之家與百姓分任版鍤，而身率之。三月城成，倭突至，登俾而守之。邑竟以全。」

〔註 20〕 在江南市鎮中也出現了類似的傳說，據（民國）《濮院志》卷三十《志餘》載，「相傳明季倭寇時參將宗禮戰死於皂林。後倭寇再至，忽失道，但見空中一纛標『宗』字，寇因以退，鄉人感之，因立宗將軍廟於皂林。」

神賽會爲「五方賢聖會」，會所經巡之處有：五龍堂、東倉、婁門、葑門、專諸巷、康王廟、丁香巷、北營、胥門、虎丘寺、楓橋、白蓮橋、洞涇里、黃路庵、南濠、陸墓、許市。〔註21〕大致路線是由城南五龍堂出發，經護龍街，過專渚巷，往北經康王廟、丁香巷、東倉，至婁門後，沿市河繞婁、葑、胥三門，從閶門出城經山塘至虎丘。〔註22〕經整理後，此會在蘇州城內的巡行路線基本如下：

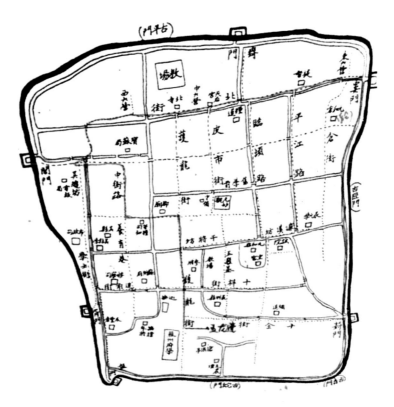

直至近代，城隍出巡儀式仍然延續著繞城巡行的傳統。民國八年（1919）上海城隍出巡，其路線如下：

　　出廟朝東，往南過長生橋，止四牌樓，往西縣東縣西，往北三

〔註21〕據（隆慶）《長洲縣志》載，丁香巷在齊門内。

〔註22〕圖片來源（民國）《吳縣志》。圖中已標出五龍堂所在地點，但由於《吳社編》中所提及的地名如北營、康王廟等在這張清代的《蘇城全圖中》已無法尋覓，因此無法準確復原五方賢聖會的巡行路線，只能確定其巡行的大致方位。從《吳城全圖》和《蘇市附郭圖》所標注的地名方位來看，《吳社編》並未按照「昇神」出巡的先後順序記載。

牌樓，往西畫錦坊，往北過陳市安橋，往西過廣福寺，朝西走梨園路，往北走萬竹路，往西大境路，出拱宸路，朝南往老西門，一直出大東門，往北走鹵瓜街，往東走集水街，朝南走老馬路，一直往東出大碼頭，往南過工巡捐局，往西進新碼頭，往北走老馬路，往西進老白渡，往南過龍德橋，走荳市街，過花衣街，往西出王家嘴，往南過外倉橋，走南倉街，往西走教場街，往北出佛閣，往西過弔橋，往北過救火聯合會，往西進東喬家路，朝北過塔水橋，往西進西唐家弄，往南轉西走蓬萊路，過新縣署，進安瀾路，一直往南走過黃家闕路，一直過利涉橋，一直過審檢廳，往西。〔註23〕

經整理後，上海城隍的出巡路線如下圖，〔註24〕

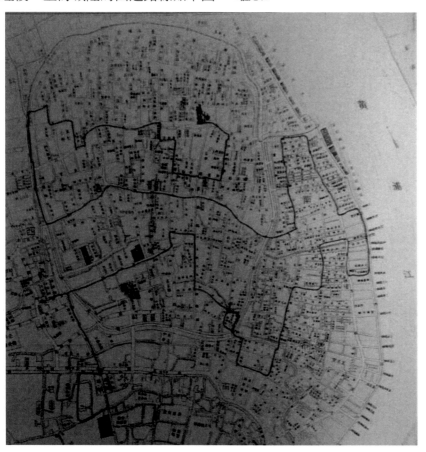

〔註23〕《下元節賽會之路由》，《申報》1919 年 11 月 22 日。
〔註24〕圖片根據 1917 年《上海縣城及南市分圖》繪製，此圖收入在《上海老地圖》第 70 頁，上海畫報出版社 2001 年版。

　　圖中「舁神」線路顯示，上海城隍出巡大體是由東往西，由北至南，以城隍廟為起點，以厲壇為終點。比較上述兩圖後，不難發現各城的出巡路線雖無一定之規，或由南至北，或由北至南，但繞城門而行仍是共同之處。光緒五年（1879）「北濠楊王神解餉出巡，於閶、胥、齊三門之外周繞一次」〔註25〕。光緒六年（1880），陸墓延聖會出巡，「二十八日出堂下，船行抵穹隆山，會中儀仗執事俱舍陸就舟，二十九日下山，舟抵楓橋，登岸，更為整頓旗幟，按部就班，次第巡行，城廂內外巡行一周」〔註26〕。同年，「楓橋陳家浜猛將出巡，二十一日往穹隆山解餉，二十二日下山歸廟，順便巡行閶、胥兩門各境。」繞城門而行的儀式，反映出明中後期以來江南城市中已逐漸形成了以城牆內區域範圍為基礎的地域認同，即城市認同。每年定期反覆的「舁神」出巡儀式則不斷強化著民眾的城市認同觀念。

　　然而，這一觀念的形成又不僅僅是單純的地域歸屬感的構建，在其建構過程中還夾雜著民間社會對地方官府既敬畏又攀附的複雜心理。上海城隍出巡所經之地，不僅有繁華的南華商業區，也有工巡捐局、新老縣署、審檢廳等地方官署，其中縣署是巡行的必經之處。在縣署搬遷後，「舁神」路線也進行了調整，縣署前的蓬萊路隨之成為賽會的必經之路，得以拓寬延長與城外的安瀾路連為一體。〔註27〕在此，城市認同的形成表現出濃厚的「官本位」特色。

　　這一特徵在以城隍、東嶽為中心的「十廟」賽會體系中更加凸顯。「十廟」的來源說法各異，其形成大致可追溯至洪武時期。南京「十廟」建於明初，相傳「明祖於雞鳴山上設十廟，以祀佐命諸臣，及境內諸臣」〔註28〕。蘇州府「十廟，明初建於東西兩營，衛官祀河神之所，非僧道修齋之處。如婁門一廟在張香橋西，六廟九廟並在唐家巷底，如匠門三廟在倉街南，五廟在韓家浜，六廟在戴家弄，九廟改九蓮庵，十廟改在東營。餘皆久廢無考」〔註29〕。嘉興府的「十廟」，「相傳國初三寶太監下西洋，以軍士從行十百戶，各建一廟以祈神祐，故城之中外共十廟」〔註30〕。

〔註25〕《盛會瑣聞》，《申報》1879 年 5 月 19 日。

〔註26〕《釀資賽會》，《申報》1880 年 10 月 19 日。按，「延聖會」即「五方賢聖會」。

〔註27〕對比 1910 年上海地圖與 1917 年上海地圖，可以發現蓬萊路的明顯變化。參見《老上海地圖》第 14、70 頁。

〔註28〕袁景瀾：《吳郡歲華紀麗》卷一《燒十廟香》，江蘇古籍出版社 1998 年版。

〔註29〕顧震濤：《吳門表隱》卷五，江蘇古籍出版社 1999 年，第 59 頁。

〔註30〕（正德）《嘉興志補》卷二《寺觀》，《四庫存目叢書》史部第 185 冊。

　　明初所建「十廟」雖為政權和軍權的象徵，但「十廟」之間地位平等，並不存在等級差異，更不存在廟神之間相互酬謝、拜答的賽會活動。至弘治年間，始有城中諸廟朝東嶽的現象。當時常熟知縣楊子器作詞諷刺曰：「三月廿八日，東嶽山神降誕時，執圭臣衛十二廟，連輿晨進萬年庵。」〔註31〕十二廟神分別為：炳靈公、清源君、壽亭侯、白龍王、睢陽公、孚應王、惠濟侯、利濟侯、永定公、李烈士、周孝子、城隍神。到萬曆時期又有「起解紙錢之說，每神詣嶽解紙錢，扛焚之」〔註32〕。

　　入清以後，「十廟」等級劃分更為明確。無錫 「十廟」中城隍有三，分別為府城隍、無錫城隍、金匱城隍，其中以府城隍地位最高，體現著府城對縣城的行政控制。〔註33〕在行政級別更高的蘇州府城，情形更是如此。據《清嘉錄》記載，「清明日，官府至虎丘郡厲壇致祭無祀。會中之人，皆各署胥吏，平日奉祀香火者，至日各昇神像至壇。舊例：除郡縣城隍及十鄉土地之外，如巡撫都土地諸神，有祭事之責者，皆得入壇，謂之『督祭』」〔註34〕。會中負責主祭之神有府城隍、長、元、吳三縣城隍四位。負責督祭之神則有巡撫都城隍、布政財帛司土地、按察糾察司土地、糧巡道城隍、巡撫都土地、府土地、總捕土地、督糧土地、管糧土地、小財帛理問神共十位，〔註35〕其職責主要為督祭府縣城隍和十鄉土地。十鄉分別為麗娃鄉、東吳上鄉、樂安上鄉、樂安下鄉、道義鄉、永定鄉、大雲鄉、上元鄉、習義鄉、鳳凰鄉，都位於城內。〔註36〕由衙門土地督祭府縣城隍和十鄉土地的儀式，象徵著行政級別更高的巡撫衙門力圖對蘇州城加強控制的政治意圖。

　　伴隨「十廟」內等級秩序的強化，體現神靈等級的解餉儀式逐漸盛行，衙門胥吏群體在其間發揮了推波助瀾的作用。清代蘇州「城隍會」中人皆各

〔註31〕弘治《常熟縣志》卷三《風俗》，《四庫存目叢書》史部第 185 冊。

〔註32〕萬曆《常熟私志》卷三《敘俗》，民國瞿氏抄本。轉引自王健：《明清以來江南民間信仰中的廟界》，《史林》2008 年第 6 期。

〔註33〕黃卬：《錫金識小錄》卷一《備參上‧補訂節序》。

〔註34〕顧祿：《清嘉錄》卷三《山塘看會》。

〔註35〕顧震濤：《吳門表隱》卷三，江蘇古籍出版社 1999 年版，第 26 頁。

〔註36〕參見《吳門表隱》卷三，江蘇古籍出版社 1999 年版，第 34 頁。據（道光）《蘇州府志》載，吳縣鄉 22，長洲縣鄉 13，元和縣鄉 16。長洲縣所屬樂安上鄉、上元鄉、東吳上鄉、樂安下鄉、鳳池鄉、大雲鄉、道義鄉都在城郭範圍內。又據（崇禎）《吳縣志》卷二《鄉都》載，麗娃鄉在城內西南隅。永定鄉在城內西南西北隅，鳳凰鄉在城內西北隅，大雲鄉在城內西北隅。

屬胥吏。〔註37〕杭州東嶽會，「會班中者十九衙門吏役，率其婦子如茹素吃，教之不可省悟，大吏及地方官以其無大妨害於民，亦不申禁」〔註38〕。「揚州龍船奪標，尋常一事，久爲蠹役沈某把持」〔註39〕。「寧波每年四月奉五都元帥出巡，云『都神會』，是會有大柱、總柱、散柱。兵燹後大柱向係縣署頭役曹、陸二人，曹、陸身故後，爲鄭、徐二人」〔註40〕。

胥吏參與賽會，固然有借機斂財的經濟目的，但借助「解餉」儀式樹立自身在民間社會的權威，或許才是最重要的原因。位於官民之間的胥吏，儘管在國家權力機構的運作中發揮著重要作用，但其政治地位卻相當低賤，「時人將胥號曰奸，吏名爲滑，衙門則目之曰蠢」，紛紛「賤而惡之」。〔註41〕低賤的政治地位在現實社會中無法改變，則只能寄託於虛擬的宗教世界中。在「五方賢聖會」中，胥吏利用職務之便，「出府庫之矛戈，借公家之甲冑」，「嘯招儔侶」以充會首，會所到之處「郡僚出遊，回車讓道，幕僚入請，行令戒除」，此等威風凜凜在一定程度上滿足了這一群體改變社會地位的心理。胥吏身處低位又不滿足於久居低位，因而絞盡腦汁要證明自己的社會價值。「解錢糧」儀式和東嶽、城隍「朝審」儀式分別是對官府征稅納糧行爲和審案斷案行爲的模仿，對這兩項政務科舉正途出身的官員並不擅長，必須依賴胥吏的幫助，因此胥吏積極參與這兩類儀式實際上是爲突出自身不可或缺的社會價值。儘管如此，這兩類儀式的盛行客觀上還是強化了城市認同中的「官本位」觀念，因爲無論是城隍還是東嶽，都是高高在上的統治者形象。

可以說，明中期以來「舁神」儀式的變遷表現出兩大特徵：一是由「巡境」向「巡城」的發展演進，二是「十廟」賽會體系的建立。前者標誌著城市認同的形成，後者強調著城市認同中的「官本位」特色。儘管「十廟」體系的產生是對政治體制的象徵與模仿，但其發展和延續仍以江南城市經濟的發展爲依託。

無錫「十廟」賽會以各神的誕辰賀歲儀式爲紐帶構成賽會體系。「十廟」分別爲：錫山東嶽廟、祠山廟、府城隍廟、無錫、金匱兩邑城隍廟、延壽司

〔註37〕 《中元節景》，《申報》1879 年 9 月 7 日。

〔註38〕 《論東嶽朝審》，《申報》1878 年 8 月 8 日。

〔註39〕 《送瘟肇禍》，《申報》1882 年 7 月 13 日。

〔註40〕 《勝會停賽》，《申報》1889 年 4 月 17 日。

〔註41〕 《皇朝經世文編》卷二四《分發在官法戒錄檄》，轉引自趙世瑜：《兩種不同的政治心態與明清胥吏的社會地位》，《政治學研究》1989 年第 1 期。

廟、行災司廟、睢陽廟、南水仙廟、西水仙廟。〔註42〕諸廟中地位最高者為錫山東嶽廟。九位廟神地位基本相當，誕辰之日除東嶽神外的其他八廟神皆往朝賀，該廟神在誕辰次日則例行「謝酒會」答謝往賀諸神。「十廟」賽會始自二月止於九月。二月初八「祠山神誕」，三月初七「南水仙誕」，三月二十八「東嶽誕辰」，四月十五「府城隍誕」，五月十八「行災司誕」，五月二十八「錫邑城隍誕」，六月十一「西水仙誕辰」，七月二十五「睢陽神誕」，八月十八「延壽司誕」，九月十九「金邑城隍誕」。

　　二至九月間每月賽會的時間安排，與鄉村農閒賽會農忙耕作的習俗迥異，反映出城鄉作息時間的差異。正如涂爾幹所言，「宗教儀式的節奏因社會而異，在分散時間很長和分散程度極高的社會中，人們聚集起來的時間也會拖得很長，進而產生許多名副其實的集體生活和宗教生活的放縱。社會發展越久越不能接受過長的間斷。」〔註43〕每月數次的賽會節律改變了農耕時代春祈秋報的傳統，順應了城市經濟的運作節奏。

　　從祠廟分佈來看，東嶽廟外的其它九廟繞無錫、金匱兩縣城，呈東、南、西、北、中分佈。東門外延壽司廟，南門外南水仙廟、祠山廟，西門外西水仙廟、睢陽廟，北門外府城隍廟，城中僅無錫、金匱兩邑城隍廟。〔註44〕祠廟的分佈格局突顯了賽會的行業特色，每年例行的「謝酒會」則是各方經濟勢力的一次較量。北塘米行商賈是府城隍廟賽會的主要贊助者，憑藉其雄厚的經濟實力，府城隍賽會一直位於諸會之首。〔註45〕南門外和西門外水仙廟賽會的主要參與者是太湖漁民，「湖溪漁人祀水神於此，謂之水仙廟」〔註46〕。東門外延壽司廟會，康熙時始入賽會之列，東鄉蕩口鎮酒業商人是贊助

〔註42〕祠山廟祀祠山大帝張渤。睢陽廟祀唐末張巡，因睢陽之戰阻擋叛軍南進，保障了唐王朝的錢糧重地，使江淮之地免遭戰亂。南水仙、西水仙分別為明末無錫知縣王其勤、何五路，抗倭禦寇，政績卓著。「十廟」中建廟最晚者為金匱城隍廟，雍正二年，無錫析置無錫、金匱二縣，始有之。由此推斷，「十廟」之說當始於雍正年間。

〔註43〕（法）涂爾幹：《宗教生活的基本形式》第331頁，上海人民出版社2006年版。

〔註44〕《錫金識小錄》卷三《舊迹》。

〔註45〕《錫金識小錄》卷十一《紀異》收錄《府城隍受戒》故事一則：「府城隍廟明末建於北塘，蓋祝氏主之。北郭為眾商之萃，故賽會較他廟為勝。雍正初，神見夢於米行祝某云：『吾在此供享過分，將歸依佛法受戒』」。可見北塘米行商人是府城隍廟會的主要出資者。

〔註46〕光緒《無錫金匱縣志》卷十二《祠祀·張中丞廟》。

者之一。因酒有延年益壽之用，而將南斗星君改名爲延壽司，並於廟旁增祀酒仙殿。〔註47〕九廟間相互往來的「謝酒會」，將人與人之間的交際方式運用到神與神之間的交際中，對於密切城市範圍內各區域間的往來具有重要意義。此俗延續兩百餘年，直至民國時期仍呈現出「諸神班位列東西，十廟尊嚴鹵薄齊，天惜餘春留祝嘏，萬人空巷六街迷」〔註48〕的盛況，其發展、延續的歷程映證了清代無錫城市商品經濟的發展和行業分工的擴大。

關於經濟因素在「廟界」形成中的作用，吳滔曾以芝村「蠶神會」和吳江「雙楊會」爲例，駁斥濱島敦俊的「祭祀圈」構造受「市場圈」因素影響的觀點。其實，不論芝村「蠶神會」，還是吳江「雙楊會」，其「祭祀圈」範圍都與市場共同體的地域範圍表現出一致性，不能因舉會地點不在商業大鎮就貿然否定經濟因素在「祭祀圈」形成中的作用。若仔細分析芝村和雙楊所處的地理位置，則不難發現這樣一個特點，二者都位於若干商業大鎮之間，以此地爲出會地點更便於平衡和協調大鎮之間的經濟利益，促進市場共同體的發展。以「雙楊會」爲例，雙楊位於絲織業大鎮震澤、盛澤之間，出會時城隍在震澤、盛澤分別停留五天，在另一大鎮梅堰停留三天，說明「雙楊會」雖以雙楊爲主辦地，但興會的中心仍然是震澤、盛澤兩地。芝村的情況也與之類似，「桐鄉西南部最具影響的三個鎮，從東向西依次爲崇福、洲泉、新市，三者連成幾乎一線的水道，是這一地區最重要的交通線路，而芝村就位於洲泉和崇福的中點上。」〔註49〕

明中期以來形成的以「舁神」繞城出巡爲象徵的城市認同，在清代又借助城市「十廟」賽會的形式得以強化。體現廟神等級的「解餉會」凸顯了城市認同中的「官本位」特徵；廟神之間相互往來的「謝酒會」則成爲「里社」之間密切聯繫，鞏固城市「祭祀圈」的重要途徑。在城市「祭祀圈」的形成過程中，保境安民的軍事因素和加強控制的政治因素發揮了重要作用。不過，「舁神」巡城的習俗能夠在江南延續數百年而不衰，還是有賴於城市經濟的發展和行業實力的壯大。

〔註47〕縣東延祥鄉蕩口鎮，華氏世居，以鵝湖水釀酒，色白味冽，蕩酒著名，湖中菱芡亦味勝他處。民國時，延壽司又稱芡白田老爺。參見（光緒）《泰伯梅里志》卷一《地理·蕩口鎮》。
〔註48〕秦頌石：（民國）《錫山風土竹枝詞》第8頁，《中國風土志叢刊》第31冊。
〔註49〕朱小田：《在神聖與凡俗之間 —— 江南廟會論考》第289頁。

第三節 城市認同與江南地域認同的強化

城市認同感的強化必然帶來在城與在鄉的觀念差異。依託市鎮經濟的發展，市鎮在地域觀念上極力向城市靠攏，鎮廟的建設處處體現對府、縣城隍廟的刻意模仿。松江府「府、縣城隍之神，向故各有廟貌，以司香火，然亦重門複道，殿宇軒舉，備堂皇之制而已。自崇禎之初，府城隍前啓臺門，後營寢殿，壯麗特甚；而吾邑縣城隍廟亦於儀門上建樓，以備演劇，中堂後擴地，以造寢宮，稱爲美焉。蓋自殿以前，規模不逮府廟，而後寢之制較勝，亦地勢使然耳。自是以後，村鎮社廟，樓門寢殿，亦紛紛並建，總不若府、縣城隍之規模弘遠也。」濱島敦俊在論及此類現象時認爲，「在農村聚落上升爲城市聚落、中心地時，當地居民自然也出現了要求擁有與城市相伴配的宗教設施的願望」〔註50〕。

不僅如此，市鎮在賽會儀式上也不遺餘力地模仿城市。黎里鎮「八月十五日，有『太平神會』。先於十一日擡出城隍及隨糧王、土地，巡遊至村廟中，稱爲『宿山』。十二日又把諸神由水路繞市河至羅漢寺、東嶽廟兩處公館，稱爲『接佛』。十三日，設筵演劇。十四、十五、十六三日，晝夜出會，鎮中街道設香案、張燈彩。十六日，諸神會東柵，司會者備船隻由市河回到廟中，稱爲『遊河上殿』。」〔註51〕賽會時「舁神」的巡行範圍大致是繞市鎮的城郭——「陸柵」和「水柵」巡行，表現出「舁神」繞鎮的特點。清末民初時，黎里還逐漸形成了以城隍爲核心的「九廟」賽會體系，體現出市鎮認同意識的強化。在全年最熱鬧的農曆八月，從八月初一到八月十六日，幾乎天天都有「出會」：初一初二的東嶽會，初五初六的劉王會，初七初八的毛家池劉王會，初九初十出和尚圩的劉王菩薩，十一十二日的大王會，十四十五日的小天會，十六日的夫人會。後又增加了初三、初四的朱天會，以及十三日的施相公會。其中，初一到十三日是「小會」，十四十五十六日三天是「大會」。〔註52〕小大之分由神靈地位來決定，城隍無疑是地位最尊者。不獨黎里爲然，很多江南市鎮中都形成了類似城市賽會的「十廟」賽會體系，嘉定縣婁塘鎮東嶽廟的下位廟就有十座，分別是南廟、北廟、送子廟、陸正堂、西子廟、地

〔註50〕濱島敦俊：《明清江南農村社會與民間信仰》第222頁。
〔註51〕樊樹志：《江南市鎮：傳統的變革》第434頁。
〔註52〕邵文長：《黎里鎮八月迎神賽會盛況》，《吳江文史資料增刊》。

藏殿、草庵、靖龍庵、南雙廟、北雙廟，「十廟」以解餉的形式維繫市鎮認同。
〔註53〕

市鎮認同強化必然產生在鎮與在鄉的歸屬差異，同里羅星洲「關帝會」，五月十三日舉會時「鄉人往來如織」的文本記載，表明記錄者本人已有了鎮、鄉之別。〔註54〕相比於繁榮市鎮在祠廟建置與賽會儀式方面處處向城市模仿，鄉村居民則表現出濃厚的自卑意識。茲引錄吳歌兩首以資論證：

鄉下娘娘要去遊惠山

二月八，三月八，鄉下娘娘出來遊惠山：紅甘蔗，腰裏插；芝麻糖條嘴裏搭，一跑跑得口渴煞，要想買碗湯喝喝，沒有銅錢活氣煞。

鄉下娘娘要去敬菩薩

正月八，臘月八，鄉下媽媽要去敬菩薩：東一約，西一約；好大髻，假頭髮；通草花兒滿頭插；好白臉，小粉塌；洋藍布衫四尺八；青布腰裙一狹狹；花花襯褲稻草紮；東家借裏腳，西家借套襪；大紅鞋子綠葉拔，走一走，搭一搭，青皮石上打滑塌；甘蔗荸薺嘴裏嚼；肉饅頭，懷裏揣；路上行人看見都笑煞。〔註55〕

歌者以白描筆法描繪鄉下娘娘進城拜神時的緊張與無措，「東家借裏腳，西家借套襪」，卻是「大紅鞋子綠葉拔，走一走，搭一搭」，惹得「路上行人看見都笑煞」，一路勞頓，想買湯解渴，「卻沒有銅錢活氣煞」。看似輕鬆、詼諧，實則是飽含辛酸、無奈與自卑的自我解嘲。

城、鎮認同的廣泛建立為江南區域認同的建立奠定了基礎。蘇、松、杭、嘉、湖五府，因區域間經濟往來頻繁，其民俗方面表現出更多的內在統一性。以吳江「雙楊會」為例，辦會地點雖在吳江雙楊鎮，與會者和主要支助者卻有來自湖州南潯的絲商。〔註56〕與會者的來源並未受到行政區劃的限制，而主要與業內經濟往來相關。

清代，江南地區朝神進香的目的地發生了較為明顯的變化。明末的江南

〔註53〕濱島敦俊、片山剛、高橋正：《華中華南農村實地調查報告書》，大阪大學文學部紀要第43卷，1994年，第207頁。轉引自吳滔：《清代蘇州地區的村廟與鎮廟：從民間信仰透視城鄉關係》，《中國農史》2004年第2期。
〔註54〕嘉慶《同里志》卷五《風俗》，《中國地方志集成·鄉鎮志專輯》第12冊。
〔註55〕顧頡剛：《吳歌》江蘇古籍出版社1999年，第488頁。
〔註56〕周德華：《雙楊會》，《吳江文史資料》第11輯。

仍保留著朝武當進香的習俗，香船齊集於無錫北塘時，場景蔚爲壯觀。至清代，這種景觀已不復所見，一則由於「明末楚中多事，香船航程受阻」，更重要的原因則在於江南地區模仿式宗教景觀的大量湧現，周邊省份的宗教景觀在這一時期被人爲移植到江南地區，產生了諸如小武當、小九華、小泰山等宗教景區。早在萬曆時期，松江府泗涇鎮居民即私創小武當，「翕然稱爲靈應，松民進香者如歸市」〔註57〕。張堰鎮建小泰山，「三月二十八日遊泰山，士女聯袂而去」〔註58〕。蘇州府平望鎮建小九華，「三月二十八日，東嶽帝誕辰，各鄉村男婦至小九華焚香，繞塘而行，曰走菩堤」〔註59〕。民間流傳的「春燒普陀香，秋燒穹窿香」的民諺，反映朝神聖地已逐漸轉移至江南區域範圍內，這一趨勢映證了江南地域認同的強化。

朱小田曾在文中極力倡導對儀式進行社會心態史的解析。認爲歷史學家把儀式行爲的解讀，轉換成說明事件的文本，企圖借助儀式索解某一事件的歷史源頭，儀式只是「輔證」而已。……文化人類學則要求研究者必須擺脫自身的文化偏見，從當地人的觀點（native's point of view）來詮釋事物，亦即從「本位觀」到「主位觀」的轉換。在當今的歷史研究中，歷史學家必須盡量理解歷史參與者的內心意向：受什麼動機驅使，對事件有何反應，其社會環境是由什麼觀念塑造的？〔註60〕

具體到本文所論「异神」儀式。明中後期以來，江南城市賽會中「异神」儀式最顯著的變化是，由「异神」巡境 向「异神」巡城的發展，這一變化標誌著「祭祀圈」的地域範圍不斷擴大，由「里社」擴大至城市範圍，最終形成城市信仰空間。這一過程發端於宋代的城防觀念，在明代中央集權強化和商品經濟發展的背景下，城市信仰逐漸形成了完備「十廟」體系。「十廟」賽會以諸神向東嶽或城隍解餉的「解餉會」和諸神之間相互酬謝的「謝酒會」爲特徵，既通過提升城隍與東嶽的宗教地位，體現朝廷和地方官府對城市的控制，又借助諸神之間相互酬謝的「謝酒會」形式，密切城內各神廟所屬區域的經濟往來，以加強城市認同。以城牆爲基礎的城市認同和以「鄉腳」爲基礎的市鎮認同的形成，對整個環太湖流域形成江南地域認同奠定了信仰基礎。

〔註57〕 范濂：《雲間據目鈔》卷二《風俗》，《筆記小說大觀》，江蘇廣陵古籍刻印社 1984年，第7冊。

〔註58〕 民國《重修張堰志》卷一《風俗》。

〔註59〕 光緒《平望鎮志》卷十二《節序》。

〔註60〕 朱小田：《在神聖與凡俗之間：江南廟會論考》第288頁。

第四章　施善與教化：迎神賽會教化功能的延續

第一節　個案分析：明清江南泰伯信仰的儒家化與社會教化

在宋元以後民間信仰的研究中，經常會出現兩個概念——國家化和儒家化。國家化是指通過國家權力以制度化的方式將地方上有功於民的神靈納入祀典，並令全國各府州縣立廟遣官致祭的現象。〔註1〕神靈國家化的典型是城隍。這一現象始於宋代，宋代商品經濟的發展使民間信仰日益多元化，為加強社會控制朝廷通過對神靈「賜額」、「賜號」的政策，將地方神靈納入國家祀典，以規範民間諸神。可以說，「國家化」是宋朝廷應對民間信仰多元化而不得已採取的措施。

儒家化是指神靈在納入國家祀典後，其形象被改造為符合儒家道德標準的現象。神靈儒家化的典型是關羽。儒家化始於何時，目前學界尚無定論。不過，大多數學者認為它是明清時期民間信仰中值得關注的特殊現象，對它

〔註1〕美國學者韓森的《變遷之神：南宋時期的民間信仰》通過對一個個區域神變遷經過的考察，分析神靈變遷的社會原因。日本學者濱島敦俊對城隍和總管神的研究，也力圖證明明清商業化對民間信仰變遷的影響。當前，大陸學者陳春聲、劉志偉、朱海濱等也一直在從事區域神的個案研究，以此探討神靈變遷與社會變遷之間的關係。不過，對民間信仰中儒家化現象進行研究的學者並不太多，且主要集中在對城隍、關羽、文昌、張巡等具有全國性影響的神靈的研究中。

的研究，必將有助於學界從民間信仰的角度加深對明清社會自身特點的認識。有些學者雖不從事民間信仰研究，也從其它領域的研究中得出了儒家化或儒生化的結論，如梁其姿通過對明清醫療社會史的研究，認爲在地方社會的主導力量中，出現了一種儒生化的趨勢。〔註2〕正因如此，這一問題頗有學術研究價值，近年來備受關注。

當前對民間信仰的儒家化研究可概括爲兩種研究思路：一是以儒家化過程中的突出事件爲研究對象。研究者通過展現事件中的矛盾衝突，分析在儒家化過程中，朝廷、地方精英、民間社會三者之間的關係。〔註3〕二是以某一神靈的儒家化過程爲研究對象。通過對神靈形象在不同時期變遷情況的考辨，探討儒家化過程與社會發展之間的關係。在第二種研究思路中需要解決的問題是，儒家化到底開始於何時，根源何在，究竟有哪些社會因素推動了儒家化。要對上述問題有所結論，僅有關羽信仰等少數個案研究是遠遠不夠的。本文試圖以江南的泰伯〔註4〕信仰爲研究個案，對上述問題進行相關論述。

一、泰伯信仰的形成與儒家化

泰伯，周太王之子，周文王之父季歷的長兄，其事跡詳見於《史記・吳太伯世家》。《史記》記載：「太王欲立季歷以及昌，於是太伯、仲雍二人乃奔荊蠻，文身斷髮，示不可用，以避季歷……太伯之奔荊蠻，自號勾吳，荊蠻義之，從而歸之千餘家，立爲吳太伯。」

泰伯和仲雍既是吳國的創建者，也是吳文化的創始人，對他的祭祀與崇拜，在巫覡之風盛行的吳地源遠流長。明清時期的泰伯信仰主要集中在蘇州府和常州府的無錫縣，在常州府的其它地區，對吳人先祖的崇拜則主要表現爲對泰伯之弟仲雍和仲雍後代季札的祭祀。蘇州府泰伯廟有二：一處在吳縣閶門內，吳越時由閶門外移至閶門內；一處在元和縣唯亭鎮。常州府泰伯廟

〔註2〕 梁其姿：《施善與教化 —— 明清的慈善組織》第5頁，河北教育出版社2001年版。

〔註3〕 蔣竹山：《湯斌禁燬五通神 —— 清初政治菁英打擊通俗文化的個案》，《新史學》第6卷第2期，1995年6月。吳建華：《湯斌毀淫祠事件》，《清史研究》1996年第1期。

〔註4〕 泰伯，也可寫爲太伯，本文依據（道光）《梅里志》和（光緒）《泰伯梅里志》的寫法，在行文中寫爲泰伯。文中的引文按照原文寫法不作改動。

有三，皆在無錫縣境內：一處位於無錫惠山，一處位於城內婁巷，一處位於無錫縣梅里鄉。

　　史料中最早出現的泰伯廟始建於東漢，「蘇州至德廟在吳縣閶門外，漢永興二年，太守糜豹建於閶門外雁宕屯南」，廟的建立可界定為泰伯信仰形成的標誌。當時，泰伯的後世仍然可考，史料中詳細記載了朝廷賞賜泰伯第四十一世孫吳如勝的具體情況，由此可以推測，此時吳地的泰伯信仰應是一種最原始的先祖崇拜。

　　唐垂拱二年（686），宰相狄仁傑禁燬江南淫祠1700多處，僅存「夏禹、泰伯、季札、伍員」四祠，這樣，江南的泰伯信仰在國家權力的保護下，進一步延伸、拓展。值得注意的是，泰伯未被列入淫祠之列，並不是出於泰伯本人高尚的謙讓之德。因為終唐之世，朝廷始終未確立儒家道德為主流道德，而且唐人小說中作為神的泰伯，其形象也與後世儒家所推崇的清心寡欲、淡泊名利的泰伯神相去甚遠。在唐人李玫的《纂異記》（《太平廣記》卷280《劉景復》條引《纂異記》）中有這樣一段關於泰伯信仰的記載：

　　　　吳太伯祠在東閶門之西，每春秋季市肆皆率合牢醴，祈福於三
　　讓王，多圖善馬彩輿女子以獻之，非其月亦無虛日。時乙丑春，有
　　金銀行首糾合其徒，以綃畫美人捧胡琴以從，其貌出於舊繪者，名
　　美人為勝兒，蓋戶牖牆壁，會前後所獻者無以匹也。〔註5〕

李玫筆下作為神的泰伯，其形象與歷史上的泰伯相去甚遠，這種區別唐人陸長源早已有過關注。《辨疑志》（陶宗儀《說郛》卷23下《泰伯》引《辨疑志》）云：

　　　　吳閶門外有泰伯廟，往來舟船求賽者常溢，泰伯廟東有一宅，
　　中有塑像，云是泰伯　三郎（泰伯長子）里人祭時，巫祝云：「若得
　　福請為泰伯買牛造華蓋。」

陸對此現象頗為不解，又云：

　　　　其如泰伯輕天下以讓之，而適於勾吳，豈有顧一牛一蓋而為人
　　致福哉！又按《泰伯傳》，泰伯無嗣，立弟仲雍，泰伯三郎，不知出
　　何邪？〔註6〕

通過李玫和陸長源的記載，不難發現，此時泰伯神的形象與明清時期神通廣

〔註5〕李昉：《太平廣記》卷二百八十《劉景復》，《文淵閣四庫全書》第1045冊。
〔註6〕陶宗儀：《說郛》卷二十三下《泰伯》，《文淵閣四庫全書》第877冊。

大的五通神極其相似，他喜好善馬、彩輿、女子，完全不符合後世儒家對聖
賢的界定。〔註7〕至於泰伯之子三郎的記載，與泰伯「無子，立弟仲雍」的生
平就更不符合了。

　　這樣看來，狄仁傑保存江南的泰伯信仰並不是基於泰伯本人的道德品
行，而是考慮到泰伯信仰中的先祖崇拜因素。這也是泰伯與夏禹、季札、伍
員三位得以保留的地方祠神區別於其他淫祠的共同之處。大禹治水疏通江南
河道，季札是仲雍的後代也是吳人的先祖，伍員修築闔閭城爲吳國的霸業鞠
躬盡瘁，他們都在江南開發史上具有舉足輕重的地位。凡「有功於民者皆祀
之」，狄仁傑對泰伯信仰的保護符合這一原則。

　　北宋元祐年間（1086～1093），朝廷賜額泰伯廟「至德」，此舉可看作是
泰伯信仰「國家化」的開始，在未被賜額之前，泰伯信仰終究是民間的非正
式的，儘管它未被列入民間淫祠，但它也不具備官方正祀的資格。在泰伯信
仰得到了官方的認同後，泰伯的形象也悄然發生了變化。

> 隆興二歲，天作淫雨，害於稼事，民不奠居。乾道改元，春二
> 月，公（沈度，時任平江知府）飭躬齋跋走祠下而祈焉，神顧饗之
> 即應。是歲麥以有秋，府從事請具蔬禮以謝。公曰：「不敢廢也，然
> 何足以報萬分之一。」〔註8〕

通過這一段南宋時期泰伯祭祀的記載，不難發現，此時泰伯神的形象較之唐
代已發生了明顯的變化。他不再需要花費較多的牢禮，也不需要善馬、彩輿
和女子，他爲百姓謀福利，需要的只是簡單的素食果蔬而已，這與後世所界
定的清心寡欲、淡泊名利的儒家先賢形象開始接近。但這一時期的泰伯信仰
並不具有德化教育的功能，因此尚不能說此時的泰伯信仰已經儒家化了。

　　泰伯信仰儒家化的日趨明顯，泰伯作爲仁讓之君的聖賢形象在民間日益
鮮明，應是在明中期以後。明宣德五年（1430），蘇州知府況鍾鑒於當時訴訟
之風不止，刑事案件急增，乃重修泰伯廟，廟成之日，應天巡撫周忱告誡百
姓：

> 方泰伯之奔吳也，斷髮文身，示不可立，然荆蠻義之，從而歸
> 之千餘家，遂端委以臨其民，是欲辭富貴而富貴隨之。及其後世，

〔註7〕賈二強：《唐宋民間信仰》，福建人民出版社2002年，第163頁。
〔註8〕曾幾：《重修至德廟記》，道光《梅里志》卷四，《中國地方志集成·鄉鎮志專
　　　輯》第10冊。

> 夫差狃於必勝，窮兵黷武，破越困齊，欲霸中土，卒之國亡身戮，
> 妻子爲虜，是欲求富強而失其富強矣……爾民欲爲泰伯之讓乎，欲
> 效夫差之爭乎？一則廟食萬世，一則貽譏千載，其得與失必有能辨
> 之者。〔註9〕

周忱此言，將泰伯的謙讓與夫差的貪婪相對比，把兩者迥然不同的後世評價
相對比，是爲了突出泰伯的謙讓之德，以讓德教化百姓。「讓」是溫、良、
恭、儉、讓五德中的最高層次，此處周忱對泰伯「讓」德的推崇較之宋人沈
度對泰伯「儉」德的推崇，更符合孔子對泰伯「至德也，三讓天下」的評價。
可以說，泰伯信仰的儒家化在明中期已經開始了。

明中後期泰伯作爲儒家聖賢的地位進一步突出。萬曆四十八年（1620），
泰伯廟內新修關帝廟，將泰伯與關羽並祀，將泰伯之「讓」與關羽之「忠」
並舉，這是泰伯信仰進一步儒家化的體現。天啓三年（1623），高攀龍等人組
織重修泰伯墓，在《泰伯墓碑陰記》一文中高氏不無感慨地說：

> 至德之聖，以天下讓者，在父子兄弟之間，則其文明可思也。
> 嗟乎！古之聖人，以父子兄弟之間讓天下而不顧；世之人，乃不免
> 簞食豆羹爭於父子兄弟之間而不恥。若是者，尚可稱錫之士，而過
> 梅里之墟、皇山之麓乎？人人思而恥之，而父父子子兄兄弟弟，錫
> 之文明甲於天下矣！〔註10〕

文中高攀龍推崇泰伯爲文明之祖，強調人人若尊崇泰伯，以泰伯爲典範，則
無錫可成爲甲於天下的文明之邦，這是明末泰伯信仰儒家化的又一例證。

清代對泰伯的儒家化改造，在延續明代政策的同時，借助了皇權的支持。
康熙二十四年（1685），江蘇巡撫湯斌在江南一帶大規模禁燬五通淫祠推崇泰
伯信仰，進而推行江南一帶社會風俗的改革，他改革的堅強後盾正是康熙帝
本人。康熙四十四年（1705），皇帝南巡至蘇州，御書「至德無名」四字於蘇
州泰伯廟中，以示對泰伯的敬仰和推崇，帝王將孔子對泰伯的評價御書於廟
中，此舉可看作是泰伯儒家化改造的高潮。

綜上所述，對泰伯儒家化的改造起於明盛於清，其規模和影響雖不如關
帝信仰廣泛，但儒家化的進程從未停，而在不斷深化中。儒家化作爲神靈變

〔註 9〕周忱：《重修泰伯廟記》，道光《梅里志》卷四。
〔註10〕道光《梅里志》卷四。

遷過程中的一類特殊現象，其產生的原因值得我們進一步探討。

二、儒家化改造的社會目的

　　泰伯信仰儒家化的直接推動力量是地方官員和地方士人，他們共同推動儒家化，是基於共同的目的，即以泰伯信仰推動地方德化教育，改革社會風氣。

　　明朝建立後，儒家程朱理學一直是官方的指導思想，理學主張父父子子兄兄弟弟，嚴格遵守名分等級。謙讓之德是維護綱常禮教，化解社會矛盾的道德基礎，尤其是在明中後期世風日下、爭訟之風不止的社會環境中，謙讓之風更應提倡。泰伯作為歷史上有名的謙讓之君，其謙讓之德若能借助於泰伯信仰在民間大力宣傳，這無疑有助於儒家道德主張在民間的傳播和社會風氣的改善。

　　前述周忱在重修泰伯廟時對百姓的告誡，突出地反映了他以泰伯信仰推動地方德化教育的目的。康熙二十四年（1685）巡撫湯斌毀五通立泰伯，也是基於德化教育的目的。湯斌是理學名家，其推崇泰伯，正是希望以泰伯的儉、讓之德教化百姓，遏止江南不良的淫奢之風。清初的江南是全國商品經濟最為發達的地區，社會財富的增加滋長了社會的爭訟之風、奢侈之風，當地盛行的五通神信仰又進一步助長了奢侈消費、相互攀比的社會心理。在這種社會環境中，通過影響廣泛且又符合儒家道德的民間信仰來教化百姓，這是地方官府所能採取的一種行之有效的教化措施。事實證明，這一措施確實在一定範圍內對部分地區的社會風氣產生了積極影響。就無錫地方而言，民風最純樸的地區，也正是泰伯信仰最興盛的梅里鄉和泰伯鄉，無錫方志關於各鄉民風有這樣的評論，「泰伯、垂慶、延祥、梅里四鄉民俗頗厚，景雲鄉之俗最雜，新安、開化二鄉民最輕佻」〔註11〕。

　　除地方官員外，地方士人是推動泰伯信仰儒家化的另一股力量。這些士人在儒家經典的耳濡目染中成長，飽讀四書五經，不少人以教化百姓、服務鄉里為自己應盡的社會責任。明弘治十三年（1500），士人王鏊建議新任無錫知縣姜文魁重修泰伯廟，廟成後姜囑王撰文，王在廟記的末尾感歎曰：「嗚呼，孰知世教日隳，兄弟爭立，父子相夷，我思至人，生也孔晚，無得而稱，其

〔註11〕 光緒《無錫金匱縣志》卷三十，《中國地方志集成·江蘇府縣志輯》24 冊。

稱則遠。」〔註12〕明中後期無錫士人顧憲成、高攀龍在《重修泰伯墓碑記》和《泰伯墓碑陰記》中也都談到了自己的社會主張，即人人尊崇泰伯，以泰伯爲典範，相互謙讓，和睦相處。這不僅是他們的道德主張，也是與他們同時代的儒家知識分子共同的道德主張。直至清代，士人仍然是泰伯廟修繕和維護的主要發起者，如清乾隆三十年（1765），無錫梅里泰伯廟的修繕就是由地方生員蔡鶴齡等發起組織的。

官府與士人的相互合作，屢見於歷代泰伯廟的修繕過程中。我們以無錫泰伯廟和泰伯墓爲例，無錫泰伯廟共有三處，即梅里廟、婁巷廟、惠山至德祠，其中梅里廟最古，相傳建於東漢永興二年（154），婁巷廟建於明初洪武十年（1377），惠山祠建於清乾隆三十年（1765）。三廟中以梅里廟影響最大，修繕次數最多，明初至清中期共有過七次大規模的修繕。

梅里泰伯廟的首次修繕在明弘治十三年（1500），修繕的建議者王鏊詳細記錄了整個修繕過程，「宏治十一年南昌姜文魁來知無錫，予曰：『邑有聖人之廟而蕪焉，令之恥也。』姜曰：『諾，甫下車則議復之，且捐俸倡民。』於是富者輸財，壯者效力，期年而成。」〔註13〕具體負責修繕工程的是里中士人蔡孚、蔡濟兄弟，由二人董其事，向里中富人募集修繕資金1500兩白銀。蔡孚、華以正各施田五畝爲廟基地，加之原來廟基田三畝五分，共有廟基田一十三畝。修繕竣工後，從耆老華嵩等的建議，請在丹陽東嶽廟出家的道士許元善（華用明弟子）居之以奉香火，此後梅里泰伯廟一直由道士主持日常事務。爲維持道士的基本生活和祠廟的日常開支，蔡孚之弟蔡濟又捐自種田二十三畝爲道士贍田（又稱爲香火田），錢榮捐近廟基田十畝爲道士贍田，鄒顯之命其子捐租田十畝爲贍田。〔註14〕

我們仔細梳理整個修繕過程後，可以發現這次大規模的修繕，從建議的提出到工程的組織、廟碑的撰寫，直至後來祠廟祀田的捐贈和祠廟的維護，先後有王鏊、蔡孚、蔡濟、華以正、錢榮〔註15〕五位士人參與其中。

士人不僅負責泰伯廟的修繕工作，還利用自身的名望，爲泰伯廟爭取和

〔註12〕 王鏊：《重修泰伯廟碑記銘》，道光《梅里志》卷四。
〔註13〕 王鏊：《重修泰伯廟碑記銘》，道光《梅里志》卷四。
〔註14〕 錢榮：《泰伯廟贍田記略》，道光《梅里志》卷二附。
〔註15〕 錢榮，字世恩，弘治六年進士，官至戶部郎中。蔡孚，字信之，官蘇州衛指揮使。參見（光緒）《無錫金匱縣志》卷十九《宦望》，卷二十四《孝友》。

維護政治上和經濟上的特權。梅里泰伯廟自弘治十三年（1500）重修後，廟祀田（包括廟基田和香火田）一直享有免交賦稅的特權。康熙三十七年（1698）後，由於無錫知縣李繼善將祀田復報升科，祀田被迫完納夏稅秋糧，由此造成祠廟經濟收入銳減，甚至無以維持日常開支的局面。爲解決泰伯廟面臨的困境，康熙五十七年（1718），貢監生朱憲枝邀集蔡鶴齡等九名生員，將此事具呈撫院，請求重免泰伯廟祀田稅糧，撫院經覆查核實，令新任知縣章頤援舊例免稅糧。此後，泰伯廟祀田的優免賦稅權再未被剝奪過。〔註16〕

　　清初小說家吳敬梓在《儒林外史》中曾描繪過這樣一個場景：士人杜少卿邀集若干地方名士在南京重修先賢祠，供奉泰伯等四十二位儒家先賢。〔註17〕這一描述絕非無憑無據，空穴來風，作爲諷刺小說的《儒林外史》，其創作具有一定的現實依據，文中的杜氏正是諸位飽讀儒家經典的士人中的一位，可以說士人實質上是推動泰伯信仰儒家化的主導力量。

三、儒家化成功的社會原因

　　由地方官和地方士人共同推進的泰伯信仰儒家化在清代達到高潮。在民間，泰伯作爲儒家先賢的形象，早已深入民心。儒家化起於明盛於清，得以成功的原因很多，正如學界分析湯斌禁燬五通淫祠取得成效的原因一樣，清代皇權的有力支持是儒家化成功的重要原因之一。除此以外，筆者認爲還有兩點原因也值得分析探討：一是儒家化融合了民間道教文化傳統；二是儒家化結合了鄉土觀念。現分別論述：

1、儒家化與道教文化傳統的融合

　　提到民間信仰，不能不談道教文化傳統對民間信仰的影響。中國的道教是一個不斷創造鬼神又不斷從內部自我更新的宗教，而儒家卻向來主張「敬鬼神而遠之」。那麼，對泰伯的儒家化改造，在強調泰伯作爲道德典範的同時，是否會削弱神靈自身的神性呢？筆者認爲，由於儒家化融合了當地的道教文化傳統，因此儒家化改造並未削弱神靈本身的神應性。關於融合，有兩點例證：一是泰伯生辰與道教玉帝生辰同日，都定於農曆正月初九，〔註18〕

〔註16〕章頤：《復免糧碑》，道光《梅里志》卷二附。
〔註17〕吳敬梓：《儒林外史》人民文學出版社 2000，第三十七回。
〔註18〕黃印：《錫金識小錄》卷一《補訂節序》。

而眾所周知，泰伯究竟生於何時，早已是無從稽考之事，此為融合例證之一；其二，道士自明弘治年間起直至民國，一直任泰伯廟住持。這些道士不僅負責祠廟日常祭祀活動，而且具有捉鬼的無窮法力，早在清乾隆年間，梅里泰伯廟道士就因擅長捉鬼遠近聞名。〔註19〕道士捉鬼，這一行為明顯是對儒家「敬鬼神而遠之」原則的違背，可它卻在梅里的泰伯廟中延續了幾百年，這反映了民間信仰中儒家文化與道教文化的相互融合，甚至可以說，在捉鬼這一問題上，儒對道做出了妥協和讓步。

有關神靈儒家化過程中，儒家文化與道教文化相互吸收和融合的現象，也可以從其他地區民間信仰的個案研究中得到佐證。〔註20〕筆者認為悠遠的先祖崇拜是泰伯信仰中儒道結合的紐帶，吳人對先祖的崇敬之情使他們不僅願意賦予泰伯強大的神力，而且倍加推崇其高尚的道德。

2、儒家化與鄉土觀念結合

明清時期是無錫商品經濟發展最為迅速的時期，明末無錫的米市早已遠近聞名。清雍正年間，無錫析劃為無錫、金匱二縣，也正映證了無錫地區經濟發展、人口增加的事實。經濟的發展使無錫人的家鄉自豪感增強，而此時的無錫就其行政級別而言，僅是常州府管轄範圍內的縣級行政區，無錫人迫切希望提高家鄉的知名度和影響力。無錫梅里是吳國故都，是泰伯最早的定居之地，提高梅里泰伯廟和鴻山泰伯墓的文化地位，不僅有助於提升無錫的文化地位，而且能夠在一定程度上滿足無錫人的家鄉榮耀感。因而，這一主張在地方士人的文字中多次提及。

早在萬曆年間，顧憲成就強調「泰伯之祀於吳宜隆，而錫為甚」。略晚於顧憲成的高攀龍則將顧的主張闡釋得更為具體：

> 則是至德之聖，讓天下而逃，不之於名山大川，不之於長林、濬谷，而之於荊。其之於荊也，不之於三江、五湖，不之於幽岩、絕壑，而之於吾錫之泱莾平墟，豈其無故耶？況乎臨於平墟，墓於茲山，相去不數里而近，若其有擇於茲者，又豈其無故耶？錫之士可思也。夫文明者，非文辭藻繢之工已也。〔註21〕

高攀龍從泰伯讓天下而逃，擇無錫而居說開去，談無錫作為文明禮儀之邦的根

〔註19〕 孫雲年：《江南感舊錄》江蘇古籍出版社 2000 年，第 37～39 頁。
〔註20〕 劉永華：《道教傳統、士大夫文化與地方社會：宋明以來閩西四保郷公崇拜研究》，《歷史研究》2007 年第 3 期。
〔註21〕 道光《梅里志》卷四。

基是此地與泰伯深厚的歷史淵源。顧、高二人巧妙地將泰伯信仰儒家化與地方文化建設相結合，使儒家化改造成功借助了鄉土觀念在地域社會的凝聚力。

直至清代，無錫人仍然在為無錫泰伯廟和泰伯墓爭取更高的文化地位。刊刻於道光年間的《梅里志》，對康熙皇帝為蘇州泰伯廟題詞一事，這樣記載：「聖駕南巡駐蹕蘇州，御書『至德無名』四字鑴之蘇城泰伯廟中，而泰伯故都在錫，廟亦當以錫者為主。」地方志的編纂者認為無錫泰伯廟地位應高於蘇州泰伯廟的觀點，與顧憲成「泰伯之祀於吳宜隆，而錫為甚」的主張是一致的。

儒家化與鄉土觀念的結合，還表現在儒家化並未衝擊泰伯在民間的社神形象，直至清末，在梅里泰伯廟中，仍然保存著一間古吳社廟。每年正月九日的泰伯廟會是無錫農村廟會之始，也是無錫農村規模最大的農業生產工具交流會。在蘇州唯亭鎮，泰伯一直是唯亭鎮的社神，民間俗稱「三讓王」，當地讓王解餉糧的習俗一直持續到清末。〔註22〕

民間信仰屬於人的意識範疇，它是意識對現實世界的折射和反映。正如每個歷史時期均有其自身的特點，民間信仰在不同的發展時期也呈現出不同的特徵，儒家化則是明清時期民間信仰變遷中的一類特殊現象。

泰伯信仰的儒家化始於明、盛於清，其產生的社會根源是商品經濟發展所帶來的社會風氣的變化。在世風日下，奢侈之風、攀比之風、爭訟之風不止的社會環境中，出於改革社會風氣的需要，地方官員和地方士人相互合作，共同推進了泰伯信仰的儒家化。他們嘗試借助泰伯信仰在民間的廣泛影響，來宣揚泰伯的謙讓之德，以此抵制攀比心理和自私心理所帶來的奢侈、爭訟等不良風氣。在這一過程中，地方士人發揮了主導作用，他們不僅負責了祠廟和祠墓的修繕工作，並且一直關注著祠廟和祠墓的維護和管理。泰伯信仰儒家化得以成功的原因在於，它不僅借助了強有力的皇權，而且借助了道教文化傳統廣泛的影響力和鄉土觀念在地域社會的凝聚力。

第二節　個案分析：清代同里鎮家族賽會的組織運作與社會教化

「會社」研究是當今社會史研究的熱點。其中，民間宗教性質的迎神會

〔註22〕民國《元和唯亭志》卷三，《中國地方志集成·鄉鎮志專輯》第7冊。

社組織，因其「活化石」的歷史人類學研究價值，尤其受到關注。江南的迎神會社組織依據主導力量的差異，大體可分爲血緣型、業緣型、地緣型三類。其中，有關家族主導型迎神會社的研究，成果相對集中於江南的外圍地區如徽州和寧波等地，〔註23〕而對寧波商幫、徽州商幫活動的主要區域──江南，相關的研究成果相反並不突出。由此極易形成一種錯覺，似乎江南的世家大族因儒學修養較高，因而極力反對家族成員參與迎神賽會活動，其實並不盡然。本文試圖以清代蘇州府吳江縣同里鎮爲例，探討江南地區家族主導型迎神會社的相關情況。

一、家族輪值的運作實況

同里，一名同川，舊名富土，屬蘇州府吳江縣。明清兩代，這裡科第人才輩出，明代有進士 18 人、舉人 46 人，清代（嘉慶以前）有進士 11 人，舉人 31 人。〔註24〕科第興旺與家族治學之風息息相關，當地主要的科舉家族有王氏、陳氏、顧氏、朱氏、陸氏、任氏、沈氏、周氏、范氏、金氏等。

同里迎神賽會以正月上元燈會、三月十八東嶽誕會、五月十八關帝誕會、八月初六至初八城隍誕會最爲熱鬧。賽會地點多選在當地望族宅第附近，如上元燈會、城隍誕會在翊靈道院，與富觀街東北陳宅毗鄰，舉行東嶽誕會的玉清洞眞觀和城隍誕會的土地堂在富觀街西南，此處又爲王氏、朱氏的聚居之地。這些祠廟不僅大多分佈於鎮北，而且以家族聚居的富觀街一帶最爲集中，與望族的分佈呈現一致性。〔註25〕

爲更清楚地揭示家族與祠廟之間的關係，筆者將明嘉靖以來上述祠廟的

〔註23〕有關徽州地區家族祭祀會社的研究，近年來成果豐碩。如鄭力民對黟縣孝南女會的田野調查，田滌、夏愛軍分別利用廈門大學和南京大學所藏的徽州會簿資料，對祁門善和里的程氏會社組織和休寧十三都祝聖會的組織情況展開論述。相關研究概況可參見史五一：《明清會社研究綜述》，《安徽史學》2008年第 2 期。寧波地區家族神會的研究在 80 年代後也湧現出了不少成果。日本學者田仲一成在《中國的宗族與戲劇》一書中利用近代期刊《寧波同鄉》對寧波地區的家族神會進行了細緻的論述，參見該書第 106～109 頁，朱小田在此基礎上利用滕占能《慈谿的青苗會研究》等田野調查成果，對鄞縣的血緣型廟會展開論述，參見《在神聖與凡俗之間──江南廟會論考》一書，第 263～268 頁。

〔註24〕嘉慶《同里志》卷九《科第》，《中國地方志集成·鄉鎮志專輯》第 12 冊。

〔註25〕陳氏舊宅位於富觀街，王氏崇本堂和朱氏耕樂堂也在富觀街一帶，參見《吳江市文物保護控制單位名單（一）》，《吳江文史資料》第七期。

捐資者和碑銘作者的姓名列表統計如下（僧道不列其中，流寓者亦不列其中）：

同里祠廟的捐資者和碑銘作者一覽表〔註26〕

賽會名稱	賽會地點	祠廟的捐資者和碑文作者						
		顧氏	王氏	陳氏	周氏	陸氏	朱氏	其他姓氏
上元燈會	翊靈道院	顧汝敬	王文濬	陳開元 陳天掞		陸雲祥	朱光震	項祥甫、凌孟明
東嶽誕會	玉清洞眞觀	顧廷楷	王世珍 王履泰	陳王道 陳紹文		陸雲祥	朱定安	嚴泰來、梅廷鎬、袁學健、孫承恩
關帝誕會	羅星洲	顧而謀 顧世梓 顧我均	王錫 王曾翼 王祖琪〔註27〕	陳毓咸	周之楨 周愼	陸雲祥	朱光震	
城隍誕會	土地堂	顧懷慈		陳佳錫		陸國珍	朱光震	嚴泰來、范顯錡
	仁濟道院						朱光震	

從上表反映的內容來看，祠廟的捐資和撰文者集中在顧、王、陳、朱、陸五姓，以顧、王、陳三姓最爲突出。不僅如此，這些家族對祠廟的捐助還具有世代延續性的特點：顧氏從萬曆年間始，一直持續著對關帝廟的捐助，顧世梓爲顧而謀五世孫，顧我均又爲顧世梓四世孫；〔註28〕陳姓的捐資者中，陳昭文爲陳王道曾孫、陳毓咸爲陳昭文五世孫。〔註29〕上述人物都具有生員及生員以上的科舉身份，其中王曾翼、陳毓咸分別爲乾隆、嘉慶朝進士。〔註30〕捐資者的血緣身份反映出科舉家族在祠廟捐助中佔據主導地位。

家族的世代捐資便於家族從經濟上控制地方祠廟，爲家族籌劃和組織以

〔註26〕此表根據嘉慶《同里志》卷三《祠廟》、卷四《寺觀》、卷二十二《集文》及方志中的相關人物傳記進行統計。

〔註27〕王祖琪爲王曾垂子，王曾翼姪。參見嘉慶《同里志》卷十四《王曾垂傳》。

〔註28〕嘉慶《同里志》卷十三《顧而謀傳》、《顧世梓傳》。參見《顧氏世系表·同里顧氏世系表》，上海圖書館藏，編號：長006053。據《顧世梓傳》，族譜中顧世梓爲顧維馨。

〔註29〕嘉慶《同里志》卷九《科第》。

〔註30〕嘉慶《同里志》卷九《科第》。

祠廟爲中心的賽會提供了可能。爲了協調各大家族之間的利益，同里賽會採取了家族輪值的組織形式，在此以關帝賽會爲例展開論述。

五月十三爲關帝聖君誕辰，羅星州賽會，士民進香，往來擺渡，起於國初。里中眾姓及周、陸、王、顧、徐五姓輪流司會，歌曰：「卯酉眾姓辰戌周，己亥陸宅遞輪流，子午王家醜未顧，寅申徐氏六年周。」〔註31〕

關帝賽會的家族輪值制以六年爲周期，由眾姓和周、陸、王、顧、徐五氏輪流司會。歌謠中的地支紀年，以卯年爲開端，說明這一輪值制的確立，應是在以卯紀年的某一年份。據方志記載，康熙九年（1670）時，顧、王、陸、項四姓曾合捐 11 畝廟田予羅星洲關帝廟，〔註32〕固定廟產的出現是賽會輪值制確立的基礎，由此推斷這一輪值制的正式確立應是在康熙九年以後，極有可能是在康熙十四年，因爲這一年正好爲乙卯年。周、陸、王、顧、徐五姓單獨司會的安排，實際上既是各方利益協調的結果，也是各族實力的一次展示。至於周氏爲何會排在五姓之首，很可能是從科舉中第的角度來考慮的，周爰訪是清代同里的第一位進士，考中進士的時間恰好是康熙二年，也正是關帝賽會中的多姓輪值制開始確立的時期。〔註33〕周氏不僅在關帝賽會的輪值者中居於首位，在同里上元燈會的巡行路線中，周家墳頭也是巡行的起點。〔註34〕由此說明，同里賽會中會首的輪值秩序可能並不是隨機產生的，它體現著家族的地位和影響力。此外，輪值制也同樣考慮到家族的經濟實力。五姓中的顧、王、陸都曾以家族名義捐贈田產，三姓的捐田數額達到 11 畝，占羅星州廟田總額的 90%以上，在康熙九年時也參與捐田的項氏，因捐資數額較少，因而並不具備單獨籌辦賽會的資格，很可能是歸於眾姓中參與籌劃。

賽會的資金一部分取自廟田收益。廟田又稱爲飯僧田或常住田，在租佃制普遍盛行的情況下，廟僧往往取田租收入用於日常開支。羅星洲共有廟田 11 畝 8 釐 6 毫，玉清洞眞觀亦有田 10 畝，土地堂除廟基地免徵賦稅外，尚有田 1 畝 5 分，翊靈道院雖無常住田，但廟基田可免徵賦稅。〔註35〕相比常州、徽州等宗族發達的地區而言，同里祠廟擁有的固定田產較少，而且這種較少

〔註31〕 嘉慶《同里志》卷六《風俗》。

〔註32〕 嘉慶《同里志》卷四《寺觀·羅星洲》。

〔註33〕 嘉慶《同里志》卷九《科第》。

〔註34〕 徐深：《燈會憶舊》，《吳江文史資料》第十二輯。

〔註35〕 嘉慶《同里志》卷四《寺觀·玉清洞眞觀》、《寺觀·臥雲庵》。

田產的狀況是祠廟會產的一種常態，一直延續到近代。以賽會花費動輒上千兩的消費水準來看，田產收入遠遠無法滿足賽會所需。

因此，在祠廟常住田的田租外，民間捐助的「公項銀」成為會產的另一重要來源。「公項銀」是在廟宇需要翻新時，由里中「善姓」集體捐資的香火錢。大族既是倡捐的組織者也是主要的捐資者，如乾隆五十年，翊靈道院翻修時，即由陳氏「積聚公項錢，改建漢壽亭侯殿為消災殿，真武殿為前殿」〔註36〕，吉祥庵重修時，也是由王、陳、陸、金等大族募集公項銀購置廟產。祠廟翻修完畢後，「公項銀」的餘額則用於存貸生息，成為固定會產，如上元燈會的會產運作即採用「九方輪存生息，每年五月初一交盤」〔註37〕的形式。燈會早在正月十五已經結束，花費較長時間統計賬目，似乎是為了保證會首有足夠的時間計算和取回「公項銀」利息，以便將賬目移交下一輪會首。在外任官的王曾翼曾提到公項銀「遞年生息」的現象，「適有存公項銀若干兩，加以金司馬竹書捐項數金，遞年生息至今」〔註38〕，可見他雖居外地仍掌握著「公項銀」的收支狀況。洞真觀在重修後所餘「公項銀」也是由「輸資姓氏司存者」〔註39〕，說明「公項銀」的生息投資，幾乎完全是由望族成員來管理的。

上述釀錢生息方式的廣泛盛行，與同里發達的米市交易有關。同里是江南四大米市之一，米市中的鉅額的交易刺激了資本市場的生成，為錢莊業、典當業等金融業的發展提供了生機。又由於這些米行的經營者有些就是地方望族的成員，甚至若干間米行都屬於同一家族，〔註40〕這使得釀錢生息的方式不僅在家族理財中廣泛盛行，也極易成為公共會產的主要管理形式。釀錢生息相比田產投資具有收益豐厚的優點，但也要求投資者必須承擔一定的投資風險。因此，前論在外為官的王曾翼就曾將吉祥庵公項銀及所獲利息用於購置田產七畝，以圖「經久之計」，主張依然採取置田收租的方式。置田生息與釀錢生息的並行，一則反映出土地已成為重要的投資對象，二則反映出

〔註36〕嘉慶《同里志》卷四《寺觀・翊靈道院》。
〔註37〕嘉慶《同里志》卷六《風俗》。
〔註38〕嘉慶《同里志》卷二十三《集文・重修吉祥庵常住田碑記》。
〔註39〕嘉慶《同里志》卷二十三《集文・重修洞真觀東嶽殿記》。
〔註40〕據雍正六年4月27日《江蘇巡撫陳明夏奏摺》，陳氏家族在陳沂震時期不僅「開有三大棧房廣囤米石，貲本豐盈」，而且控制了同里的大部分典當鋪，可以想見，清代同里的72家米行必與當鋪、錢莊往來頻繁。

資本市場的活躍，體現了會產管理者在資產投資中風險與穩健兼顧的投資理念。

二、家族參與迎神賽會的動機

　　從同里迎神賽會的運作實況來看，地方望族並未將自身排斥在賽會活動之外，而是以積極的態度參與到迎神賽會之中，並採取了多族輪值的組織形式。這些科舉家族積極參與賽會的原因主要有二：

1、科舉家族祈求科舉興旺、官運亨通

　　同里地方祠神以東嶽、城隍、關帝、文昌四神地位最為突出，前二者主生死、命運，後二者者主科舉、文運。當地顧、王、陳三大家族既是科舉世家又是官宦世家，對上述四神尤為崇奉。顧氏家族對羅星洲關帝廟持續上百年的捐資行為，與顧氏一族自萬曆以來的科第興旺有著密不可分的聯繫。顧氏曾唯、曾麟兄弟分別為嘉靖三十二年進士和萬曆元年舉人，二人之子而誠、而尹同時為萬曆十九年舉人，曾唯從子自植為萬曆二十年進士，〔註41〕孫祖范、祖奎分別為萬曆二十八和天啟元年舉人。〔註42〕入清後，顧氏科舉上的成就雖遠不如明末，但族中仍有我均、我樂分別為乾隆九年和乾隆五十四年舉人，汝敬為嘉慶九年貢士。〔註43〕明嘉靖萬曆時期是顧氏科舉事業的鼎盛時期，曾唯第五子而謀於萬曆年間興建羅新洲關帝殿，正是出於延續科第之風的目的，據說顧而謀在羅星洲捐建關聖祠後，「同川從此科第興盛，文風丕振」〔註44〕。後而謀五世孫世梓又於康熙年間再修關帝廟，想必也是為重整文風。另一熱衷於關帝信仰的家族是新興的王氏。王氏家族自清初王沂鍾以岐黃為素封之家後，〔註45〕至沂鍾孫文沂、時彥時科舉始盛。文沂為康熙五十年舉人，族姪曾翼為乾隆二十五年進士，族孫祖武為乾隆五十二年進士；時彥為雍正七年舉人，子王堡為乾隆二十一年舉人，孫王錕為乾隆三十九年進士。〔註46〕康熙時期既是王氏科舉始盛之時，也是王氏開始積極參與關帝

〔註41〕嘉慶《同里志》卷五《顧自植傳》。

〔註42〕嘉慶《同里志》卷九《科第》。

〔註43〕嘉慶《同里志》卷九《科第》。

〔註44〕嘉慶《同里志》卷十三《仁壽・顧而謀傳》。

〔註45〕嘉慶《同里志》卷十三《仁壽・王之相傳》。

〔註46〕嘉慶《同里志》卷九《科第》。《吳江王氏新譜》，乾隆十一年刻本，上海圖書館藏，編號005894。

廟捐建的時期，之後又有王曾翼、王祖琪等持續捐資，科舉成功與廟宇捐建的同時性，揭示了科舉與關帝信仰之間的關係。

科舉和仕宦中的極大偶然性，使鬼神異怪、功過報應等思想在士人之中廣泛流行。顧炳文「知福建永定知縣，居官廉謹，遇大獄則祈夢於城隍，辨其徵兆斷獄。」〔註47〕不僅如此，一些士人還公開倡導因果報應的思想，如王錫之父王之梓「宅心仁厚，與人交，不以貧賤富貴有二致，教子弟惟以孝悌勤儉因果報應諄諄不倦。」〔註48〕可以說，在接受功過報應等宗教思想方面，士人與普通民眾並無本質差異。

2、通過組織迎神賽會實現行善與教化的目的

士人階層中既然已有不少人接受了因果報應的思想，那麼修繕祠廟和參與神明的誕辰活動，就不再是有悖禮儀之事，而是有助於地方的施善行為。負責主修翊靈道院的士人朱光震，年屆七十，忽又得子，顧我均認為這是他積善成德的回報。〔註49〕同里羅星洲關帝會不僅是祭神組織，也帶有濃厚的行善色彩，「羅星洲向有惜字會，家給一簏，月收一焚」〔註50〕。迎神賽會本來就兼具娛樂性和宗教性，其會產收益並不完全用於娛樂活動和奢侈消費，也有相當部分用於慈善事業，如同里最早的埋骨施棺局就是伴隨著集善庵觀音殿、仁仁堂的建立而建設起來的。〔註51〕

士紳對迎神賽會的參與和改造使同里的民間信仰呈現出正統化的色彩，如同里水龍會的興起過程也是對淫祠渡船庵的改造過程。渡船庵原為當地淫祠，被改造後轉變為關帝祠，乾隆三十七年時，有陳氏合族捐建山門，嘉慶五年又有任氏重修山門。山門的修建為每年六月二十三日水龍會的舉行提供了場地條件，才有了「水龍齊集渡船庵，相互試驗，觀者如堵」的盛況。〔註52〕正統化改造的範疇也包括了賽會的儀式。同里「城隍誕會」與黎里賽會儀式基本相同，從正月初六至正月初八共賽會三天，所祀之神都為曹王李明，

〔註47〕嘉慶《同里志》卷二十一《雜錄》。
〔註48〕嘉慶《同里志》卷十三《仁壽·王之梓傳》。有關士人功過報應思想的盛行及其對大眾思想的影響，可參見（美）包筠雅《功過格：明清社會的道德秩序》一書。
〔註49〕顧汝敬：《重建翊靈道院城隍殿記》，《同里志》卷二十三《集文》。
〔註50〕王祖琪：《羅星洲惜字引》，《同里志》卷二十三《集文》。
〔註51〕嘉慶《同里志》卷四《寺觀·集善庵》。
〔註52〕嘉慶《同里志》卷四《寺觀·西渡船庵》。

但卻沒有類似黎里的夜遊河上殿等巡神活動，僅僅張燈結綵，借巨室古玩以資炫耀而已，〔註53〕這明顯也是改造後的結果。

在士紳對民間信仰的改造過程中，忠孝節義的價值觀念也通過賽會戲文滲透到民間社會。以陳氏家族中陳王道嫁女故事爲原型的《珍珠塔》故事，不僅教育女性應具有隱忍、善良、寬容等符合正統價值觀的婦德，也將「人世無常，否極泰來」等具有宗教色彩的人生觀大肆宣揚。戲中方家的興衰實際上隱射了望族陳氏的興衰，劇中方卿高中，一舉改變家族命運的劇情，也是陳氏家族因科舉成功而再度復興的眞實寫照。陳氏自嘉靖年間陳王道始，科第興盛，王道之孫紹文雖適逢明清鼎革，絕意進取，但其子陳銳爲康熙二十七年進士，其侄陳沂震爲康熙三十九年進士，科舉和仕宦的成功使陳氏家族在康熙時期極盛一時。雍正六年，陳氏因陳沂震貪墨一案被抄，由盛轉衰，直至陳沂震之孫陳毓咸繼祖父之後再登進士第，陳氏才得以再度復興。經歷了蒼桑變故的陳氏族人，目睹了世事無常同里鎮人，不僅能從《珍珠塔》中品出人生的戲劇性變化，亦能從現存的《方卿宣卷》「奉勸諸大眾，休做欺貧愛富人」以及「榮華富貴是前世修來的，倘若今生不修必墮地獄」〔註54〕等語中，體味到善惡之間的因果報應。

據後人回憶，上世紀初的陳姓家廟中，曾有一位沈姓婦女在此誦讀經卷，而且與陳家牌樓裏陳家五太太等信佛吃齋的老婦人，保持著密切交往，由此推斷這位誦讀經卷的沈姓婦女極有可能就是現存方卿寶卷的手抄者沈整華。〔註55〕如果沈整華果眞是同里人，那麼宣卷中的「卷本應族借於人，宣娘娘小姐聽」等記載，則能有力證明《珍珠塔》故事在同里民間具有深遠的教化意義。

戲劇的教化作用歷來被士人所重視，早在乾隆時期時任江西巡撫的陳宏謀就曾提出過改革戲曲的主張，認爲戲曲應當「去其邪蕩之劇而譜以正大之音，則即尋常皆有勸善懲惡之意」〔註56〕。這一教化功能也同樣被近代知識分子認可，生於同里，長於同里的陳去病從小在家鄉戲劇的耳濡目染中成長，

〔註53〕 嘉慶《同里志》卷六《風俗》。
〔註54〕 《方卿宣卷》，《中國宗教文獻集成・民間寶卷》第 19 冊。
〔註55〕 王稼冬：《彈詞〈珍珠塔〉故事調查》，《吳江文史資料》第 11 輯。
〔註56〕 乾隆八年十月二十三日《江西巡撫陳宏謀奏摺》，哈恩忠：《乾隆初年整頓民風民俗史料》（下）。

對戲劇在社會教育中的道德濡化功能，有著深刻認識。在《論戲劇之有益》一文中，陳去病強調：

> 舉凡士庶工商，下逮婦孺不識字之眾，苟一窺睹其情狀，接觸乎其笑啼哀樂，離合悲歡，則鮮不情爲之動，心爲之移，悠然油然，以發其感慨悲憤之思而不自知；以故口不讀信史，而是非了然於心，目未睹傳記，而賢奸判然自別。〔註57〕

「了然是非」、「判別賢奸」正是賽會戲文的教化功能之所在。

三、家族輪值制的地域特徵

就輪值制的運作實態與會產管理形式而言，同里關帝會社與徽州休寧祝聖會社並無多大差異。二者的主要差異在於會社的主導力量不同：同里關帝會社以科舉家族爲主導，雖採用多族輪值的形式，但實質仍然是士紳支配，體現了士紳在社區的文化權威；而徽州祝聖會社則以商業大族爲主導，具有濃厚的家族經濟合作和族內經濟互助色彩。

首先，就參與輪值制的家族而言，同里的家族輪值制更具競爭性。由於科舉和仕途的不確定性，使家族處於激烈的文化與權力的競爭中，輪值制採用更具開放性的多姓輪值形式，不僅出於緩解家族競爭壓力的目的，也便於不斷吸收新興的家族，將其納入權力的文化網絡。〔註58〕在科舉家族的新陳代謝中，後起的以工商業起家的金氏家族，因科舉成功參與到對同里社區文化的權力網絡中來。同里金氏應來自徽州汪金橋，以工商業起家，〔註59〕到金竹書時，逐漸走上科舉之路，乾隆年間吉祥庵的修築，金氏兄弟出力不少，金竹書在外任官，弟弟金酉書則在家中從事工商業經營，並積極參與地方的義舉活動。與金氏同時的，還有同樣來自徽州的程氏家族，但由於這一家族

〔註57〕 陳去病：《論戲劇之有益》，轉引自楊天石：《辛亥革命時期的陳去病》，《吳江文史資料》第 3 輯。

〔註58〕 杜贊奇在「權力的文化網絡」概念中，將「文化」解釋爲「各種關係與組織中的象徵與規範，這些象徵與規範包含著宗教信仰、相互感情、親戚紐帶以及參加組織的眾人所承認並接受其約束的是非標準。」參見杜贊奇：《文化、權力與國家》第 3 頁，江蘇人民出版社 2006 年版。

〔註59〕 「後起之族則有金氏，近頗蕃殖，其先爲宋相國安節之後，安節故家休寧之汪金橋，而葬於嘉興，故子孫多居吳越間。汪金橋金氏，今尤數百家，多經商。」陳去病：《五石脂》江蘇古籍出版社 1999 年，第 321 頁。

並未在科舉上取得成功，因而對地方社會的影響遠不及金氏。〔註 60〕可見，能否保持科第興盛的局面，是家族能否主導地方文化的基礎。

科舉和仕宦是決定家族興衰的兩大要素，陳氏之興衰是最深刻的例證。陳氏因陳沂震科舉和仕途的成功，在經濟上和政治上極盛一時，又因陳沂震貪墨一案，舉家被抄，急劇衰落，到陳沂震之孫陳毓咸高中進士後，陳氏家族亦再度復興，重新參與到地方文化的建構中，不僅積極參與嘉慶《同里志》的編撰，也對羅星洲關帝廟的修葺表現出極大的熱情。科舉與仕宦的不確定性與極強的競爭性使同里社區的文化權利網絡呈現出較強的開放性。

相比而言，徽州神會中的家族具有相對的穩定性。如黟縣太子神會一直有唐、胡兩姓輪值，〔註 61〕休寧祝聖會則一直由汪、吳兩姓輪值。徽州祭祀會社即便出現股權轉讓的情況也往往在族內進行，如同治二年和同治十年黟縣關帝會中的兩次股權轉讓，從德洽支轉爲德泗支，從德化支轉爲德泗支，都是在族內進行的。〔註 62〕參會家族的相對穩定與商業大族在商業經營上的延續性有關，如咸豐八年至同治四年的清明會簿，其實也是黟縣余氏家族的商業經營帳簿。〔註 63〕在休寧祝聖會中商業資本也發揮著舉足輕重的支配作用。祝聖會成立之初，徽商汪明恭、王承初的資產占會產總額的二分之一以上。到康熙五十四年，汪、王二人因長期在外經商退出祝聖會後，會產總額由 71 兩 2 錢 3 分驟然減少至 10 兩 7 錢 1 分。〔註 64〕到雍正六年汪公甫一支的汪元相、汪敦義二人退出後，祝聖會基本停止生息分紅，由具有經營性質的錢會組織轉變爲單純的祭祀組織。但商業資本仍然在會產的運作中發揮著相當重要的作用。如乾隆二十七年，祝聖會經濟出現嚴重困難時，亦是由在外經商的吳芳懋一支先後注資 26 兩 2 錢 7 分和 23 兩 2 分，扭轉頹勢，這一年重修玉山殿所需資金 110 兩也是由徽商典鋪茶源店預先墊付，直至乾隆二十九年才徹底還清。祝聖會發展中的幾次經濟危機，都因得到族中在外經商者的資助而化解。〔註 65〕

〔註 60〕　嘉慶《同里志》卷十六《藝術・程起潛傳》。

〔註 61〕　《道光十年 —— 同治十二年太子神會會簿》，南京大學歷史系藏，編號 00015。

〔註 62〕　《宣統二年關帝神會入股簿》，南京大學歷史系藏，編號 000268。

〔註 63〕　《咸豐八年 —— 同治四年黟縣清明會簿》，南京大學歷史系藏，編號 000120。

〔註 64〕　王氏一族退出祝聖會，標誌著由汪、吳二姓輪值祝聖會的格局基本奠定，二姓輪值的局面一直延續至民國三十年。

〔註 65〕　《康熙祝會簿》、《康熙嘉慶祝會簿》，南京大學歷史系藏，編號 000111。

　　其次，同里賽會中的家族輪值制體現出士紳階層對社區的控制，而不是對宗族成員的控制。祝聖會社則體現出宗族對社區的控制，是宗族維持既有經濟利益的組織基礎。同里科舉大族之間通過婚姻與師承關係，實質上已結成一榮俱榮、一損俱損的士紳集團。文昌會起自明末，以文、章、司、命四字輪流司會，不僅成為士紳階層加強內部凝聚力的重要手段，也是士紳加強階層認同的組織基礎。所以說，同里賽會的組織雖然是以家族輪值的形式表現出來，但實質仍然是士紳支配。除文昌會外，地方公益事業的組織和籌劃者，也必須具有一定科舉身份，才能更有效地確立自己在社區中的權威。以陸雲祥為例，雖出身陸氏望族，但並無雄厚家資，「家甚貧，夜無膏火，恒暗中靜坐，妻侄以為笑」。〔註66〕陸雲祥在社區中文化權威地位的確立，完全憑藉其舉人的科舉身份和知縣的仕宦經歷，以及深厚的儒學涵養。可以說，在同里社區中，有功名者較之經濟富裕者更易借助科舉身份而獲得社區文化權威的地位，文化權威的確立必須在科舉功名的基礎之上。

　　吳江地區宗族義田相對稀少的狀況，也是這一區域內宗族互助色彩相對較弱的重要原因。從現存王氏和顧氏的家譜來看，義田數量較少，族產也很少能用於迎神的祭祀活動。據《吳江王氏新譜》記載，同里王氏義田在清初僅有 20 畝，到雍正七年後，也僅增至 113 畝，〔註67〕遠遠低於蘇州其他地區的義莊義田數。〔註68〕而且，儘管王氏在乾隆時期通過「收族聯宗」來擴大宗族的規模和影響力，但宗族不同支派之間仍然存在鮮明的歸屬觀念。筆者在 2009 年 4 月赴同里採訪時，見到敬儀堂（太湖水利同知署）的房主王某，據他介紹，其先祖是在乾隆年間從蘇州遷至同里，與同里鎮上的王氏並不屬於同一家族。但筆者查閱王錫所撰王氏家譜後，發現在乾隆年間從蘇州遷自同里的王周粲一支，在遷往同里後已與王錫一族聯宗，成為王氏成員之一。王某的歷史記憶中並沒有關於王錫家族的印象，說明兩個家族儘管已經實現聯宗，但並未真正實現心理認同。

　　與之相比，休寧祝聖會社則成為宗族加強族內控制的組織基礎。祝聖會通過向婚姻之家和添丁之家分別徵收折燭銀 5 分和上丁銀 2 錢的方式，加強

〔註66〕 嘉慶《同里志》卷十一《仕宦・金之清傳》。
〔註67〕 《吳江王氏新譜》卷四《義田記事》，上海圖書館藏，編號 005894。
〔註68〕 有關蘇州宗族義田的研究，參見范金民：《明清江南宗族義田的發展》，《中國史研究》1995 年第 3 期。

對宗族人丁的管理，又通過族內賑濟的方式加強宗族成員的心理認同。其二百多年的發展歷程中，祭神儀式一直是維持對汪、吳兩族成員控制的有效手段。正如陳瑞在分析徽州宗族祠堂的社會控制功能時所說，「明清時期徽州宗族祠堂所發揮的族內控制功能有日益強化的趨勢。通過祠堂祭祀儀式的舉行及相關祭祀制度的執行，以融洽宗盟、收攏人心、增強宗族凝聚力，進而實現尊祖敬宗、合族收族、控制族人的目的。」〔註69〕祭祀會社不僅是宗族加強族內控制的組織基礎，也是宗族組織加強社區控制的組織基礎。道光二十九年，祝聖會會首吳祖成、汪錦元控告佃農潘魁等霸業抗租，得到了官府的支持，迫使佃戶潘魁、汪志萬追繳所欠租穀 1274 斤。在此過程中，汪、吳二族不僅借助祝聖會加強對族內佃戶汪志萬等的控制，而且在地保謝奎、餘萬的支持下，加強了對休寧十三都三圖社區的控制。〔註70〕

　　蘇州地區和徽州地區家族神會組織的差異，歸因於兩地家族組織結構的差異。唐力行在對比蘇州與徽州的家庭——宗族結構後，認爲「明清以來，蘇州與徽州都存在小家庭——大宗族的結構，但蘇州的小家庭——大宗族結構覆蓋面十分有限，主要還是獨立的小家庭結構。而徽州的小家庭——大宗族結構是區域社會的主體結構。」〔註71〕蘇州地區獨立小家庭結構的廣泛存在，削弱了宗族的凝聚力，這一地區科舉制的發達又便利了士紳階層的心理認同感的強化，便利了士紳在社區的文化網絡中獲得支配地位。徽州地區小家庭——大宗族爲主的家族結構則必須借助家族成員共同參與的家族祀神儀式增強家族的凝聚力。

　　同里迎神賽會中的家族輪值制形成於清康熙年間，以多族輪值爲特徵，以科舉大族在政治、經濟上的優勢地位爲前提，以滿足家族科第興旺和官運亨通、實現地方教化爲目的。同里迎神賽會中的多族輪值制體現了士紳階層對民間社會的控制。首先，輪值制中的參與家族，具有較強的流動性，家族能否享有文化權威，取決於家族的科舉和仕宦狀況。其次，家族中的科舉人才通過文昌會等形式密切彼此間的聯繫，強化階層認同，使科舉身份成爲獲

〔註69〕陳瑞：《明清時期徽州宗族祠堂的控制功能》，《中國社會經濟史研究》2007年第 1 期。
〔註70〕《道光二十四年——道光三十年歲次甲辰吉立祝會簿》，南京大學歷史系藏，編號 000116。
〔註71〕唐力行：《蘇州與徽州——16～20世紀兩地互動與社會變遷的比較研究》，商務印書館 2007 年，第 49 頁。

得文化權威的基礎。

　　科舉家族對賽會的積極參與和組織，推動了迎神賽會的正統化，反映了以士紳爲主體的文化權威，積極爭取對俗文化的掌控權，並試圖通過對民間信仰活動的參與和改造，實現對民間社會的施善與教化。這一控制模式雖以家族輪值的形式體現出來，但目的並不在於以此加強對家族成員的控制，而是爲實現科舉家族中的士紳對地方社會的文化控制。相比而言，徽州家族神會組織中商業資本也發揮著舉足輕重的支配作用，神會組織則成爲宗族加強族內控制，維護宗族經濟利益的組織基礎。

結　語

　　社會經濟變遷與民間信仰變遷孰先孰後的問題，似乎很難以一言概之。
韓森起初認爲宋代民間信仰的變遷是經濟變遷的結果，但之後又對此產生懷
疑，認爲宗教的變遷應該先於經濟變遷，因爲早在宋代商業革命之前，民間
宗教儀式中就已產生了拜金主義傾向的某些變化，漢代墓葬中紙錢的出現即
是例證之一。〔註1〕筆者認爲這裡涉及到一個如何界定信仰變遷的問題，是以
個別現象爲據，還是從具有普遍意義的風俗變遷來考察。就本書所關注的迎
神賽會而言，其崇奢傾向雖始於明中期，以成化末年杭州「褚侯誕」會爲標
誌，但賽會靡費之風熾盛則在嘉靖以後。據此，筆者認爲迎神賽會的變遷仍
然源起於江南商業的發展。從功能主義視角來看，明中後期江南商業發展所
致的賽會組織形式變化和賽會功能需求增長乃其屢禁不止的根本所在。

　　明中後期江南商業的發展，加速了工商行會的發展，推進了江南社會城
市化和城鎮化的進程，在此過程中賽會的組織形式也隨之而變。行業祭祀組
織的壯大和地緣祭祀組織的發展是這一時期賽會組織形式中最顯著的兩大變
化。起初局限於里社範圍的地緣祭祀組織，到明後期時規模已擴大至以市鎮
爲中心的鄉腳，甚至形成了以城牆範圍爲核心的城市信仰空間，其變遷歷程
與社會的城鎮化和城市化基本同步，體現出宗教世界對現實世界的積極模
仿。清初工商業的發展使賽會資金來源漸趨行業化，行會的廣泛參與及其在
賽會資金籌集、組織策劃上的一系列創新，使釐金制、總董制、節事策劃、
商業會展等應運而生，行會依託雄厚的經濟實力成爲清中後期城市賽會的主

〔註1〕　（美）韓森：《變遷之神・中文版自序》。

要策劃者。上述地緣組織和業緣組織形式的變化又共同促成了迎神賽會功能的變遷。

娛樂功能方面,「異神」儀式拓展了賽會的表演空間,尤其明中後期「異神」範圍由里社向市鎮乃至城市發展,「祭祀圈」借助城市「十廟」賽會體系擴展至城市範圍,使賽會表演所汲取的文化內涵更爲豐富,娛樂素材更爲廣博。同時,酬神戲向商業戲劇發展,不僅烘托了賽會的喧鬧氣氛,更爲賽會取得「一境若狂」的轟動效益提供可能,加之商業時代中民眾渴望休閒、娛樂以減緩生活重壓和擺脫禮制束縛的心理需求,共同促成了江南迎神賽會娛樂功能的強化。

經濟功能方面,明中後期至清前中期,江南商業的發展促進了迎神賽會經濟功能的深化,表現爲商人對貿易功能的熱衷和游民對生計功能的追逐。商貿功能的強化保證了商人對賽會的持續捐助,穩定了賽會的資金來源;生計功能被部分士人認可後,最終得到乾隆帝的承認,促成了乾隆朝「寬禁」政策的出臺。太平天國運動後,面臨西方經濟衝擊和戰爭破壞影響的行會組織積極參與賽會活動,不僅成爲江南城市和市鎮賽會的主要籌劃者,而且在「重商主義」思潮影響下積極推進賽會在資金籌集、項目策劃和組織管理上的商業化運作,促進賽會向工商博覽會和旅遊節事嬗變,賽會的綜合經濟效益增強,市場經濟功能得以進一步深化。

社會教化方面,無錫「泰伯誕」會和蘇州同里「關帝誕」會,都承擔著施善與教化的職責,紳衿及其家族活躍其間,著力頗多。直至民國中期「去迷信」運動時,知識分子仍爲社會教育的主導力量。但「去迷信」運動以科學主義爲主旨,在去除賽會宗教性時亦動搖了賽會教化功能延存的宗教基石。

上述功能的強化與深化,既是社會維持既有秩序並持續發展的客觀要求,又對社會秩序產生著衝擊作用。商品經濟的發展需要更加完備的市場網絡,廟市和節場自然成爲市場網絡中的重要節點。但與此同時,賽會娛樂中崇奢鬥富、爭奇賭勝的風尚又改變著人們的生活方式和價值觀念,使「崇儉抑奢」的價值觀受到了前所未有的衝擊。擁有財富的商人階層,借助賽會活動贊助商的身份,不斷擴大其在民間社會的影響,「四民」等級觀念加速消亡。賽會一方面爲游民提供生計,以「貧富相資」的方式緩解社會矛盾,另一方面,游民借賽會之機斂財的行爲,又極易導致賽會娛樂在利益的驅使下具有更多非理性的特徵,進而加劇朝廷社會控制的難度。

　　爲應對賽會興盛帶來的社會控制難題，明清兩朝一直延續改造與取締並舉的方針。在祠神信仰上，延續了宋代的祠神儒家化政策，以改造地方神神格的方式，宣揚儒家正統觀念，加強社會教化。在禁賽政策上，明廷雖恪守祖訓，以嚴禁爲原則，但明中期以後各地方官府並未嚴格執行這一政策。清廷在經歷了清初風俗整飭失敗的教訓後，到乾隆時期開始採取「寬禁」政策，以寬嚴相濟爲原則，爲地方官府採取更加靈活的風俗整飭措施提供了施政依據。清廷「寬禁」政策的出臺標誌著朝廷在社會控制方面的重大轉變，由以法律控制爲主的剛性控制逐漸轉變爲以輿論控制爲主的柔性控制，體現出清廷對江南社會的控制呈逐漸削弱之勢。

　　民國時期的禮俗改造，以科學主義爲武器，以通俗教育爲手段，仍然延續了清廷柔性控制的特點。在賽會功能的改造上，一方面批判其教化功能爲迷信、落後的表現，另一方面在認可娛樂功能的基礎上強化經濟功能，將賽會的宗教外衣剝離下來，使之成爲符合科學主義原則的娛樂、經濟活動。然而，失去了宗教支撐的迎神賽會就像失去了靈魂的人類。當賽會不再迎神時，其與本土文化的關聯也隨之切斷，文化基礎的喪失削弱了賽會作爲文化資源的吸引力。江南迎神賽會中最終未能發展出如里約熱內盧狂歡節、法國尼斯嘉年華等國際著名節事。

　　縱觀江南迎神賽會六百年間的變遷，上達朝廷下至官府的禁賽舉措向來不爲主導賽會興衰的決定因素。江南迎神賽會經歷明初、清初、太平天國戰爭、日本侵華戰爭四個衰落期，戰爭對社會秩序和社會經濟的破壞是賽會衰落的主因，戰爭之後承平日久、經濟復蘇，賽會亦再度復興「日盛一日」，此即傳統的延續。但這一延續並非簡單往復，明中期以來的商業變革改變了江南社會的組織形式，工商行會在這一時期迅猛發展。行會從興起到走向繁榮，逐漸成熟的過程中對迎神賽會的認識也不斷深化，經歷了崇奢、治生、逐利、商戰四個層次，此四個層次應和了迎神賽會經濟功能不斷深化的過程，最終促成了迎神賽會從單一民俗節慶向工商博覽會和旅遊節事的嬗變。可以說，商業化變革是明中後期以來江南迎神賽會變遷的總體趨勢，工商行會則是推進賽會商業化變革的主體力量。

徵引文獻

（一）方志文獻

1. 弘治《常熟縣志》,《四庫存目叢書》史部第 185 冊。
2. 正德《嘉興志補》,《四庫存目叢書》史部第 185 冊。
3. 崇禎《外岡志》,《中國地方志集成・鄉鎮志專輯》第 2 冊。
4. 康熙《仁和縣志》,《中國地方志集成・浙江府縣志輯》第 5 冊。
5. 嘉慶《重修揚州府志》,《中國地方志集成・江蘇府縣志輯》第 41、42 冊。
6. 乾隆《錫金識小錄》,《中國方志叢書・華中地方》第 426、427 冊。
7. 乾隆《濮鎮紀聞》,《中國地方志集成・鄉鎮志專輯》第 21 冊。
8. 乾隆《盛湖志》,《中國地方志集成・鄉鎮志專輯》第 11 冊。
9. 乾隆《沙頭里志》,《中國地方志集成・鄉鎮志專輯》第 8 冊。
10. 乾隆《外岡續志》,《中國地方志集成・鄉鎮志專輯》第 2 冊。
11. 嘉慶《朱涇志》,《中國地方志集成・鄉鎮志專輯》第 1 冊。
12. 嘉慶《貞豐里志》,《中國地方志集成・鄉鎮志專輯》第 6 冊。
13. 嘉慶《南翔鎮志》,《中國地方志集成・鄉鎮志專輯》第 3 冊。
14. 嘉慶《濮川所聞記》,《中國地方志集成・鄉鎮志專輯》第 21 冊。
15. 嘉慶《同里志》,《中國地方志集成・鄉鎮志專輯》第 12 冊。
16. 嘉慶《黎里志》,《中國地方志集成・鄉鎮志專輯》第 12 冊。
17. 道光《昆新兩縣志》,《中國地方志集成・江蘇府縣志輯》第 15 冊。
18. 道光《震澤鎮志》,《中國地方志集成・鄉鎮志專輯》第 13 冊。
19. 道光《璜涇志稿》,《中國地方志集成・鄉鎮志專輯》第 9 冊。
20. 道光《雙鳳里志》,《中國地方志集成・鄉鎮志專輯》第 9 冊。

21. 道光《塘灣鄉九十一圖里志》,《中國地方志集成·鄉鎮志專輯》第 1 冊。

22. 道光《梅里志》,《中國地方志集成·鄉鎮志專輯》第 10 冊。

23. 咸豐《黃渡鎮志》《中國地方志集成·鄉鎮志專輯》,第 3 冊。

24. 光緒《無錫金匱縣志》,《中國地方志集成·江蘇府縣志輯》24 冊。

25. 光緒《羅店鎮志》,《中國地方志集成·鄉鎮志專輯》第 4 冊。

26. 光緒《重輯楓涇小志》,《中國地方志集成·鄉鎮志專輯》第 2 冊。

27. 光緒《平望鎮志》,《中國地方志集成·鄉鎮志專輯》第 13 冊。

28. 光緒《盤龍鎮志》,《中國地方志集成·鄉鎮志專輯》第 2 冊。

29. 光緒《月浦志》,《中國地方志集成·鄉鎮志專輯》第 4 冊。

30. 宣統《信義志稿》,《中國地方志集成·鄉鎮志專輯》第 8 冊。

31. 民國《吳縣志》,《中國地方志集成·浙江府縣志輯》第 11、12 冊。

32. 民國《烏青鎮志》,《中國地方志集成·鄉鎮志專輯》第 23 冊。

33. 民國《濮院志》,《中國地方志集成·鄉鎮志專輯》第 21 冊。

34. 民國《南潯志》,《中國地方志集成·鄉鎮志專輯》第 8 冊。

35. 民國《巴溪志》,《中國地方志集成·鄉鎮志專輯》第 8 冊。

36. 民國《真如志》,《中國地方志集成·鄉鎮志專輯》第 3 冊。

37. 民國《璜涇志稿》《中國地方志集成·鄉鎮志專輯》第 9 冊。

38. 民國《雙林鎮志》,《中國地方志集成·鄉鎮志專輯》第 22 冊。

39. 民國《黃渡續志》《中國地方志集成·鄉鎮志專輯》第 3 冊。

40. 民國《張澤志》,《中國地方志集成·鄉鎮志專輯》第 1 冊。

41. 民國《元和唯亭志》,《中國地方志集成·鄉鎮志專輯》第 7 冊。

（二）其它文獻

1. （宋）李昉:《太平廣記》,《文淵閣四庫全書》第 1043～1046 冊。

2. （宋）吳自牧:《夢粱錄》,《東京夢華錄（外四種)》,中國商業出版社 1982 年版。

3. （宋）周密:《武林舊事》,《東京夢華錄（外四種)》,中國商業出版社 1982 年版。

4. （宋）費愷:《歲華紀麗譜》,《文淵閣四庫全書》第 530 冊。

5. （明）陶宗儀:《說郛》,《文淵閣四庫全書》第 876～882 冊。

6. （明）王稚登:《吳社編》,《筆記小說大觀》臺北新興書局 1970 年,第 4 編,第 6 冊。

7. （明）范濂:《雲間據目鈔》,《筆記小說大觀》第 7 冊,江蘇廣陵古籍刻印社 1984 年。

8. （明）應檟《大明律釋義》,《續修四庫全書》第 863 冊。

9. （明）陸楫:《蒹葭堂稿》,《續修四庫全書》第 1354 冊。

10. （明）楊循吉:《松壽堂集》,《四庫存目叢書》集部第 43 冊。

11. （明）張岱:《陶庵夢憶》,中華書局 2007 年版。

12. （清）湯斌:《湯子遺書》,《文淵閣四庫全書》第 1312 冊。

13. （清）田文鏡:《撫豫宣化錄》,《四庫存目叢書》史部 69 冊。

14. （清）徐菘:《宋會要》,《續修四庫全書》第 775～786 冊。

15. （清）錢泳:《履園叢話》,中華書局 2006 年版。

16. （清）徐珂:《清稗類鈔》,中華書局 1986 年。

17. （清）歐陽兆熊:《水窗春囈》,中華書局 2007 年版。

18. （清）顧公燮:《消夏閒記摘抄》,涵芬樓秘笈本。

19. （清）顧祿:《清嘉錄》,中華書局 2008 年版。

20. （清）顧祿:《桐橋倚棹錄》,中華書局 2008 年版。

21. （清）倪以埴:《斜塘竹枝詞》《中國風土志叢刊》,廣陵書社 2003 年,第 43 冊。

22. （清）裕謙:《裕忠節公遺書》,《中國近代史料叢刊》,臺北文海出版社 1966 年版,第 423 冊。

23. （清）吳敬梓:《儒林外史》人民文學出版社 2000 版。

24. （清）酌元亭主人:《照世杯》上海古籍出版社 1956 年版。

25. （清）顧震濤:《吳門表隱》,江蘇古籍出版社 1999 年版。

26. （清）袁景瀾:《吳郡歲華紀麗》,江蘇古籍出版社 1998 年版。

27. （清）范祖述:《杭俗遺風》,上海文藝出版社 1989 年版。

28. （清）潘宗鼎:《金陵歲時記》,南京出版社 2006 年版。

29. （清）賀長齡:《皇朝經世文編》,《中國近代史料叢刊》第 731 冊。

30. （民國）秦頌石:《錫山風土竹枝詞》第 8 頁,《中國風土志從刊》31 冊。

31. （民國）陳去病:《五石脂》江蘇古籍出版社 1999 年版。

32. （民國）胡樸安:《中國風俗》九州出版社 2007 年版。

33. 葉聖陶:《倪煥之》,人民文學出版社 1982 年版。

34. 茅盾:《茅盾全集》,人民文學出版社 1986 年版。

35. 顧頡剛:《妙峰山》,上海文藝出版社 1987 版。

36. 顧頡剛:《吳歌》江蘇古籍出版社 1999 年版。

37. 孫雲年:《江南感舊錄》,江蘇古籍出版社 2000 年版。

38. 乾隆《吳江王氏新譜》,上海圖書館藏,編號 005894。

39. 民國《顧氏世系表 同里顧氏世系表》，上海圖書館藏，編號：長 006053。

40. 《道光十年～同治十二年太子神會會簿》，南京大學歷史系藏，編 00015。

41. 《宣統二年關帝神會入股簿》，南京大學歷史系藏，編號 000268。

42. 《咸豐八年～同治四年黟縣清明會簿》，南京大學歷史系藏，編號 000120。

43. 《康熙祝會簿》、《康熙嘉慶祝會簿》，南京大學歷史系藏，編號 000111。

44. 《道光二十四年～道光三十年歲次甲辰吉立祝會簿》，南京大學歷史系藏，編號 000116。

45. 《方卿宣卷》，《中國宗教文獻集成 民間寶卷》第 19 冊。

46. 《申報》（1872～1949 年），上海書店影印本。

47. 《新盛澤》（1922～1925 年），吳江市檔案館藏。

48. 《新黎里》（1922～1923 年），吳江市檔案館藏。

49. 中國第一歷史檔案館編：《雍正朝漢文朱批奏摺彙編》，江蘇古籍出版社 1991 年版。

50. 丁世良、趙放編：《中國地方志民俗資料彙編》（華東卷），北京圖書館出版社 1989 年版。

51. 蘇州博物館、南京大學歷史系編：《明清蘇州工商業碑刻集》，江蘇人民出版社 1981 年。

52. 王國平、唐力行主編：《明清蘇州社會史碑刻集》，蘇州大學出版社 1998 年版。

53. 上海市博物館編：《上海碑刻資料選輯》上海人民出版社 1980 年版。

54. 江蘇博物館編：《江蘇省明清以來碑刻資料選集》，三聯書店 1959 年版。

55. 彭澤益編：《中國工商行會史料集》，中華書局 1995 年版。

56. 政協吳江市委員會文史資料委員會編：《吳江文史資料》第 3、7、11 輯。

57. 張偉等編：《上海老地圖》，上海畫報出版社 2001 年版。

（三）相關著作、論文

1. （美）E·A·羅斯：《社會控制》華夏出版社 1989 年版。

2. （美）道格拉斯·諾斯：《經濟史的結構與變遷》，上海三聯書店 1994 年版。

3. （日）澀谷裕子：《明清徽州農村的「會」組織》，《95 國際徽學學術討論會論文集》，安徽大學出版社 1997 年，第 151～158 頁。

4. （美）韓森的《變遷之神：南宋時期的民間信仰》，浙江人民出版社 1999 年版。

5. （日）田仲一成：《中國戲劇史》，北京廣播學院出版社 2002 年版。

6. （英）科大衛：《告別華南研究》，華南研究會編：《學步與超越：華南研究論文集》，香港：創造文化出版社 2005 年，第 9～30 頁。

7. （法）涂爾幹：《宗教生活的基本形式》，上海人民出版社 2006 年版。

8. （美）杜贊奇：《文化、權利與國家：1900～1942 年的華北農村》，江蘇人民出版社 2006 版。

9. （美）韋思諦編：《中國大眾宗教》，江蘇人民出版社 2006 版。

10. （美）韓書瑞：《北京妙峰山進香：宗教組織與聖地》，收入韋思諦編：《中國大眾宗教》，江蘇人民出版社 2006，第 224～266 頁。

11. （日）濱島敦俊：《明清江南農村社會與民間信仰》廈門大學出版社 2008 年版。

12. （英）王斯福：《帝國的隱喻》，江蘇人民出版社 2009 年版。

13. 費孝通：《江村經濟——中國農民的生活》，江蘇人民出版社 1986 年版。

14. 林美容：《從「祭祀圈」看草屯鎮的祭祀組織》，《中央研究院民族學研究所集刊》第 62 期，1986 年。

15. 林美容：《從祭祀圈到信仰圈：臺灣民間社會的地域構成與發展》，收入張炎憲編：《中國海洋發展史論文集》第 3 輯，臺北中央研究院三民主義研究所 1988 年。趙世瑜：《兩種不同的政治心態與明清胥吏的社會地位》，《政治學研究》1989 年第 1 期。

16. 李伯重：《簡論「江南地區」的界定》，《中國社會經濟史研究》1991 年第 1 期。車錫倫、周正良：《驅蝗神劉猛將的來歷和流變》，收入《中國民間文化》第五集《稻作文化與民間信仰調查》，學林出版社 1992 年，第 1～21 頁。

17. 范金民、夏維中：《蘇州地區社會經濟史（明清卷）》，南京大學出版社 1993 年。

18. 朱小田：《吳地廟會》南京大學出版社 1994 年版。

19. 范金民：《明清江南宗族義田的發展》，《中國史研究》1995 年第 3 期。

20. 蔣竹山：《湯斌毀五通神——清初政治菁英打擊通俗文化的個案》，《新史學》1995 年第 6 卷第 2 期。

21. 鄭振滿：《神廟祭典與社區發展模式——以莆田江口平原為例》，《史林》1995 年第 1 期。

22. 鄭力民：《徽州社屋的側面——以黟南孝女會田野個案為例》《江淮論壇》1995 年第 4、5 期。

23. 劉淼：《清代徽州的「會」與「會祭」——以祁門善和里程氏為中心》，《江淮論壇》1995 年第 4 期。

24. 吳建華：《湯斌毀「淫祠」事件》，《清史研究》1996 年第 1 期。

25. 蔣竹山：《宋至清代的國家與祠神信仰研究的回顧與討論》,《新史學》1997 年第 2 期。

26. 魏天安：《宋代行會制度史》,東方出版社 1997 年版。

27. 王銘銘：《社會人類學與中國研究》,三聯書店 1997 年版。

28. 范金民：《明清江南商業的發展》,南京大學出版社 1998 年版。

29. 陳春聲：《信仰空間與社區歷史的演變 —— 以樟林的神廟系統爲例》,《清史研究》1999 年第 3 期。

30. 莊英章：《林圯埔：一個臺灣市鎮的社會經濟發展史》,上海人民出版社 2000 年版。

31. 郭於華：《儀式與社會變遷》,社會科學出版社 2000 年版。

32. 梁其姿：《施善與教化 —— 明清的慈善組織》,河北教育出版社 2001 年版。

33. 鈔曉鴻：《近二十年來有關明清「奢靡」之風研究述評》,《中國史研究動態》2001 年第 10 期。

34. 哈恩忠：《乾隆初年整頓民風民俗史料》（上、下）,《歷史檔案》2001 年第 1、2 期。

35. 趙世瑜：《狂歡與日常 —— 明清以來的廟會與民間社會》,三聯書店 2002 年版。

36. 朱小田：《在神聖與凡俗之間：明清江南廟會論考》,人民出版社 2002 年版。

37. 賈二強：《唐宋民間信仰》福建人民出版社 2002 年。

38. 王健：《祀典、私祀與淫祀：明清時期蘇州地區民間信仰考察》,《史林》2002 年第 1 期。

39. 趙獻海：《明代毀「淫祠」現象淺析》,《東北師大學報》2002 年第 1 期。

40. 王振忠：《清代徽州民間的災害信仰及其相關習俗》,《清史研究》2002 年第 2 期。

41. 范熒：《上海民間信仰研究》,上海人民出版社 2002 年版。

42. 錢杭：《忠義傳說、祭祀圈與祭祀組織 —— 浙江省平陽縣滕蛟鎮薛氏忠訓廟的歷史與現實》,《史林》2002 年第 2 期。

43. 陳春聲：《「正統」神明的地方化與地域社會的構建 —— 潮州地區雙忠公崇拜的研究》,《韓山師範學院學報》,2003 年第 2 期。

44. 唐力行：《徽商與杭州汪王廟的變遷》,唐力行主編:《國家、地方、民眾的互動與社會變遷》,商務印書館 2004 年版。

45. 馬敏：《近代博覽會事業與科技、文化傳播》,《歷史研究》2004 年第 2 期。

46. 夏愛軍：《明清時期民間迎神賽會個案研究 ——〈祝聖會簿〉及其反映的

祝聖會》,《安徽史學》2004 年第 5 期。

47. 吳滔:《清代蘇州地區的村廟與鎮廟:從民間信仰透視城鄉關係》,《中國農史》2004 年第 2 期。

48. 樊樹志:《江南市鎮:傳統的變革》,復旦大學出版社 2005 年版。

49. 羅東陽:《從明代淫祠之禁看皇權、儒臣與民間社會》,《求是學刊》2006 年第 1 期。

50. 全漢昇:《中國行會制度史》,百花文藝出版社 2007 年版。

51. 唐力行:《蘇州與徽州——16～20 世紀兩地互動與社會變遷的比較研究》商務印書館 2007 年版。

52. 陳瑞:《明清時期徽州宗族祠堂的控制功能》,《中國社會經濟史研究》2007 年第 1 期。

53. 吳滔:《明清江南基層區劃的傳統與市鎮變遷——以蘇州地區為中心的考察》,《歷史研究》2007 年第 1 期。

54. 劉志偉:《道教傳統、士大夫文化與地方社會:宋明以來閩西四保鄒公崇拜研究》,《歷史研究》2007 年第 3 期。

55. 王健:《明清江南毀淫祠研究》,《社會科學》2007 年第 1 期。

56. 吳滔:《神廟界域與鄉村秩序的重組——吳江莊家圩廟的考察報告及其初步研究》,《民俗研究》2008 年第 2 期。

57. 車文明:《臺閣:一種古老而廣泛的表演藝術》,《文化遺產》2008 年第 2 期。

58. 巫仁恕:《品味奢華:晚明的消費社會與士大夫》,中華書局 2008 年版。

59. 朱海濱:《祭祀政策與民間信仰變遷——近世浙江民間信仰研究》,復旦大學出版社 2008 年版。

60. 徐毅:《江蘇釐金制度研究》,上海財經大學出版社 2009 年版。

61. 王健:《明清以來江南民間信仰中的廟界》,《史林》2009 年第 2 期。

附錄一：明清時期江南泰伯信仰的儒家化——以蘇、常二府爲中心的考察

摘　要

　　信仰儒家化是明清時期民間信仰中值得關注的一類特殊現象，它是指神靈在納入國家祀典後，其形象被改造成符合儒家道德標準的現象。江南民間對泰伯的祭祀和崇拜，最初只是最單純的先祖崇拜，與泰伯本人的德行無關。泰伯在民間作爲道德典範的神靈形象，主要是在明以後的民間信仰中，經過了儒家化的改造實現的。地方官府和地方士人是這一改造的推動力量，而地方士人又在其中發揮了主導作用。

關鍵詞：泰伯；民間信仰；儒家化

一、引 言

在宋元以後民間信仰的研究中，經常會出現「國家化」和「儒家化」兩個概念。「國家化」是指通過國家權力以制度化的方式將地方上有功於民的神靈納入祀典，並令全國各府州縣立廟遣官致祭的現象[1]。神靈國家化的典型是城隍。這一現象始於宋代，宋代商品經濟的發展使民間信仰日益多元化，爲加強社會控制，朝廷通過對神靈「賜額」、「賜號」的政策，將地方神靈納入國家祀典，以規範民間諸神。可以說，「國家化」是宋代朝廷應對民間信仰多元化而不得已採取的措施。

「儒家化」是指神靈在納入國家祀典後，其形象被改造爲符合儒家道德標準的現象。神靈儒家化的典型是關羽。「儒家化」始於何時，目前學界尚無定論。不過，大多數學者認爲它是明清時期民間信仰中値得關注的特殊現象，對它的研究，必將有助於學界從民間信仰的角度加深對明清社會特點的認識。有些學者雖不從事民間信仰研究，也從其他領域的研究中得出了儒家化或儒生化的結論，如梁其姿通過對明清醫療社會史的研究，認爲在地方社會的主導力量中，出現了一種儒生化的趨勢[2]5。正因如此，這一問題頗有學術研究價値，近年來備受關注。

當前對民間信仰的儒家化研究可概括爲兩種研究思路：一是以儒家化過程中的突出事件爲研究對象。研究者通過展現事件中的矛盾衝突，分析在儒家化過程中，朝廷、地方精英、民間社會三者之間的關係[3-4]。二是以某一神靈的儒家化過程爲研究對象。通過對神靈形象在不同時期變遷情況的考辨，探討儒家化過程與社會發展之間的關係。在第二種研究思路中需要解決的問題是，儒家化到底開始於何時，根源何在，究竟有哪些社會因素推動了儒家化[註1]。要對上述問題有所結論，僅有關羽信仰等少數個案研究是遠遠不夠的。本文試圖以江南的泰伯[註2]信仰爲研究個案，對上述問題進行相關論述。

[註1] 美國學者韓森的《變遷之神：南宋時期的民間信仰》通過對一個個區域神變遷經過的考察，分析神靈變遷的社會原因。日本學者濱島敦俊對城隍和總管神的研究，也力圖証明明清商業化對民間信仰變遷的影響。當前，大陸學者陳春聲、劉志偉等也一直在從事區域神的個案研究，以此探討神靈變遷與社會變遷之間的關係。不過，對民間信仰中儒家化現象進行研究的學者並不太多，且主要集中在對城隍、關羽、文昌、張巡等具有全國性影響的神靈的研究中。

[註2] 泰伯，也可寫爲太伯，本文依據（道光）《梅里志》和（光緒）《泰伯梅里志》

二、泰伯信仰的形成與儒家化

泰伯，周太王之子，周文王之父季歷的長兄，其事跡詳見於《史記·吳太伯世家》。《史記》記載：「太王欲立季歷以及昌，於是太伯、仲雍二人乃奔荊蠻，文身斷髮，示不可用，以避季歷……太伯之奔荊蠻，自號勾吳，荊蠻義之，從而歸之千餘家，立爲吳太伯。」

泰伯和仲雍既是吳國的創建者，也是吳文化的創始人，對他的祭祀與崇拜，在巫覡之風盛行的吳地源遠流長。明清時期的泰伯信仰主要集中在蘇州府和常州府的無錫縣，在常州府的其他地區，對吳人先祖的崇拜則主要表現爲對泰伯之弟仲雍和仲雍後代季札的祭祀。蘇州府泰伯廟有二：一處在吳縣閶門內，吳越時由閶門外移至閶門內；一處在元和縣唯亭鎮。常州府泰伯廟有三，皆在無錫縣境內：一處位於無錫惠山，一處位於城內婁巷，一處位於無錫縣梅里鄉。

史料中最早出現的泰伯廟始建於東漢，「蘇州至德廟在吳縣閶門外，漢永興二年，太守糜豹建於閶門外雁宕屯南」，廟的建立可界定爲泰伯信仰形成的標誌。當時，泰伯的後裔仍然可考，史料中詳細記載了朝廷賞賜泰伯第四十一世孫吳如勝的具體情況，由此可以推測，此時泰伯信仰應是吳地的一種較原始的先祖崇拜。

唐垂拱二年（686），宰相狄仁傑禁毀江南淫祠1700多處，僅存「夏禹、泰伯、季札、伍員」四祠，這樣，江南的泰伯信仰在國家權力的保護下，進一步延伸、拓展。值得注意的是，泰伯未被列入淫祠之列，並不是出於泰伯本人高尚的謙讓之德。因爲終唐之世，朝廷始終未確立儒家道德爲主流道德，而且唐人小說中作爲神的泰伯，其形象也與後世儒家所推崇的清心寡欲、淡泊名利的泰伯神相去甚遠。在唐人李玫的《纂異記》（《太平廣記》卷280《劉景復》條引《纂異記》）中有這樣一段關於泰伯信仰的記載：

> 吳泰伯廟，在東閶門之西，每春秋季，市肆皆率其黨，合牢醴，祈福於三讓王，多圖善馬綵輿女子以獻之，非其月，亦無虛日。乙丑春，有金銀行首糾合其徒，以綃畫美人，捧胡琴以從，其貌出於舊繪者，名美人爲勝兒，蓋戶牖墙壁會前後所獻者，無以匹也。（卷280）[5]

的寫法，在行文中寫爲泰伯。文中的引文按照原文寫法不做改動。

李玫筆下作為神的泰伯，其形象與歷史上的泰伯相去甚遠，這種區別唐人陸長源早已有過關注。《辨疑志》（陶宗儀《說郛》卷 23 下《泰伯》引《辨疑志》）云：

> 吳闔門外有泰伯廟，往來舟船求賽者常溢，泰伯廟東有一宅，中有塑像，云是泰伯三郎（泰伯長子），里人祭時，巫祝云：「若得福請為泰伯買牛造華蓋。」

陸對此現象頗為不解，又云：

> 其如泰伯輕天下以讓之，而適於勾吳，豈有顧一牛一蓋而為人致福哉！又按《泰伯傳》，泰伯無嗣，立弟仲雍，泰伯三郎，不知出何邪？（卷 23 下）[6]

通過李玫和陸長源的記載，不難發現，此時泰伯神的形象與明清時期神通廣大的五通神極其相似，他喜好善馬、綵輿、女子，完全不符合後世儒家對聖賢的界定[7] 163。至於泰伯之子三郎的記載，與泰伯「無子，立弟仲雍」的生平就更不符合了。

這樣看來，狄仁傑保存江南的泰伯信仰並不是基於泰伯本人的道德品行，而是考慮到泰伯信仰中的先祖崇拜因素。這也是泰伯與夏禹、季札、伍員三位得以保留的地方祠神區別於其他淫祠的共同之處。大禹治水疏通江南河道，季札是仲雍的後代也是吳人的先祖，伍員修築闔閭城為吳國的霸業鞠躬盡瘁，他們都在江南開發史上具有舉足輕重的地位。凡「有功於民者皆祀之」，狄仁傑對泰伯信仰的保護符合這一原則。

北宋元祐年間（1086～1093），朝廷賜額泰伯廟「至德」，此舉可看作是泰伯信仰國家化的開始，在未被賜額之前，泰伯信仰終究是民間的非正式的，儘管它未被列入民間淫祠，但它也不具備官方正祀的資格。在泰伯信仰得到了官方的認同後，泰伯的形象也悄然發生了變化。

> 隆興二歲（1164），天作淫雨，害於稼事，民不奠居。乾道改元，春二月，公（沈度，時任平江知府）飭躬齋跣走祠下而祈焉，神顧饗之即應。是歲麥以有秋，府從事請具蔬禮以謝。公曰：「不敢廢也，然何足以報萬分之一。」（曾幾：《重修至德廟記》，道光《梅里志》卷四[8]）

通過這一段南宋時期泰伯祭祀的記載，不難發現，此時泰伯神的形象較之唐代已發生了明顯的變化。他不再需要花費較多的牢禮，也不需要善馬、綵輿

和女子，他爲百姓謀福利，需要的只是簡單的素食果蔬而已，這與後世所界定的清心寡欲、淡泊名利的儒家先賢形象開始接近。但這一時期的泰伯信仰並不具有德化教育的功能，因此尚不能說此時的泰伯信仰已經儒家化了。

泰伯信仰儒家化的日趨明顯，泰伯作爲仁讓之君的聖賢形象在民間日益鮮明，應是在明朝建立後。明宣德五年（1430），蘇州知府況鐘鑒於當時訴訟之風不止，刑事案件急增，乃重修泰伯廟，廟成之日，應天巡撫周忱告誡百姓：

> 方泰伯之奔吳也，斷髮文身，示不可立，然荊蠻義之，從而歸之千餘家，遂端委以臨其民，是欲辭富貴而富貴隨之。及其後世，夫差狃於必勝，窮兵黷武，破越困齊，欲霸中土，卒之國亡身戮，妻子爲虜，是欲求富強而失其富強矣……爾民欲爲泰伯之讓乎，欲效夫差之爭乎？一則廟食萬世，一則貽譏千載，其得與失必有能辨之者。（周忱：《重修泰伯廟記》，道光《梅里志》卷 4 [8]）

周忱此言，將泰伯的謙讓與夫差的貪婪相對比，把兩者迥然不同的後世評價相對比，是爲了突出泰伯的謙讓之德，以讓德教化百姓。「讓」是溫、良、恭、儉、讓五德中的最高層次，此處周忱對泰伯「讓」德的推崇較之宋人沈度對泰伯「儉」德的推崇，更符合孔子對泰伯「至德也，三讓天下」的評價。可以說，泰伯信仰的儒家化在明中期已經開始了。

明中後期泰伯作爲儒家聖賢的地位進一步突出。萬曆四十八年（1620），泰伯廟內新修關帝廟，將泰伯與關羽並祀，將泰伯之「讓」與關羽之「忠」並舉，這是泰伯信仰進一步儒家化的體現。天啓三年（1623），高攀龍等人組織重修泰伯墓，高在《泰伯墓碑陰記》一文中說：

> 至德之聖，以天下讓者，在父子兄弟之間，則其文明可思也。嗟乎！古之聖人，以父子兄弟之間讓天下而不顧；世之人，乃不免簞食豆羹爭於父子兄弟之間而不恥。若是者，尚可稱錫之士，而過梅里之墟、皇山之麓乎？人人思而恥之，而父父子子兄兄弟弟，錫之文明甲於天下矣！（卷 4）[8]

文中高攀龍推崇泰伯爲文明之祖，強調人人若尊崇泰伯，以泰伯爲典範，則無錫可成爲甲於天下的文明之邦，這是明末泰伯信仰儒家化的又一例証。

清代對泰伯的儒家化改造，在延續明代政策的同時，借助了皇權的支持。康熙二十四年（1685），江蘇巡撫湯斌在江南一帶大規模禁毀五通淫祠推崇泰

伯信仰，進而推行江南一帶社會風俗的改革，他改革的堅強後盾正是康熙帝本人。康熙四十四年（1705），皇帝南巡至蘇州，御書「至德無名」四字於蘇州泰伯廟中，以示對泰伯的敬仰和推崇，帝王將孔子對泰伯的評價御書於廟中，此舉可看作是泰伯儒家化改造的高潮。

綜上所述，對泰伯儒家化的改造起於明盛於清，其規模和影響雖不如關帝信仰廣泛，但儒家化的進程從未停，且在不斷深化中。儒家化作爲神靈變遷過程中的一類特殊現象，其產生的原因值得我們進一步探討。

三、儒家化的推動力量

泰伯信仰儒家化的直接推動力量是地方官員和地方士人，他們共同推動儒家化，是基於共同的目的，即以泰伯信仰推動地方德化教育，改革社會風氣。

明朝建立後，儒家程朱理學一直是官方的指導思想，理學主張父父子子兄兄弟弟，嚴格遵守名分等級。謙讓之德是維護綱常禮教，化解社會矛盾的道德基礎，尤其是在明中後期世風日下、爭訟之風不止的社會環境中，謙讓之風更應提倡。泰伯作爲歷史上有名的謙讓之君，其謙讓之德若能借助於泰伯信仰在民間大力宣傳，這無疑有助於儒家道德主張在民間的傳播和社會風氣的改善。

前述周忱在重修泰伯廟時對百姓的告誡，突出地反映了他以泰伯信仰推動地方德化教育的目的。康熙二十四年（1685）巡撫湯斌毀五通立泰伯，也是基於德化教育的目的，湯斌是著名的理學家，他推崇泰伯，正是希望以泰伯的儉、讓之德教化百姓，遏止江南不良的淫奢之風。清初的江南無疑是全國商品經濟最爲發達的地區，社會財富的增加滋長了社會的爭訟之風、奢侈之風，當地盛行的五通神信仰又進一步助長了奢侈消費、相互攀比的社會心理。在這種社會環境中，通過影響廣泛且又符合儒家道德的民間信仰來教化百姓，這是地方官府所能採取的一種行之有效的教化措施。事實証明，這一措施確實在一定範圍內對部分地區的社會風氣產生了積極影響。就無錫地方而言，民風最純樸的地區，也正是泰伯信仰最興盛的梅里鄉和泰伯鄉，無錫方志關於各鄉民風有這樣的評論，「泰伯、垂慶、延祥、梅里四鄉民俗頗厚，景雲鄉之俗最雜，新安、開化二鄉民最輕佻」（卷30）[9]。

除地方官員外，地方士人是推動泰伯信仰儒家化的另一股力量。這些士人在儒家經典的耳濡目染中成長，飽讀四書五經，不少人以教化百姓、服務鄉里

為自己應盡的社會責任。明弘治十三年（1500），士人王鏊建議新任無錫知縣姜文魁重修泰伯廟，廟成後姜囑王撰文，王在廟記的末尾感嘆曰：「嗚呼，孰知世教日隳，兄弟爭立，父子相夷，我思至人，生也孔晚，無得而稱，其稱則遠」（王鏊：《重修泰伯廟碑記銘》，見道光《梅里志》卷 4 [8]）。明中後期無錫士人顧憲成、高攀龍在《重修泰伯墓碑記》和《泰伯墓碑陰記》中也都談到了自己的社會主張，即人人尊崇泰伯，以泰伯為典範，相互謙讓，和睦相處。這不僅是他們的道德主張，也是與他們同時代的儒家知識分子共同的道德主張。直至清代，士人仍然是泰伯廟修繕和維護的主要發起者，如清乾隆三十年（1765），無錫梅里泰伯廟的修繕就是由地方生員蔡鶴齡等發起組織的。

官府與士人的相互合作，屢見於歷代泰伯廟的修繕過程中。我們以無錫泰伯廟和泰伯墓為例，無錫泰伯廟共有三處，即梅里廟、婁巷廟、惠山至德祠，其中梅里廟最古，相傳建於東漢永興二年（154），婁巷廟建於明初洪武十年（1377），惠山祠建於清乾隆三十年（1765）。三廟中以梅里廟影響最大，修繕次數最多，明初至清中期共有過七次大規模的修繕。

梅里泰伯廟的首次修繕在明弘治十三年（1500），修繕的建議者王鏊詳細記錄了整個修繕過程：「弘治十一年（1498）南昌姜文魁來知無錫，予曰：『邑有聖人之廟而蕪焉，令之恥也。』姜曰：『諾，甫下車則議復之，且捐俸倡民。』於是富者輸財，壯者效力，期年而成」（王鏊：《重修泰伯廟碑記銘》[8]）。具體負責修繕工程的是里中士人蔡孚、蔡濟兄弟，由二人董其事，向里中富人募集修繕資金 1500 兩白銀。蔡孚、華以正各施田五畝為廟基地，加之原來廟基田三畝五分，共有廟基田一十三畝。修繕竣工後，從耆老華嵩等的建議，請在丹陽東嶽廟出家的道士許元善（華用明弟子）居之以奉香火，此後梅里泰伯廟一直由道士主持日常事務。為維持道士的基本生活和祠廟的日常開支，蔡孚之弟蔡濟又捐自種田二十三畝為道士贍田（又稱為香火田），錢榮捐近廟基田十畝為道士贍田，鄒顯之命其子捐租田十畝為贍田（錢榮：《泰伯廟贍田記略》，見道光《梅里志》卷 2 附[8]）。

我們仔細梳理整個修繕過程後，可以發現這次大規模的修繕，從建議的提出到工程的組織、廟碑的撰寫，直至後來祠廟祀田的捐贈和祠廟的維護，先後有王鏊、蔡孚、蔡濟、華以正、錢榮[註3]五位士人參與其中。

〔註 3〕錢榮，字世恩，弘治六年進士，官至戶部郎中。蔡孚，字信之，官蘇州衛指揮使。參見（光緒）《無錫金匱縣志》卷 19《宦望》，卷 24《孝友》。

　　士人不僅負責泰伯廟的修繕工作，還利用自身的名望，爲泰伯廟爭取和維護政治上和經濟上的特權。梅里泰伯廟自弘治十三年（1500）重修後，廟祀田（包括廟基田和香火田）一直享有免交賦稅的特權。康熙三十七年（1698）後，由於無錫知縣李繼善將祀田復報升科，祀田被迫完納夏稅秋糧，由此造成祠廟經濟收入銳減，甚至無以維持日常開支的局面。爲解決泰伯廟面臨的困境，康熙五十七年（1718），貢監生朱憲枝邀集蔡鶴齡等九名生員，將此事具呈撫院，請求重免泰伯廟祀田稅糧，撫院經覆查核實，令新任知縣章頤援舊例免稅糧。此後，泰伯廟祀田的優免賦稅權再未被剝奪過（章頤：《復免糧碑》，見道光《梅里志》卷二附[8]）。

　　清初小說家吳敬梓在《儒林外史》中曾描繪過這樣一個場景：主人翁杜少卿邀集若干地方名士在南京重修先賢祠，供奉泰伯等四十二位儒家先賢（第37回）[10]。這一描述絕非空穴來風，無憑無據，作爲諷刺小說的《儒林外史》，其創作應是有一定現實依據的。文中的主人翁正是一位飽讀儒家經典的士人，可以說士人實質上是推動泰伯信仰儒家化的主導力量。

四、泰伯信仰儒家化成功的社會原因

　　由地方官和地方士人共同推進的泰伯信仰儒家化在清代達到高潮。在民間，泰伯作爲儒家先賢的形象，早已深入民心。儒家化起於明盛於清，得以成功的原因很多，正如學界分析湯斌禁毀五通淫祠取得成功的原因一樣，清代皇權的有力支持是儒家化成功的重要原因之一。除此以外，筆者認爲還有兩點原因也值得分析探討：一是儒家化融合了民間道教文化傳統；二是儒家化結合了鄉土觀念。現分別論述：

1. 儒家化與道教文化傳統的融合

　　提到民間信仰，不能不談道教文化傳統對民間信仰的影響。中國的道教是一個不斷創造鬼神又不斷從內部自我更新的宗教，而儒家卻向來主張「敬鬼神而遠之」。那麼，對泰伯的儒家化改造，在強調泰伯作爲道德典範的同時，是否會削弱神靈自身的神性呢？筆者認爲，由於儒家化融合了當地的道教文化傳統，因此儒家化改造並未削弱神靈本身的神應性。關於融合，有兩點例證：一是泰伯生辰與道教玉帝生辰同日，都定於農曆正月初九（卷1）[11]，而眾所周知，泰伯究竟生於何時，早已是無從稽考之事，此爲融合例證之一；

其二，道士自明弘治年間起直至民國，一直任泰伯廟住持。這些道士不僅負責祠廟日常祭祀活動，而且具有捉鬼的無窮法力，早在清乾隆年間，梅里泰伯廟道士就因擅長捉鬼遠近聞名[12] 37-39。道士捉鬼，這一行為明顯是對儒家「敬鬼神而遠之」原則的違背，可它卻在梅里的泰伯廟中延續了幾百年，這反映了民間信仰中儒家文化與道教文化的相互融合，甚至可以說，在捉鬼這一問題上，儒對道做出了妥協和讓步。

有關神靈儒家化過程中，儒家文化與道教文化相互吸收和融合的現象，也可以從其他地區民間信仰的個案研究中得到佐証[13]。筆者認為悠遠的先祖崇拜是泰伯信仰中儒道結合的紐帶，吳人對先祖的崇敬之情使他們不僅願意賦予泰伯強大的神力，而且倍加推崇他高尚的道德。

2. 儒家化與鄉土觀念相結合

明清時期是無錫商品經濟發展迅速的時期，明末無錫的米市早已遠近聞名。清雍正年間，無錫劃為無錫、金匱二縣，也正反映了無錫地區經濟發展、人口增加的事實。經濟的發展使無錫人的家鄉自豪感增強，而此時的無錫就其行政級別而言，僅是常州府管轄範圍內的縣級行政區，無錫人迫切希望提高家鄉的知名度和影響力。無錫梅里是吳國故都，是泰伯最早的定居之地，提高梅里泰伯廟和鴻山泰伯墓的文化地位，不僅有助於提升無錫的文化地位，而且能夠在一定程度上滿足無錫人的家鄉榮耀感。因而，這一主張在地方士人的文字中多次提及。

早在萬曆年間，顧憲成就強調「泰伯之祀於吳宜隆，而錫為甚」。略晚於顧憲成的高攀龍則將顧的主張闡釋得更為具體：

> 則是至德之聖，讓天下而逃，不之於名山大川，不之於長林、浚谷，而之於荊。其之於荊也，不之於三江、五湖，不之於幽岩、絕壑，而之於吾錫之決莽平墟，豈其無故耶？況乎臨於平墟，墓於茲山，相去不數里而近，若其有擇於茲者，又豈其無故耶？錫之士可思也。夫文明者，非文辭藻繢之工已也。（卷4）[8]

高攀龍從泰伯讓天下而逃，擇無錫而居說開去，談無錫作為文明禮儀之邦的根基是此地與泰伯深厚的歷史淵源。顧、高二人巧妙地將泰伯信仰儒家化與地方文化建設相結合，使儒家化改造成功借助了鄉土觀念在地域社會的凝聚力。

直至清代，無錫人仍然在為無錫泰伯廟和泰伯墓爭取更高的文化地位。

刊刻於道光年間的《梅里志》，對康熙皇帝爲蘇州泰伯廟題詞一事，這樣記載：「聖駕南巡駐蹕蘇州，御書『至德無名』四字鐫之蘇城泰伯廟中，而泰伯故都在錫，廟亦當以錫者爲主。」地方志的編纂者認爲無錫泰伯廟地位應高於蘇州泰伯廟的觀點，與顧憲成「泰伯之祀於吳宜隆，而錫爲甚」的主張是一致的。

儒家化與鄉土觀念的結合，還表現在儒家化並未衝擊泰伯在民間的社神形象，直至清末，在梅里泰伯廟中，仍然保存著一間古吳社廟。每年正月九日的泰伯廟會是無錫農村廟會之始，也是無錫農村規模最大的農業生產工具交流會。在蘇州唯亭鎮，泰伯一直是唯亭鎮的社神，民間俗稱「三讓王」，當地讓王解餉糧的習俗一直持續到清末（卷 3）[14]。

五、結　語

民間信仰屬於人的意識範疇，它是意識對現實世界的折射和反映。正如每個歷史時期均有其自身的特點，民間信仰在不同的發展時期也呈現出不同的特徵，「儒家化」則是明清時期民間信仰變遷中的一類特殊現象。

泰伯信仰的儒家化始於明、盛於清，其產生的社會根源是商品經濟發展所帶來的社會風氣的變化。在世風日下，奢侈之風、攀比之風、爭訟之風不止的社會環境中，出於改革社會風氣的需要，地方官員和地方士人相互合作，共同推進了泰伯信仰的儒家化。他們嘗試借助泰伯信仰在民間的廣泛影響，來宣揚泰伯的謙讓之德，以此抵制攀比心理和自私心理所帶來的奢侈、爭訟等不良風氣。在這一過程中，地方士人發揮了主導作用，他們不僅負責了祠廟和祠墓的修繕工作，並且一直關注著祠廟和祠墓的維護和管理。泰伯信仰儒家化得以成功的原因在於，它不僅借助了強有力的皇權，而且借助了道教文化傳統廣泛的影響力和鄉土觀念在地域社會的凝聚力。

參考文獻

〔1〕蔣竹山，宋至清代的國家與祠神信仰研究回顧與討論〔J〕，新史學，1997，8（2）。

〔2〕梁其姿，施善與教化——明清的慈善組織〔M〕，石家莊：河北教育出版社，2001。

〔3〕蔣竹山，湯斌禁毀五通神——清初政治精英打擊通俗文化的個案〔J〕，新史學，1995，6（2）。

〔4〕吳建華，湯斌毀淫祠事件〔J〕，清史研究，1996（1）。

〔5〕李昉，太平廣記〔M〕，北京：中華書局，1961。

〔6〕陶宗儀，説郛〔M〕，四庫全書本。

〔7〕賈二強，唐宋民間信仰〔M〕，福州：福建人民出版社，2002。

〔8〕（道光）梅里志〔M〕//中國地方志集成。鄉鎮志專輯（10），南京：江蘇古籍出版社，1992。

〔9〕（光緒）無錫金匱縣志〔M〕//中國地方志集成。江蘇府縣志輯（24），南京：江蘇古籍出版社，1991。

〔10〕吳敬梓，儒林外史〔M〕，北京：人民文學出版社，2000。

〔11〕黃印，錫金識小錄〔M〕，南京大學圖書館藏光緒丙申年版。

〔12〕孫云年，江南感舊錄〔M〕，南京：江蘇古籍出版社，2000。

〔13〕劉永華，道教傳統、士大夫文化與地方社會：宋明以來閩西四保鄒公崇拜研究〔J〕，歷史研究，2007（3）。

〔14〕（民國）元和唯亭志〔M〕//中國地方志集成。鄉鎮志專輯（7），南京：江蘇古籍出版社，1992。

附錄二：明清迎神賽會屢禁不止與 商業化——以江南迎神賽會 經濟功能爲中心的探討

摘　要

　　明清時期，迎神賽會屢禁不止的原因很多，經濟原因卻是不可或缺的因素之一。16 世紀開始的商業化促進了迎神賽會經濟功能的深化，主要表現爲：迎神賽會的市場功能不斷強化，就業功能被廣泛認可。市場功能的強化保証了商人對賽會的持續捐助，穩定了賽會的資金來源；就業功能被部分士人認可，並最終得到乾隆帝的承認，促成了乾隆朝「寬禁」政策的出臺。由此，迎神賽會屢禁不止的現象演變爲朝廷弛禁賽會的局面，反映了朝廷對民間社會思想控制的削弱。

關鍵詞：迎神賽會；商業化；明清經濟史；民間社會思想

　　迎神賽會由民間「社祭」習俗發展而來，興起於北宋，明朝洪武年間遭禁，成化年間復興〔註1〕。自明嘉靖以降迎神賽會之風日趨興盛，到清乾隆年間臻於鼎盛，其間雖有地方官員以「耗業費財」、「招盜興賭」爲由，屢次頒布相關禁約、禁令，試圖嚴加控制，但民間賽會之風仍屢禁而不止。

　　對上述現象，目前學界多從社會控制的角度展開論述，並往往把它歸併於「淫祠」興衰現象中進行考察。在總結「淫祠」興衰規律時，多數學者認爲「淫祠」發展隨王朝興衰呈現周期性的特點，即王朝興盛則社會控制加強，「淫祠」相應衰落，反之亦然〔註2〕。然而，筆者認爲，這一結論並不完全適用於明清時期的迎神賽會。明清時期賽會之風屢禁不止，確實在一定程度上反映了朝廷對民間社會控制的削弱，但此種狀況的產生並不僅僅因於王朝的興亡更迭，更與 16 世紀以來的商業化〔註3〕變革有關。本文試圖從迎神賽會經濟功能變遷的角度，考察賽會持續興盛與商業化之間的關係，並進而探討社會變遷與社會控制之間的關係。

一、迎神賽會的興盛與商人階層

　　迎神賽會在儀式上有「座會」、「巡會」之分。「座會」是定點性賽會，以祠廟爲中心，「巡會」是活動性賽會，以「舁神出巡」爲特點。到清末時，「巡會」形式已相當普及，以至《清稗類鈔》以「巡會」的特點概括賽會：「具儀仗雜戲迎神，以興舁之出巡，曰賽會，各省皆有之。」 [1] （迷信類·賽會條，P.467）其實，「巡會」在明中期才開始出現在賽會活動之中，其廣泛盛行得益於商人階層的積極推動。

〔註1〕 明中期以後，迎神賽會中的舁神儀式逐漸滲透到本與祠神信仰無關的節令賽會中，民間的重大節慶如元宵、清明、端午、中秋、重陽等都有迎神賽會化的趨勢。迎神賽會與節令賽會之間的界限日趨模糊，二者的含義也漸趨一致。

〔註2〕 趙獻海：《明代毀「淫祠」現象淺析》，《東北師範大學學報》2002 年第 1 期；羅冬陽：《從明代淫祠之禁看皇權、儒臣與民間社會》，《求是學刊》2006 年第 1 期；蔣竹山：《湯斌毀五通神──清初政治菁英打擊通俗文化的個案》，《新史學》第 6 卷第 2 期，1995 年 6 月。有關「淫祠」現象及其相關問題的研究概況，可參見蔣竹山和王健二人的綜述。

〔註3〕 「商業化」是指 16、17 世紀發生的社會經濟的巨變，在經濟上主要表現爲商品經濟的發展，在社會結構方面，則表現爲士商之間的互動。相關論述，可參閱濱島敦俊《明清江南農村社會與民間信仰》，廈門大學出版社 2008 年版，第 170 頁。

明代迎神賽會在洪武年間遭禁後，於成化末年復興。據《仁和縣志》記載：「迎神賽會乃是敝俗，而仁和此俗肇於褚塘。成化末年，其里有魯姓者，素性機巧，好爲美觀。時值承平，地方富庶，乃倡議曰：『七月二十三日乃是褚侯降生，理宜立會，以伸慶祝。』乃糾率一方富豪子弟，各出己資，妝飾各樣臺閣及諸社伙，次第排列、道以鼓樂，通衢迎展，傾城內外居民聞風往觀，如此者兩年，歆動他境子弟，轉相效尤。」[2]（卷二十七《紀事》，P.527）文中的「褚侯」，正是絲織業所奉之機神，「相傳爲褚遂良九世孫也……先家居廣陵，傳得織綾錦法，歸居故里，業益以精，迄今環里之人，善織綾錦，自神始也」[2]（卷十四《壇廟》，P.289）。魯姓者既「素性機巧」又「好爲美觀」，很可能就是一位以絲織業致富的機戶。賽會舉行時「道以鼓樂，通衢迎展」，明顯採取的是「舁神出巡」的「巡會」形式。這一形式出現後，不僅在褚塘盛行不衰，而且「歆動他境子弟，轉相效尤」，其迅速流行的原因恐怕是，流動的「巡會」比定點的「座會」更能滿足「魯姓者」等富裕的工商業者和富豪子弟們炫富、耀富的心理。

到嘉靖以後，商人捐助賽會的現象已十分普遍。例如，蘇州「五方賢聖會」是當時最奢靡的賽會之一，每一舉行則「會所集處，富人有力者，捐金穀，借乘騎，出珍異，倩伎樂，命工徒雕朱刻粉，以主其事」[3]（P.4041）。又如，無錫的「府城隍廟賽會」熱鬧非凡，有賴於該地「北塘商賈所集，出資易也」[4]（卷一《備參上》「補訂節序」條，P.87）。入清後，商人對賽會的捐助進一步常規化，由單個商人的自發捐助，轉變爲以行業名義的集體捐資。在無錫，府城隍廟由「米行祝氏主之」[4]（卷十一《紀異》「府城隍受戒」條，P.764）；在南京，徽州木商捐助上新河燈會和都天會已成爲每年的慣例[5]（「龍燈」條，P.18）；在吳江盛澤，迎神賽會上的捐閣、臺閣都由綢行、絲行、領戶出資認派[6]（P.140）。

筆者認爲，商人對賽會捐助的常規化起因於商人對賽會經濟功能認識的加深，具體說來有如下幾點：

（1）商人以行業名義進行捐助，無疑有擴大行業影響的目的。《金陵歲時記》與《白下瑣言》中，都記載了徽州木商捐助南京上新河燈會的事例，說明徽州木業捐助燈會的行爲已取得了廣泛的社會影響。其次，商人捐資賽會，也有宣傳商品的意圖。尤其在江南地區，商人利用賽會推銷商品的情況已較爲普遍，民間俗語中所說的「硤石巧，濮院寶」、「忙做忙，莫忘朱涇賽城隍」等正是這一情狀的眞實寫照。清代吳江「佑聖會」和濮院「珠寶會」

都以「碎剪錦綺」著稱，當地借賽會之機大力推銷本地特色絲綢商品，所以直至清末，吳江盛澤鎮迎神賽會上的捐閣、臺閣還由綢行、絲行、領戶出資認派。朱涇賽會時，上下塘「賭出擡閣」，以「指粗鐵柱棗小兒於上」，宣傳的是本鎮的冶鐵技術。據《朱涇志》記載，「擡閣鐵柱，獨屬朱涇，粗笨不賴觀，細巧則易折，全在鍛煉時候，不剛不柔，火候恰好也，他處勝會，必邀朱涇工匠爲之」[7]（卷一《疆域志·物產》，P.993）。可見朱涇冶鐵技藝遠勝他處，舉行賽會正是對此項技術的顯示宣揚。從經濟學的角度來看，此類行爲無疑已帶有廣告宣傳的策略意味。

（2）商人往往借賽會加強行業間的監督和行業內部的聯繫，達到行業資源的整合，這也是其樂於長期捐助賽會的重要原因。例如，蘇州府城隍廟賽會每一舉行，則「郡中市肆，懸旌入行，聚規、罰規，皆在廟臺擊牲演劇，香火之盛，十百於他神祠」[8]（P.86）。可見，賽會在演出娛眾的同時，也發揮著行業監督和行業認同的功能。再以絲織業市鎮濮院爲例：「乾隆二十八年（1763 年）里人創設一釐會，即機戶賣綢一匹，綢行與接收合捐用錢一文，勸著綢每匹合捐二文，有司事者共同經理，其所買綢數有煉坊簿籍可稽，萬無遺漏。觀工之外，凡遇寺廟工作，至今無不取給於是。」[9]（卷二《寺觀》，P.232）這種由商人自行管理賽會資金的做法，改變了過去通過捐助寺廟，由廟祝來進行管理的模式。不僅有效防止廟祝侵吞廟產，保証了賽會資金來源的穩定，更重要的是便利了綢行與領行之間的相互監督。因「其所買綢數有煉坊簿籍可稽，萬無遺漏」，綢行與領行得以借助「一釐會」了解彼此之間的經營狀況，規範市場競爭。在加強行業間相互監督的同時，同一行業內也借助賽會密切聯繫以提高市場競爭力。如吳江震澤鎮「雙楊會」，每十年舉行一次，由震澤及南潯兩地絲業公所共同籌款集資[6]，兩地絲織業同行則以此爲契機，加強彼此之間的商業往來。

趙世瑜認爲，江南廟會「較少華北、西北、甚至西南地區那種商業貿易、物資交流大會的性質」，「遺存至今的江南或華南廟會這（商貿）方面的色彩也遠不如遊神活動」[10]（PP.218、218）。實際上，江南賽會的市場功能同樣極爲突出。其市場功能，並不單一表現爲商品交換的初級功能，更體現爲商品信息溝通、行業資源整合等更高層次的功能。濮院鎮的絲市交易，起初「設市翔雲觀，後則聚集大街，所謂永樂市也，日中爲市，接領踵門，近年在綢行收買，不集大街矣」。絲市交易地點的變化反映了交易量不斷擴大的事實。因

此,絲商在「一釐會」成立後即在翔雲觀中「添設戲臺、神像,及真武行宮、財神九天等殿」[9]（卷二《寺觀》,PP.224、232）。這樣,酬神演戲的賽會活動兼具了商品信息溝通與行業資源整合的功能。

（3）中小商人通過賽會可直接牟利,因而往往自覺維護和推動賽會活動的舉行。在江南賽會的市場功能逐步深化的同時,其最初的商品交易功能仍然在香市中保留下來。有關江南香市的研究,朱小田,范金民已有相關論著[6]（PP.129~174）[11]（PP.147~151）,此處無須贅述,僅就香市的利潤情況略陳一二。香市於中小商販而言是高利潤的市場形式。如蘇州虎丘香市中的耍貨,雖然只是兒童玩具,銷量卻很大,不僅在本地暢銷,而且吸引了不少外地客商前來訂貨[12]（卷十一《工作》,P.383）。又如重污染的染坊業在虎丘一帶多次遭禁[13]（P.71）,說明當地居民已充分認識到香市的利潤,不惜限制染坊的發展以維護山塘風光,吸引更多的遊人。

綜上所述,賽會的持續興盛歸因於賽會市場功能的不斷深化。富商大賈借賽會之機宣傳商品,加強行業之間的相互監督與行業內部的聯繫。中小商販視賽會為難得的商機,趁機兜售商品,獲取數倍於往日的利潤。富商大賈對賽會的持續捐助,中小商販對賽會的青睞,其最終的目的都是為了「利」。批評者言賽會「廢業耗財」、「虛靡無度」,殊不知賽會蘊含著巨大的經濟利益。明中期以來商人對賽會經濟功能的認識,從最初的炫耀財富、兜售商品,逐漸發展出宣傳產品、溝通信息、整合資源、規範市場等認識,說明賽會市場功能的深化滿足了商品經濟持續發展的需要。賽會也因商人的持續捐資成為江南奢靡風氣的文化象徵,客觀上推動了商人價值觀念在民間的傳播和影響。商人價值觀念的傳播又進而改變了士人對待奢靡的態度[註4]。

二、士人反「禁賽」的主張與行為

士人是社會的精英階層和儒家價值觀的維護者,其觀點不僅代表社會的正統輿論,也影響著朝廷的決策與施政。從南宋理學家陳淳開始,士人一直

〔註4〕學界有關「崇奢論」的研究,名家輩出,成果豐碩。前輩學者傅衣凌、楊聯陞揭示了商業發展與「崇奢論」產生的關係;余英時從價值觀的角度,探討商人價值觀念對「崇奢論」產生的影響。樊樹志的研究最早涉及迎神賽會中的奢靡之風與市鎮經濟間的關係。近來的研究則倡導對儒生階層「奢靡」觀念的考察。參見鈔曉鴻《近二十年來有關明清「奢靡」之風研究述評》,《中國史研究動態》2001年第10期。

是毀淫祠、禁賽會的積極倡導者。相比於宋人對賽會的批判集中於「僭越禮制」，明清士人則集中在「耗財誤業，招盜興賭」等方面，從財富積累的角度批判賽會，這本身也反映了商業化對經濟思想的影響。

不過，在尖銳的批判之外，士人中出現了反對貿然「禁賽」的呼聲，這一點更值得引起重視。嘉靖年間人陸楫在《蒹葭堂雜著摘鈔》中說：「只以蘇杭之湖山言之：其居人按時而遊，遊必畫舫、肩輿、珍饈良醞，歌舞而行。可謂奢矣。而不知輿夫、舟子、歌童、舞妓仰湖山而待爨者，不知其幾。故曰：『彼有所損，則此有所益。』」[14]（卷六《雜著》，P.640）這段文字乃學界研究「崇奢」思想的經典史料。文中陸氏以「彼有所損，則此有所益」的辯証觀點肯定了山林冶遊的經濟功能，雖然行文中並沒有提及賽會二字，但「居人按時而遊」的活動中，無疑包括了豪民富賈借佛遊春、酬神演劇的賽會活動。

「崇奢」儘管沒有成爲當時社會思想的主流，也沒有被統治者接受，但其思想脈絡卻一直延續下來。乾隆時人顧公燮論蘇州風俗時說：「即以吾蘇郡而論，洋貨、皮貨、衣飾、金玉、珠寶、參藥諸舖，戲園、遊船、酒肆、茶座如山如林，不知幾千萬人。有千萬人之奢華，即有千萬人之生理。若欲變千萬人之奢華而返於淳，必將使千萬人之生理亦幾於絕。」[15]（卷上「蘇俗奢靡」條，P.27）戲園、遊船、酒肆、茶座的生計雖不完全依賴於賽會活動，但其經營狀況的好壞，無疑與賽會的興盛與否有著密切的聯繫。顧公燮在另一段文字中將這種關係揭示得更加透徹：「昔日陳文恭公宏謀撫吳，禁婦女入寺燒香，三春遊屐寥寥，則輿夫、舟子、肩挑之輩，無以謀生，物議嘩然，由是弛禁。」[註5]道光時人袁景瀾記錄蘇州風俗，在描述端午龍舟賽會時也說：「夫其繁費無度，作爲無益，固非敦本崇模之道。顧吳俗華靡，而貧民謀食獨易。彼其揮霍縱恣，凡執纖悉之業，待以舉炊，而終歲無凍餒者比比也，此貧富相資之一端，爲政者，迨不可執迂遠之見，以返古而戾俗也。」[15]（卷五，P.179）袁景瀾的觀點在儒生中頗具代表性。袁氏記錄蘇州風俗本以「崇儉抑奢」、「敦本崇模」爲目的，然而在對賽會現象進行細緻的觀察後，卻不得不承認賽會具有「貧富相資」的經濟功能，因而主張「爲政者，迨不可執迂遠之見，以

〔註5〕錢泳《履園叢話》卷一《安頓窮人》與顧公燮《消夏閒記摘鈔》卷上《撫藩禁燒香演劇》文字雷同。顧氏之書早在乾隆五十年已付梓刊刻，而錢泳在乾隆五十九年時才到蘇州，很有可能是在這一時期讀到此書，而將其摘錄其中有關同一事件的記載，出現在不同的文獻中，可見此事在當時必定引起諸多士人的關注。

返古而戾俗也」。袁景瀾和顧公燮都是熱心地方事務的儒生，他們的反「禁賽」主張，明顯是受「崇奢」思想的影響，其中「貧富相資」的觀點，是他們反對「禁賽」的道德依據。

如果說，商人是從商業利潤的角度認識賽會的經濟功能，士人則是從解決生計的角度來認識賽會。表面看來，二者的觀點各執一端，前者看重個人私利，後者則強調「貧富相濟」。其實不然，「貧富相濟」既然肯定了貧富分化的事實，也就相應肯定了貧富分化的前提——追逐財富的合理性。在經濟狀況不斷惡化的情形之下，儒生也把自身生計和賽會活動聯繫起來，以賽會作為解決生計的手段之一，甚至聯合商人、廟祝經營組織賽會。可惜有關儒生直接參與賽會的記載並不多見，即使是在相關的記載中，儒生的行為也是作為被批評和指責的對象而記載下來的。試舉三例：

（1）乾隆年間，青浦縣金澤鎮有陳三姑娘廟「地方有庠生楊姓者，為廟中護法，與僧朋比剖分……（後）徐某與楊姓爭利，互控松江府」[17]（卷十五「陳三姑娘」條，P.417）。

（2）乾隆年間，常熟虞山盛行「划倒船」的賽會活動，南北船中所奉之神為張巡手下將官南霽雲，也有記載為張士誠部將，「然其所稱『南府』、『北府』者皆無廟祀，借民房為居，言神愛其家，居住其家，必發大財[17]（卷十五「划倒船」條，P.416）」，「儒學斗食范某，素奉是神，具鹵簿儀仗，在櫺星門前，喧闐徹晝夜，諸生詣范譙責，范辭不遜」[18]。

（3）光緒六年（1880年），黃渡鎮賽龍舟會，「里人李宸鳳募資建西市綠龍舟，明年南鎮饒天順等募資建白龍舟，東市譚某等亦募資建青龍舟，鉦鼓甚盛」[19]（卷二《風俗》、卷五《人物》，PP.765、772）。

第一例中，楊生與廟僧合作，共享廟中香火利潤。廟中僧人聘請楊生為護法，看中的是他「庠生」的身份還有能說會道的能力，能夠為寺廟吸引更多的香客。楊生的做法與士大夫寫墓誌銘索取潤筆費的做法，在經濟性質上其實並無差異。第二例中，范生不惜遭人唾罵，也要將神請到櫺星門前，可見其改變經濟狀況的願望之強烈。在最後一例中，黃渡賽會的籌劃者李宸鳳是當地的一位儒生，其與南鎮、東市商人共同籌辦龍舟賽會的原因，很可能是為打破鎮北重固鎮猛將賽會對香市利潤的壟斷[註6]。從上述三則生員組織

────────────

〔註6〕據（咸豐）《黃渡鎮志》卷二《風俗》記載：「猛將廟在重固鎮，為鄉人報賽之所。八月十八前後數日，遠近燒香者爭趨之，田家器用畢聚成市……遇歲

賽會的事例來看，賽會所帶來的經濟利益，是儒生階層參與賽會最重要的現實原因。

當部分儒生從道德層面和利益層面都開始認同賽會的經濟功能時，反「禁賽」的言論也極易發展爲反「禁賽」的輿論，進而阻止地方官府「禁賽」措施的推行。即使位高權重的封疆大吏也不得不屈從於輿論壓力。「昔湯文正公撫吳，以酒船耗費民財，將欲禁之，或言此小民生計乃止」〔註7〕，「昔陳文恭公宏謀撫吳，禁婦女入寺燒香，三春遊屐寥寥，則輿夫、舟子、肩挑之輩，無以謀生，物議嘩然，由是弛禁。」「或言」、「物議嘩然」說明反對「禁賽」者絕不在少數，顧公燮又指出「此原非犯法事，禁之何益於治」，很明顯是以士人的口氣來反對「禁賽」的。

後來，錢泳將顧公燮的這段文字摘錄於《履園叢話》中，改換標題爲《安頓窮人》，以示贊同。以他爲幕多年的經歷來看，料想當時的幕僚中亦有不少反對地方官員「禁賽」者。研究者在探討「淫祠」現象時，認爲淫祠屢禁不止，很大程度上起因於地方官府的政策不具連貫性。如果進一步探討官府的政策爲何不具延續性，地方衙門中的幕僚反「禁賽」言論的出現，則可能是官府「弛禁」賽會最重要的原因之一。尤其是在清代「幕與吏共天下」的局面之下，幕僚、胥吏對待賽會的態度，更可能影響地方官員的態度。

反「禁賽」言論在清代的延續和發展，既與賽會「貧富相資」的就業功能不斷強化有關，也與中下層士人尤其是儒生階層不斷惡化的經濟狀況相關。社會的商業化加劇了貧富分化，使社會競爭更加激烈。部分不諳營生的士人在這股浪潮中貧困沒落，爲尋求出路不得不改變儒家的「治生」方式，或棄儒從商、或棄儒從醫、或投靠官僚、或依附商賈，組織賽會等文化活動也成爲他們的「治生」方式之一。當這部分士人對賽會就業功能的認可實現道德和利益合一時，地方反「禁賽」的輿論也就悄然形成了。

三、朝廷從「嚴禁」向「寬禁」的轉變

前論「禁賽」舉措難以奏效的原因，是部分士人對賽會就業功能的認同，

　　稔則近廟村民鳴鑼至黃渡以百計，謂之敲燈。」《中國地方志集成，鄉鎮志專輯》，第 3 冊，第 706 頁。

〔註7〕據顧公燮《消夏閑記摘鈔》卷下《郭園始創戲館》記載「蘇郡向年款神宴客，每於虎丘山塘巷梢大船頭上演戲」，在戲園出現之前，酒船是演戲酬神的主要場所之一。

發展爲反對地方官府「禁賽」的社會輿論壓力。除此之外，筆者認爲明清朝廷對賽會就業功能的認識轉變也是導致賽會由屢禁不止到弛禁的直接誘因之一。

　　嚴禁賽會是明初就定下的原則，《大明律》規定：「凡軍民裝扮神像，鳴鑼擊鼓，迎神賽會者杖一百，罪坐爲首之人，里甲知而不首者，各笞四十，其民間春秋義社，不在此限。」〔20〕（卷十一《禮律》「禁止師巫邪術」條，P.488）恪守祖訓是明代政治的特色之一。後來的繼任者們延續了明初的禁賽政策，不敢隨意變更，即使是在崇禎年間，朝廷對「禁賽」一事心有餘而力不足的局勢下，崇禎仍然說：「邪黨自須正法，以後仍當嚴禁。」〔21〕嘉靖以來，迎神賽會有愈演愈烈之勢，並非是由於政府弛禁，而與商業化和政局動蕩有關。首先，商業化助長了民間的賽會之風，集中表現爲商人以賽會「鬥富」和商人對賽會的持續捐助。其次，嘉靖倭亂加劇了東南沿海一帶的社會動蕩，弱化了朝廷對民間社會的控制，賽會這類民間自發活動因而得到相應的發展空間。據《張澤志》記載，「嘉靖倭亂後，鄉中有迎神賽會之舉，年凡三次，清明中元十月朔，甚於清明一舉，豐年尤盛，舉則或三四日或旬餘」〔22〕（卷十一《雜志類·風俗》P.566）。《吳社編》中也明確提到參加過抗倭鬥爭的「城中淘金戶」扮演「沙兵」參與蘇州五方賢聖會的遊神活動〔3〕（P.4046）。

　　明清易代後，清王朝延續了明王朝的「禁賽」政策。康雍時期的「禁賽」以湯斌、田文鏡爲代表。湯斌在康熙二十三年（1684 年）任江蘇巡撫，上任後即推行「去奢崇儉」，整飭風俗，不僅禁毀蘇州上方山五通「淫祠」，而且嚴禁賽會演戲，甚至嚴禁一切可能從賽會中衍生出的陋俗，如聚眾賭博、婦女燒香、淫詞艷曲等。與此同時，湯斌還嘗試恢復社學、鄉約實現敦俗睦里，返樸還淳〔23〕（卷九，PP.594～609）。相較於前者，雍正二年（1724 年）田文鏡在河南巡撫任內推行的風俗改革也頗具特色。他上任伊始便頒布禁約，稱「異端邪教最易煽惑人心，以致鄉愚男婦聚處混雜，不但敗壞風俗，抑且陰作匪爲……然聚眾必有其由，而入教必有其漸，發掘根源皆自迎神賽會而起」〔24〕（卷四《嚴禁迎神賽會以正風俗事》，P.288）。強調聚眾賭博、邪教猖狂皆因賽會興盛而起，賽會是滋生一切社會不穩定因素的源泉。湯、田二人都提出了「禁賽」的主張，湯斌是理學名臣，其風俗改革重在移風易俗，而田文鏡是吏治名臣，其措施側重於打擊「邪教」以穩定秩序，二人雖各有側重，但嚴禁賽會都是其整飭風俗的重要內容。

　　然而，無論是江蘇還是河南，「禁賽」措施維持得都不長久。湯斌在江蘇巡撫任上僅兩年餘便告卸任，整飭風俗也就此中斷。關於湯斌離任的原因，眾說紛紜，而整飭風俗的措施過於激進或許是其中最重要的原因[25]。田文鏡在雍正五年《奏請裝訂進呈宣化錄摺》中也委婉表達了無法移風易俗以臻朝廷教化的困境，「（臣）奉皇上殊恩畀以重任，又不能躬行實踐爲群吏先，俾令風俗敦龐，共躋盛世，惟以言詞警策，實屬具文，臣罪又無可遜旨」[26]（雍正五年十一月二十六日田文鏡奏摺，P.122）。

　　清初的「禁賽」措施無法像明初一樣雷屬風行，關鍵在於日益嚴峻的游民問題。湯斌言賽會演劇「皆地方無賴棍徒，借祈年報賽爲名，圖飽貪腹」，又言「吳中刁惡游民最爲百姓患」[23]（卷九，PP.605、603），可見他已注意到江南因地狹民稠而滋生的游民問題。然而在當時里甲組織已經崩潰，江南人口不斷滋生的大背景下，他所推行的「各安其業」的經濟政策，崇儉抑奢的道德教化，並無助於游民問題的解決。湯斌整飭風俗是康熙旨意的表達，湯斌的匆匆離任則反映了康熙對此事的反思。湯斌之後，康熙時代再無大規模的「禁賽」舉動。直至雍正即位，朝廷頒布《聖諭廣訓》，才再次整頓風俗。但從田文鏡雍正五年奏摺的內容來看，朝廷已開始動搖「禁賽」的立場。田文鏡感嘆「聖化者事關重大，又不可不慎」，雍正朱批「甚是」[26]（雍正五年十一月二十六日田文鏡奏摺，P.122），說明君臣二人都意識到賽會積習難改的原因仍然出在游民問題上。事實上，雍正並非不知游民以技藝謀生的道理[27]（雍正二年六月初八鄂爾泰奏摺，PP.146～147），但他忽略了兩點：其一，以技藝謀生的游民並非只出現在江南，河南同樣存在；其二，以技藝謀生者不少是外來游民，如果不安撫這批外來者，就不能有效地取締「邪教」活動。在游民問題的處理中，繼任者乾隆比他的父親顯得高明，這集中體現在乾隆朝的「寬禁」政策上。

　　「寬禁」二字，明確出現在乾隆元年（1736年）安徽巡撫趙國麟的《爲欽奉上諭寬禁演戲等事奏摺》中：「祈年報賽、演戲酬神，即吹豳飲蠟之遺風，誠如聖諭所云，人情之常，何可概禁者？若蠲免洪恩，萬姓歡欣情不自禁，大都巨鎮，偶有一二演戲，用申感戴之忱，非相率皆然也……如有酗酒鬥毆、蹂躪田禾、耗消資種者，督率屬員實力查察禁止，並勸諭鄉民百凡撙節勤儉，以防民情縱逸之漸，仰副聖朝寬嚴相濟之治理。」[28]（乾隆元年四月二十五日趙國麟奏摺）乾隆以一字朱批「好」，表示對臣下的讚賞和對「寬禁」政策的默許。「寬嚴相濟」是「寬禁」政策的原則，其實質則是將賽會與賽會所衍生的「聚眾

賭博」、「邪教猖狂」等現象區別對待，弛禁賽會而嚴禁賭博和「邪教」活動。乾隆默許「寬禁」的原因仍然是日趨嚴重的游民生計問題，需要尋求解決的途徑，而賽會已成為不可或缺的途徑之一。

上文提到湯斌已經注意到賽會中游民謀生的現象，言賽會演劇「皆地方無賴棍徒，借祈年報賽為名，圖飽貪腹」。到乾隆時期，游民問題更趨嚴重。在江南地區，由於人口增加，本土游民的數量急劇增加，如「里中游手」、「地方無賴棍徒」等。這些人把賽會視為「斂錢」的機會，當時賽會中廣泛出現的「解錢糧」習俗，就與他們的積極推動有關。此外，江南也出現了數量眾多的外來游民，賽會演技成為不少外來者的謀生手段。解決他們的生計問題，不僅關係到江南地區的穩定，更有利於周邊地區的穩定。

乾隆二年（1737年）安徽巡撫趙國麟奏：「鳳陽一府，游惰成風，皆因耕織不勤之故，查游民向無出境之禁，是以不在保甲稽查之內，嗣後……如有挈眷攜家，秧歌花鼓成群四出者，責令保甲一併稽查勸阻。」朱批：「此事應緩之為之，而不可遽繩以法制禁令也。」[28]（乾隆二年閏九月十五日趙國麟奏摺）鳳陽游民靠演戲為生，賽會上的酬神戲自然是他們收入的重要來源。乾隆時期的宮廷畫師徐揚在《姑蘇繁繪圖》中描繪過賽會春臺戲的場景，展示的是《紅梅記》中的《打花鼓》一折。據《清稗類鈔》記載，「打花鼓」最早出現在雍、乾之際的鳳陽一帶，因淮河水患加深，百姓無以為生，因而以花鼓外出乞食。畫中所繪場景，與趙國麟奏摺中所言內容一致，真實反映了大批游民乞食江南的場景。乾隆主張地方官「應緩之為之」，實際上是認可了他們外出謀食的生存方式。正如乾隆《吳縣志》的著者所說，此「非根本之途，亦一補救之術也」[29]（P.550）。

從清王朝禁賽政策的轉變中，不難看出，賽會的就業功能逐漸被最高統治者認可。賽會由社會控制的對象，轉變為借以控制游民的經濟手段，其角色的轉變，實際上反映了清王朝經濟政策的轉變。清代游民問題的出現既有人口增長的原因，也有商業化刺激下貧富分化加劇、人口流動加速的原因，並不能完全歸因於朝廷救荒不力。這一問題既然無法通過敦風化俗的舉措來解決，更不可能依靠重農抑商的傳統經濟政策來解決，而只能通過順應商業化趨勢的刺激消費擴大就業來部分解決。「奢靡無度」的賽會正是憑藉其「奢」的特點成為解決游民生計的有效途徑。

余英時的研究也表明，乾隆對賽會就業功能的認可正是受到了「崇奢」

論的影響。乾隆第四次南巡揚州時曾作詩云：「三月烟花古所云，揚州自昔管弦紛。還淳擬欲申明禁，慮礙翻殃謀食群。」在詩末的自注中，他指出：「常謂富商大賈出有餘以補不足，而技藝者流借以謀食，所益良多。使禁其繁華歌舞，亦誠易事。而豐財者但知自嗇，豈能強取之以贍貧民？且非王道所宜也。化民成俗，言之易而行之難，率皆如此。」[30]（卷三《巡幸志》，P.57）這段話明顯是針對揚州鹽商的奢靡生活而言的，但乾隆在詩中不僅沒有指責這種奢靡，反而公開認可奢侈消費的社會功能，甚至倡導鹽商們擔負起解決游民生計的社會責任。由此反觀陳宏謀「禁賽」失敗一事，可能不僅是地方反「禁賽」輿論的作用，更與乾隆對待賽會的態度有關。

乾隆南巡時公開「崇奢」的言論，無疑滋長了民間的賽會之風，如楓涇上巳賽神之舉，在康熙年間已頗爲興盛，到乾隆年間「更踵事奢華，後間三四年則一爲之」[32]（卷十《拾遺》，PP.140、144）。可見，賽會屢禁不止的現象，逐漸發展爲賽會的弛禁局面。儘管朝廷強調「寬禁」的目的，是爲了更有力地打擊賭博、盜竊等不良社會現象，以及有效抑制「邪教」活動等，但從中我們也可以體會到「寬禁」政策的實質是對賽會的弛禁。之後，朝廷對賽會的批判一如既往，然而卻很少在一省範圍內採取較大規模的禁賽措施[註8]。

賽會弛禁局面的形成，也反映了清王朝對民間社會思想控制的削弱。與此同時，朝廷加強了對賽會中賭博現象的查禁和對民間「邪教」組織的打擊力度，與此相關的法律條例數量不斷增加，反映了朝廷對民間社會的法律控制強化。乾隆將賽會活動與賽會所滋生的「不良」社會風氣區別對待，其「寬嚴相濟」的施政理念，標誌著18世紀清王朝在社會控制手段方面的重大轉變。這一轉變意味著，朝廷不得不放棄控制成本較低的思想控制等軟性控制手段，而選擇控制成本較高的法律控制等剛性控制手段，軟硬之間的變化是對商業化發展趨勢的被動順應。

明清時期，迎神賽會屢禁不止的原因很多，經濟原因卻是不可或缺的因

〔註8〕 道光和同治年間，江蘇巡撫裕謙和丁日昌都曾推行過風俗整飭舉措。前者主要針對蘇州上方山再度復興的五通信仰，對賽會奢靡之風的批判，並未發展爲具體的整飭措施；後者是洋務派的代表人物之一，其禁賽主張很快被《教會新報》轉載，由此推測其禁賽原因很可能與西方天主教在華傳播有關。參閱裕謙《裕忠節公遺書》卷3《請毀上方山五通淫祠疏稿》、《禁婦女入廟燒香住廟受戒疏稿》、《陳明恭行節儉訓勉風俗疏稿》，《中國近代史料叢刊》（第423冊），台北文海出版社1966年版，第203~212頁；參閱《教會新報》1869年12月18日，上海圖書館藏。

素之一。16 世紀開始的社會商業化促進了迎神賽會經濟功能的深化，主要表現爲：迎神賽會的市場功能不斷強化，就業功能被廣泛認可。市場和就業兩大功能的深化是迎神賽會屢禁不止的社會經濟根源。

迎神賽會復興後，在保留原有商品交換功能的同時，逐漸發展出信息溝通、資源整合等更高層次的市場功能。既滿足了商品經濟持續發展的需要，又激發了商人持續捐資賽會的熱情，擴大了商人的社會影響，宣傳了商人的價值觀念，爲士人階層中「崇奢」思想的產生提供了社會基礎。迎神賽會的就業功能最初由「崇奢」論者提出。隨著商業化所帶來的貧富分化和人口流動加劇，部分士人在道德層面和利益層面都開始認同賽會的就業功能，「崇奢」論的反「禁賽」主張發展爲反「禁賽」的社會輿論，迫使地方官府的「禁賽」措施歸於失敗。與此同時，乾隆帝在「崇奢論」的影響下，也逐漸認識到賽會解決游民生計的就業功能，不僅推行「寬禁」政策，而且公開倡導商人在社會救濟中承擔相應的社會責任。此後，賽會屢禁不止現象逐漸演變爲朝廷「寬禁」甚至弛禁賽會的局面。朝廷政策的轉變，說明「崇儉抑奢」的經濟思想、「重本抑末」的經濟政策正走向沒落，而社會商業化的趨勢和商人社會地位不斷提高的事實已不可逆轉。

明清迎神賽會屢禁不止是由商業化引發的社會控制問題。16 世紀開始的商業化改變了社會的階層結構，商人崛起的商人價值觀念的傳播，衝擊了儒家的經濟思想和價值觀念，動搖了朝廷對民間社會思想控制的理論基礎，最終迫使朝廷轉變控制手段，弱化思想控制而強化法律控制。這種控制手段的變化正是由社會經濟變遷而引發的，商業化是削弱朝廷對民間社會思想控制的經濟根源。即使是在清前中期，皇權強化，對士人思想控制強化的時代，朝廷對民間社會的思想控制仍然呈削弱之勢。

參考文獻

〔1〕徐珂，清稗類鈔〔M〕，北京：中華書局，1986。

〔2〕（康熙）仁和縣志〔M〕，中國地方志集成，浙江府縣志輯（第 5 冊）〔C〕，上海：上海書店，1993。

〔3〕王稚登，吳社編〔M〕，筆記小說大觀（4 編 6 冊）〔C〕，台北：新興書局，1970。

〔4〕黃印，錫金志小錄〔M〕，中國方志叢書。華中地方（第 426、427 冊）〔C〕，台北：成文出版社，1982。

〔5〕潘宗鼎，金陵歲時記〔M〕，南京：南京出版社，2006。

〔6〕朱小田，在神聖與凡俗之間——江南廟會考論〔M〕，北京：人民出版社，2002。

〔7〕（嘉慶）朱涇志〔M〕，中國地方志集成，鄉鎮志專輯（第1冊）〔C〕，上海：上海書店，1992。

〔8〕顧祿，清嘉錄〔M〕，中華書局，2008。

〔9〕（嘉慶）濮川所聞記〔M〕，中國地方志集成，鄉鎮志專輯（第21冊）〔C〕。

〔10〕趙世瑜，明清時期江南廟會與華北廟會之比較〔A〕，狂歡與日常：明清以來的廟會與民間社會〔M〕，北京：三聯書店，2002。

〔11〕范金民，明清江南商業的發展〔M〕，南京：南京大學出版社，1998。

〔12〕顧祿，桐橋倚棹錄〔M〕，中華書局，2008。

〔13〕蘇州博物館，明清蘇州工商業碑刻集〔C〕，南京：江蘇人民出版社，1981。

〔14〕陸楫，蒹霞堂稿〔M〕，續修四庫全書（第1354冊）〔C〕，上海：上海古籍出版社，1995。

〔15〕顧公燮，消夏閑記摘鈔〔M〕，涵芬樓秘笈本。

〔16〕袁景瀾，吳郡歲華紀麗〔M〕，南京：江蘇古籍出版社，1998。

〔17〕錢泳，履園叢話〔M〕，中華書局，2006年。

〔18〕王健，明清江南毀淫祠研究〔J〕，社會科學，2007（1）。

〔19〕（民國）黃渡續志〔M〕，中國地方志集成，鄉鎮志專輯（第3冊）〔C〕。

〔20〕劉惟謙，大明律〔M〕續修四庫全書，史部（第862冊）〔C〕。

〔21〕趙獻海，明代毀「淫祠」現象淺析〔J〕，東北師範大學學報，2002（1）。

〔22〕（民國）張澤志〔M〕，中國地方志集成，鄉鎮志專輯（第1冊）。

〔23〕湯斌，湯子遺書〔M〕，文淵閣四庫全書（第1312冊），台北：商務印書館，1982。

〔24〕田文鏡，撫豫宣化錄〔M〕，四庫全書存目叢書，史部（第69冊）〔C〕，山東：齊魯書社，1996。

〔25〕吳建華，湯斌毀「淫祠」事件〔J〕，清史研究，1996（1）。

〔26〕中國第一歷史檔案館，雍正朝漢文朱批奏摺匯編（第11冊）〔C〕，南京：江蘇古籍出版社，1991。

〔27〕中國第一歷史檔案館，雍正朝漢文朱批奏摺匯編（第3冊）〔C〕。

〔28〕哈恩忠，乾隆初年整頓民風民俗史料（上）〔J〕，歷史檔案，2001（1）。

〔29〕范金民，夏維中，蘇州地區社會經濟史（明清卷）〔M〕，南京：南京大

學出版社，1993。

〔30〕（嘉慶）重修揚州府志〔M〕中國地方志集成，江蘇府縣志輯（第 41 冊）〔C〕，南京：鳳凰出版社，2008。

〔31〕（光緒）重輯楓涇小志〔M〕中國地方志集成，鄉鎮志專輯（第 2 冊）〔C〕。

附錄三：近代江南迎神賽會的商業化運作——基於旅遊史視角的考察

摘　要

　　商業化運作是近代江南迎神賽會組織與運作最突出的特點，具體表現在資金運作、項目策劃和組織管理三個層面。在資金運作上，行業祀神鳌捐的發展促進了資金運作的規範化和科學化，調動了捐資者的投資熱情。在項目策劃上，「舁神」表演的舞臺化和工商會展的引入激發了民眾的參與熱情，形成了節事經濟效益。在組織管理上，晚清衙役、民國軍警與行業組織密切配合，確保了賽會管理有條不紊。江南迎神賽會的商業化運作以營利為目的，形成了以政府為主導，以行業為主體，以民間資本運作為主的運營模式，促成了迎神賽會由單一民俗節慶向綜合旅遊節事的嬗變。

關鍵詞：迎神賽會；廟會；博覽會；旅遊節事；行會；商業化運作

近百年前，民俗學研究的鼻祖之一顧頡剛先生在考察北平妙峰山廟會時，曾感歎說：「賽會是南方的好，因爲他們文化發達，搬得出許多花樣，而且會得鬥心思，一個地方有了幾個賽會，就要爭奇賭勝，竭盡他們的浮華力量。」[1] 此處的賽會即指江南迎神賽會。迎神賽會作爲江南廟會的主要類型，以「爭奇賭勝」、「竭盡浮華」爲特徵，往往具有「一境若狂」的轟動效益，一直以來即爲江南經濟富庶以致奢靡之風盛行的重要表徵。學界關於明清江南賽會屢禁不止與崇奢風氣間的關係研究業已碩果累累。[2] 然而，僅從崇奢、炫富的心理角度探討江南賽會的興盛原因，仍然略顯單薄，尤其是在近代江南經濟遭遇西方經濟衝擊和戰爭破壞的背景下，江南迎神賽會仍然以排場大、花費多、影響大而著稱，其極盛一時的盛況與江南經濟間究竟存在何種聯繫？江南的近代化又對迎神賽會產生了何種影響？本文嘗試從賽會組織和運作的角度對這一問題進行探討，以求教於方家。

一、迎神賽會資金籌措行業化和規範化

迎神賽會的組織與運作複雜又精細，資金籌集是組織策劃的首要。賽會資金多由民間募資，或以里社爲單位，或以家族爲單位，或以行業爲單位。延續至晚清，江南賽會資金來源行業化的趨勢愈益明顯，行業捐資成爲賽會資金的主要來源。以晚清江浙滬地區影響最大的寧波「都神會」爲例，該會幾十年間一直由糖行、米行、六陳行等六個行業持續捐資，其中又以糖行捐資數額最大，在物力艱難的年份，若「糖行力有不逮則賽會減色不少」[3]，若各業艱難生意冷淡，則「一切紗船、綵閣皆停止不賽」[4]。行業的持續捐資既帶動了晚清賽會的發展，也使賽會在資金籌集方面表現出濃鬱的行業依賴特點，金陵燈會「花燈炫彩華麗」，燈彩紮花所需竹木全部來自木行捐助，[5] 杭州「東嶽誕會」所需數十萬，「半由個人捐集，半由各號墊用」。[6]

行業捐資廟會的經濟動機多樣，炫富只是其中之一。正如《京口賽會》等文獻所言，舉會初衷，「一則預復往昔之盛觀，一則藉獲商民之齊集，以有易無，市面必更熱鬧」[7]。可見迎神賽會與經濟間的聯繫已成爲工商界的共識，炫富只是行業捐資的非理性動機，振興市面、復蘇經濟、追逐利潤才是行業持久捐資的根本所在。

行業從賽會中獲取的經濟收益分爲顯性收益和隱性收益兩類。顯性經濟收益是指賽會期間酒樓、飯館、茶社等通過對香客或遊客的直接商品交易所

獲取的利潤，即通常所說的廟市經濟收益。[8]

　　隱性經濟收益是指行業借助賽會形成的行業知名度和影響力，類似於現代經濟學的品牌效益。關注隱性經濟收益的多是一些實力雄厚的工商行業，如絲業、錢業、木業、糖業等，其所涉領域與迎神祭祀並無直接關聯，從中獲取的直接經濟利益相當有限。但捐資賽會讓其展現了行業實力和影響力，贏得更多商貿洽談的機會，進而獲取隱性經濟收益。在長期的捐資中逐漸形成了「各業以所執之業認一二事」的格局，金陵「東嶽會」中「油漆鋪認牌對，綢緞染坊認傘旗，絲行認香亭」，各業藉此展示實力，如「銜牌牌式不一，皆紫檀嵌空，兩面鑲五色玻璃。傘數百柄，計一傘之值不下三四十金，內繡四大名山、長江全圖等，其價又不止以十倍數」[9]。絲織業與迎神賽會的關係最為密切，賽會所用聯燈、綵旗、沙船、臺閣、服飾無一不需絲綢裝扮，所用絲綢均繫「時式花樣，色色鮮明，窮極其麗」，否則「衣服暗淡，步列錯雜，遊趣頓減，無甚可觀。」[10] 金陵「東嶽會」於亂後，「一片荒涼，僅餘下瓦礫」，後因緞業復蘇「彩燈鼓樂較地方官出巡，尤覺整齊嚴肅」。[11] 其他如金陵木業捐資「上元燈會」、金陵錢業捐資「東嶽誕會」、吳江絲織業捐資「雙楊會」等，大抵原因都是如此。「雙楊會」舉會期間，當地酒樓飯館等的直接經濟收益僅數萬元，但「雙楊會」後的絲織品交易量卻高達幾十萬元，約占盛澤鎮全年絲織品交易量的十分之一。[12]《鎮江市志》亦載：「每年鎮江『都天會』後各批發行業生意興隆，成交額達數百萬兩之多。」還有些商戶另闢蹊徑，通過捐資中小型賽會以獲取知名度和影響力。時上海一家名為升和的綢莊，從 1874 至 1883 年間，一直為「城隍夫人誕」會提供彩綢，其「所綵彩綢不需伸假於人，皆由己出」，[13] 通過持續捐資，綢莊知名度不斷擴大，成為遠近聞名的莊鋪。

　　行業對賽會隱性經濟利益的追逐正是晚清賽會不同於清前中期的重要特點，亦是晚清賽會商業化運作的重要表現。在重商主義思潮影響下，對豐厚經濟利益的追逐使行業對賽會的捐資相比以往更加積極主動。為最大限度地調動行業成員的捐資熱情，不同於傳統香資攤派等平均攤派方式而是綜合考慮行業成員經濟水平差異的祀神釐捐制逐漸在江南盛行開來。

　　行業釐捐是明中期以後在江南會館、公所中廣泛採用的一種資金籌措方式，主要用於行業公所等行業設施的修建和行業事務開展，行業釐捐與宗教民俗事務結合形成祀神釐捐，始於清康熙年間。康熙四十五年（1706）吳江

盛澤鎮修建三義殿，率先採用釐捐的形式，「此廟歷世常新之著，實在此一釐。緣凡省商賈貿易於斯者，計銀兩之多寡，留儲每兩千分之一」[14]。到乾隆年間，絲織業市鎮濮院也出現了釐捐，「乾隆二十八年（1763）里人創設一釐會，即機戶賣綢一匹，綢行與接收合捐用錢一文，勘著綢每匹合捐二文，有司事者共同經理，其所買綢數有煉坊簿籍可稽，萬無遺漏。觀工之外，凡週寺廟工作，至今無不取給於是。」[15]（《濮川所聞記》卷2）參照營業額多寡以千分之一抽取釐捐，充分考慮到各店經營狀況的差異，形成了不同於香資攤牌整齊劃一的特點。「其所買綢數有煉坊簿籍可稽，萬無遺漏」表明歷歷可查的帳簿成為會資徵收科學化的有力實證，確保了迎神賽會的資金穩定。

太平天國戰爭期間，清政府在江南地區廣設釐捐局，向各行業徵收釐捐以籌集軍餉，官方釐金制度的產生加速了祀神釐金制的發展。自咸豐四年（1854）清政府在江蘇首先確立釐金制度後，祀神釐捐逐漸從絲織業拓展到其他行業。這一年蘇州府元和縣的「韓王神誕會」由六陳米麥行中的羅羅客商和牙行共同捐輸，「每石共捐制錢四文，以資備祭祀和神誕慶祝」[16]。鎮江「都天會」在咸豐十一年（1861）後實行釐金制，參加者須按營業額抽取一分左右的釐頭，稱「公釐」作為活動經費。[17]同治七年（1868）上海水木業「每工抽釐五文，如有自行備料，惟發點工者，每工抽釐二文」[18]。光緒二年（1876）上海油麻業「統抽釐金、租、頂總計錢八百一十七萬兩千六百七十九文，其中常年敬神、金身復漆、醮資費共計三百三十八萬六千四百文」[19]。光緒八年「揚州都天神會，各行業提釐為出會經費」[20]。光緒十六年後，上海舊花業「同業買貨，價作洋數，每洋提錢四文，各照底簿，按月彙交司年收存，以備敬神等用」[21]。

從時間上來看，1861年後祀神釐捐制的全面推廣從制度層面有效保證了晚清迎神賽會的資金來源。從地域上來看，祀神釐金在江南地區的推廣程度較其他區域更深。根據彭澤益所輯《中國工商行會史料》記載，咸豐四年長沙刻字店曾約定，「大凡生意至三十兩，每兩抽釐一分，以備每年祭祀用費」[22]。然而此後不久，因行業發展困難此項釐金即行廢弛。長沙錢業也在會規中反覆聲明，釐金的徵收只是一種權宜之計而非長久之計，「初修公廟，經費不敷，始議按照月釐減半抽收月捐，此亦眾擎易舉之法……一俟虧款填足，廟用歲修各有所資，即行停止」[23]。光緒二年，上海油麻業的祀費釐金達到三百三十八萬六千四百文，[19]超過湖南地區任何一個行業。祀神釐金廣泛流

行於江南的原因，或許仍然與江南工商業的發展水平密不可分。

從江南迎神賽會的資金運作來看，出於經濟動機的資金籌措和運用經濟手段的資金管理都表現出晚清賽會不同於清前中期賽會的商業化運作特點，迎神賽會的經濟效益也更為明顯。

二、迎神賽會項目設計舞臺化和會展化

持續穩定的資金來源是賽會久盛不衰的經濟基礎，追逐利潤的經濟動機更刺激了商家在賽會項目上謀劃出新，主要表現為臺閣人物世俗化、「异神」表演舞臺化和商品陳列會展化三個方面。

1. 臺閣人物世俗化

臺閣是將兒童或優伶分數層固定在豎杆上，化妝打扮以扮演仙佛鬼神以及戲曲、傳說、神話等故事人物，再配以圖案背景裝飾，由數人擡扛，在街道或廣場上巡遊表演的形式。[24] 在南宋杭州「祠山誕會」時已有臺閣陳設其間，但此時的臺閣造型單一，且固定於露臺之上，未與「异神」巡遊結合，規模與影響十分有限。[25]（《吳郡歲華紀麗》卷 2）臺閣藝術形式不斷豐富始於明末，這一時期江南臺閣逐漸形成了以絲綢緞匹和金玉珠寶裝飾的表現傳統，明人張岱回顧蘇州楓橋楊神廟臺閣時，就曾感歎「以錦繡飾之，使不見跡，上乘童子，裝點故事。綴以金玉珠翠，必使絢爛奪目而後已」[26]（《重輯楓涇小志》卷 10）。

清朝覆滅後，模仿官員出巡的「异神」儀式現實性減弱，政治傳統斷裂以致鑼、旗、傘、扇等藝術表演形式的發展也相應受到限制。臺閣則不同，自明末以來臺閣主角則多為歷史人物和戲劇人物，創作思路受政治影響較小，又因多以金、玉、絲綢裝飾，藝術表現力強，藝術形式多樣，因此晚清臺閣的數量和規模都呈不斷增長之勢。鎮江「都天會」有臺閣一二十架，此「臺閣一二十座非一人所能辦，必前一年預為之，而出會前一日，尚不知今年之臺閣是何戲劇也」[27]（《水窗春囈》卷下），籌劃周期之長，推陳出新之迫切可見一斑。

臺閣推陳出新加速了臺閣地方化和世俗化的趨勢，源於草根社會的普通人物登上了臺閣舞臺。1888 年寧波「都神會」時，「呆大成親」臺閣以呆大夫婦為主角引起一片騷動。[28] 民國初年蘇州「城隍會」中十九座臺閣分別取材

於戲曲《老一百》、《珍珠塔》、《借茶》、《打漁殺家》、《白水灘》、《十字坡》、《水漫金山》、《打店》等。劇中男主角多英勇威猛，女主角多美豔動人，《珍珠塔》中的陳翠娥、《借茶》中的閻婆惜、《打漁殺家》中的蕭桂英、《白水灘》中的許佩珠、《十字坡》中的孫二娘、《水漫金山》中的白素珍等，無不貌美如花。正因如此，臺閣人物多由「變童美少」裝扮，不僅衣飾華美，表情更是顧盼生輝。1892 年「都神會」臺閣取自《雙珠鳳來富唱山歌》一折，其中花旦由名伶扮作，「清揚婉麗，豔若天人，使李三郎見之，當視梨園如糞土矣」，又有「兩孩扮成呂布戲貂蟬故事，英雄兒女各有風情，頗足令見者魂涓心醉」。[29] 民眾對俊男美女的公開推崇，早已突破了禮教束縛，這種類似「屌絲」的行為既是商業社會中審美情趣外化的重要表現，也是商業社會中審美需求增長的重要例證。

2. 「舁神」表演舞臺化

　　從賽會的民俗特徵來看，「舁神」儀式具有時間上和地域上的唯一性，它在特定時間舉行，於特定路線巡行，不可複製與再現。但商業利益卻驅使「舁神」儀式的時間與空間位移成為可能，發展為滿足更多人審美需求的舞臺表演項目。

　　晚清的上海，中西交融，新式園林、戲院和舞臺不斷湧現，為獲取更多票房收益，賽會「舁神」表演也隨之搬演至新式舞臺。1892 年，因「寧波神會之盛，四遠馳名，近有人延之來滬，日迎賽於楊樹浦半淞園。前日有友人之往觀者，歸而述及：

> 會自園中望江廳起，旂旎繞長廊而出，先是園中添設各種名花，四處遍懸綵旗，五光十色，幾令人目眩神迷，正中復搭成彩燈牌樓，高矗數十丈，其中暗藏綾絹紮成之八仙及雙獅搶繡球，玲瓏變幻，神妙無方。有白綢紗三角大旌一面，高約丈外，上書半淞園三字用六人擎之而走，繼有彤雲社五彩大方旗四面，行牌一面既以紅木雕嵌黃楊象牙之頭牌，燈數盞，又有兩人身穿白湖綢卍字接衫，足穿快靴，肩荷大金鑼一對，沿途敲擊，其聲鏜然。有年在十齡左右之二孩扮作中軍模樣跨白馬執小方旗並轡而走，後為十景逍遙傘、九聯燈，再後為龍船……臺閣。[30]

1892 年這次的「都神」邀約，可視為賽會表演舞臺化的肇始。半淞園地處上海南市，此處人煙稠密但缺乏相關娛樂場所，園主人吳氏此舉開啟了近代半

淞園商業演出之先河,亦是近代賽會走向商業表演的里程碑式事件。「都神會」表演從 4 月 26 日至 5 月 27 日延續一月有餘,入園者華人每位收洋 4 角,西人每位收洋 8 角,小孩減半,[30] 商業售票使主辦方獲利頗豐。半淞園賽會後僅半月,上海和春茶社即邀請寧波「都神會」助陣新戲,[31] 賽會表演再次登上了商業匯演的舞臺。之後「都神會」的辦會方與和春茶園達成長期合作關係,「都神會」表演也成為了和春茶園的金字項目,知名度不斷提升,以致慈禧 60 壽誕之時,商界巨擘四明公所亦專程邀請「來申以慶萬壽」[32]。

舞臺化表演靈活了賽會的舉會時間,擴展了賽會的舉會空間,將歸屬於不同時空坐標上的賽會項目彙聚於一處,使賽會在項目表演上博採眾長,多元並存,為賽會由單一民俗節慶向綜合旅遊節事嬗變提供了可能。1911 年寧湖義振遊覽會上寧波「都神會」與湖州燈景同臺競演,賽會呈現出前所未有的奇觀、異彩、新穎,[33] 擁有更多的遊覽元素。

3. 商品陳列會展化

廟市雖是賽會的基本功能,但在歐美會展風潮的影響下,廟市商品陳列也表現出濃鬱的會展傾向。商業會展不同於傳統的廟市交易,前者只是小規模的面對面以物易物,後者作為工業化的產物,其展覽內容多為現代工藝、地方物產,「一則為發展商務,謀求商業洽談和訂;二則使人咸知物產之優劣、多寡;三則使人增長見識,開拓心胸」[34],其中發展商務的社會功能,正是中國傳統賽會所缺失的。基於此,晚清的有識之士曾多次闡發革新賽會的主張,陳次亮倡議「中外之金石、古玩、名畫、法書以及山海之珍奇、工作之器物,均可入會。購者議價,觀者取資。立會之費,預籌專款。會散後儲為博物院,備後人考鏡之資」[35],先會後展,以會「拓利源」,以展「開風氣」,將商戰與教育並舉。

1924 年的盛澤「雙楊會」可視為上述主張付諸實踐的有益嘗試。盛澤地處蘇州吳江,明清以來即為著名的絲織業市鎮,經濟發達,文化昌明。但上世紀二十年代,由於我國絲織業遭遇歐美、日本挑戰,盛澤的絲織業也久久不能從低迷萎縮的頹勢中自救。為發展商務,盛澤鎮的知識分子提出了西化賽會的想法。1923 年徐蔚南在文中說「賽會,各國皆有。若美國之華盛頓紀念會,南洋菲律賓之嘉年華會,尤為世人所稱道。吾鎮賽會,曷取法於彼乎?」[36] 作為地方報紙《新盛澤》的主編,徐蔚南的言論在當地自然具有輿論導向的作用。

「雙楊會」又稱「桑秧會」，起於清初，每十年舉會一次，以震澤鎮郊的雙楊村爲起點，途經震澤、梅堰、盛澤等市鎮，前後延續半月有餘，一直是吳江地區最盛大的賽會之一。舉會之時「窮工極巧爲它處所不及，看者人山人海，頓增數萬，大小船支不下數千」[37]。但 1924 年的這次「雙楊會」顯然不同於以往，在賽會舉行之前，地方實業家周心梅就提出「擬趁雙楊會之機，舉辦蠶絲成績展覽會」的建議，商會認爲此舉確有創新之處，不僅能展示蠶絲業發展成績，而且有助地方經濟發展，於是挪借綢業公所用於蠶絲技術展覽。特殊的歷史背景使這次「雙楊會」表現出傳統與現代兼具的雙重特色，既有裹著絲織禮服的菩薩在會中「擡來擡去，相互迎送，相互致辭」，又有展示現代機械技術的工藝展品如裝著活動機關的木偶「搖經，掉絲捕魚，汽車等，頗有益於社會。」從「雙楊會」的整體收益來看，籌辦和舉行期間，商品銷售總額達到一百萬之多，其中又以綢行爲最，以「盛澤每年六、七百萬兩的絲綢交易額計」[38]，「雙楊會」帶來的收益至少占全年收益的十分之一，由此顯示出傳統賽會完全具有向商業會展轉型的可能。之後不久南京「都天會」也採用了蠶絲成績展覽會的辦會形式，[39] 可見盛澤「雙楊會」的模式值得推廣。

商業會展作爲旅遊節事的重要內容，其發展既豐富了賽會的節事項目，也彰顯了賽會的節事效應。從「雙楊會」的組織籌劃來看，這是一次傳統賽會向現代會展轉型的有益嘗試，會展之商戰、娛樂、教育三個功能在「雙楊會」中均有體現。從「雙楊會」的運作實況來看，具體組織和籌劃者 —— 商會是推進賽會從傳統向現代變革的關鍵。因賽會所帶來的商業利益與商會成員的經濟利益休戚相關，因而「清末民初的賽會熱，使振興工商業的經濟新觀念獲得長足發展」[40]，賽會與地方經濟的關係也更爲密切。此種發端於民間的商業化改造，與民國政府倡導的禮俗改造相呼應，1828 年中國國民黨浙江省黨務指導委員會曾發文各地，認爲迎神賽會等迷信活動「因襲神權時代之思想，當此科學昌明之際，正是這種從官方至民間迫切現代化的憧憬，不僅激勵著迎神賽會的商業化演進，也推進了賽會的組織運作更加科學有序。

然而，以旅遊人類學的視角來看，商業化改造雖然最終促成了迎神賽會由民俗節慶向旅遊節事的革新，但商業化卻在一定程度上削弱了賽會的原真性，最終削弱了賽會作爲旅遊節事的文化吸引力。1930 年國民黨中執會曾對廟會作過這樣一段解釋：

> 查廟會制度，雖係舊俗，早已成爲純粹商業性質之集會，並無
> 迎神賽會種種迷信夾雜其間，實爲集鎭墟市集會，中下層社會，日
> 用所需，每多取於此，與民眾關係至切，苟能改其會期，令從國曆，
> 則於國曆之推行，自易收效，實無修正之必要。總之，此處所指「廟
> 會」並非係指迎神賽會迷信舉動而言，請求修正，未免誤會。[41]

上述解釋代表了國民政府改革賽會的基本觀點，是民國初年「禮俗改造」觀
念的具體闡述，以今天的視角來看，此種解釋未免偏頗。江南地區的廟會與
迎神賽會本無本質區別，不遺餘力將兩者區別對待，實爲強調賽會的經濟功
能而弱化賽會的文化功能，然而文化功能的削弱必將影響賽會的延存與發
展，正如李學昌的剖析「辛亥革命後科學觀念的傳播以及政權更迭後移風易
俗的舉措，斷絕了迎神賽會的文化資源」[42]。儘管如此，國民政府過激的禮
俗改造措施仍反映出政府急於將傳統改造爲現代的迫切願望，正是這種自上
而下，從官方至民間迫切現代化的憧憬，不斷激勵著迎神賽會的商業化改造，
也推進了賽會的組織運作更加科學有序。

三、迎神賽會組織管理科學化和有序化

迎神賽會常有「萬人空巷、舉國若狂」的轟動效應，數萬人於短時間內
彙聚一地，由此而來的管理壓力可想而知。商業利益驅使晚清賽會舉會愈頻、
規模愈大，管控壓力亦隨之增長。面對婦女孩童走失、橋梁房屋坍塌、群體
械鬥滋事等突發狀況，爲克服安全隱患和保證賽會有序進行，以官府爲主導、
以行業爲主體的管理模式在江南應運而生。

1. 官府主導賽會安全管控

晚清官府中主導賽會安全管控的主要是衙門胥吏。清代衙門胥吏分爲書
吏和衙役兩類，前者負責刑名、錢糧，後者主管地方治安。縱觀「東嶽會」、
「城隍會」、「都天會」、「都神會」等大型賽會多由胥吏主導管控。以寧波「都
神會」爲例，其管理層分爲「柱首」和「總柱」兩級：先由各行商家集結成
社，每社推「柱首」一名，繼而由「柱首」推舉總柱，負責整項賽會籌劃。
但多年來「都神會」「總柱」一直由衙役擔任，且一旦任職，便終其一生。[43]

此種獨特的管控體制亦是由胥吏特殊的政治身份決定的。胥吏是明清政
治體系中的一類特殊人群，他們身處官民之間，比之於官，它僅爲吏，具有

更多民間性，比之於民，它作為吏，又具有更多官方性。[44]以胥吏為「總柱」，既能有效調度力役人員以保障賽會安全，又可借助官民之間的特殊身份，化解賽會中潛在的矛盾衝突以維護社會穩定。然而，由於胥吏籍貫多在本土，與各類地方勢力糾葛不清，很難在矛盾協調中完全客觀公正，1888 年寧波「都神會」時腳夫群體滋事，起因正是胥吏自身。[45]

隨著晚清賽會規模的進一步擴大，賽會安全管理的職責越來越重，為確保地方賽會安全開展，地方警察開始調配到管理前線。1886 年上海「雷祖誕」會，蘇松太道恐「奸徒混跡，易肇事端」，遂飭各局員派勇梭巡，「上海縣莫邑尊亦派差協同」[46]，胥吏逐漸退居至協同地位。1919 年，上海吳家廳賽會肇禍後，不僅有片警負責管控，更設置了專門的遊巡支隊負責賽會安全管理。[47]警察制度源於西方，作為商業社會的產物伴隨列強入侵傳入我國。在賽會的安全管理中，警察比之胥吏管控能力更強，管理手段更現代，管理效果更佳。然而由於近代軍、警不分，軍隊的貿然行動卻容易給民眾帶來恐慌與不安。[48]

2. 行業公所主持賽會組織籌劃

在長期的組織與策劃過程中，官府與行業逐漸達成了互利合作關係。前者負責治安維護，後者籌劃具體事務，各有分工。淮安「都天會」時，各會館、公所事先確定人員分工，組織有關人員負責「接駕」、「朝廟」等事項，協調出會順序，布置出會現場，安排出會途中的祭壇擺設、道路整修和宣傳發動等一系列工作。

除延續傳統的籌劃安排外，會館公所還嘗試將現代技術和傳播手段用於賽會關鍵節點管理中。

（1）夜會管理

夜會的管理難度向來較大，以致官府出言示禁「白晝尚可，禁止夜會」[49]，但隨著現代化照明設備安裝採用，夜間廟會的火災隱患大大降低。1924 年吳江盛澤鎮寧紹會館的小滿「蠶神誕」會為實現演戲酬神的轟動效應，打破了禁夜戲的禁令，通過主辦方 —— 絲行與地方警察的合作，在會場安裝臨時電燈，有效保證了賽會的安全。[50]

（2）人群疏導

人群疏導是賽會安全管理的重中之重。會館公所借助紙質媒體《申報》

的影響，提前開展廟會「晏神」範圍和「晏神」路徑的宣傳，防止擁堵事件發生。「城隍誕會」是晚清上海規模最大的賽會，每年於清明、中元、下元舉行，自 1919 年下元誕會後，逐漸形成提前公佈出會路由的運作傳統。

> 出廟朝東，往南過長生橋，止四牌樓，往西縣東縣西，往北三牌樓，往西畫錦坊，往北過陳市安橋，往西過廣福寺，朝西走梨園路，往北走萬竹路，往西大境路，出拱宸路，朝南往老西門，一直出大東門，往北走鹵瓜街，往東走集水街，朝南走老馬路，一直往東出大碼頭，往南過工巡捐局，往西進新碼頭，往北走老馬路，往西進老白渡，往南過龍德橋，走莒市街，過花衣街，往西出王家嘴，往南過外倉橋，走南倉街，往西走教場街，往北出佛閣，往西過弔橋，往北過救火聯合會，往西進東喬家路，朝北過塔水橋，往西進西唐家弄，往南轉西走蓬萊路，過新縣署，進安瀾路，一直往南走過黃家闕路，一直過利涉橋，一直過審檢廳，往西。[51]

城隍出巡之前，組織者將出會線路公佈於眾，標明出巡時所過街道、橋梁、牌樓、街坊以及寺院等，有效引導人群結集和疏散，防止因人流過大而發生擁堵、踩踏等。[52]

除內部交通疏導外，外部可進入交通也因技術成熟而得以改善。滬寧、滬杭鐵路貫通從技術層面提高了交通的安全性與可進入性。1921 年，上海龍華香汛期間，滬杭鐵路線上「自三月初一至四月十五期間，每日上午十點至下午四點增開專車兩次，藉以便利香客」[53]。1926 年寧波江灣賽會時鐵路局除尋常列車外，特開專車十一次。[54] 鐵路的貫通逐漸改變了以香船爲主要工具的交通格局，有效減緩了遊客「水陸上下，踏木而行，履蹈甚險」[55] 的安全隱患。

迎神賽會組織和管理的科學化不僅保障了賽會有序進行，而且提升了賽會作爲綜合旅遊節事的遊客承載能力。1923 年鎮江「都天會」時南京數千人乘滬寧早班車前往觀瞻，[56] 1926 年寧波江灣賽會時，僅火車運送的遊客即達 1 萬餘人，迎神賽會的影響範圍早已突破了「廟界」的限制，表現出更強的接納性與包容性。

餘　論

迎神賽會源於「社祭」，其組織又稱「社」、「里社」、「村社」。伴隨明清

商業的發展，江南城市和市鎮迎神賽會的組織基礎逐漸由地域型「里社」向行業型「會社」轉變，並在晚清社會急劇商業化的過程中最終完成了以「里社」爲主向以行業「會社」爲主的轉型。行業組織的廣泛參與使江南迎神賽會在資金運作、項目策劃以及組織管理等方面表現出商業化運作特徵和以營利爲目的的經濟特性。可以說，迎神賽會已初步實現由單一民俗節慶向綜合節事活動的嬗變。

迎神賽會的興衰變遷與地方經濟休戚相關。自明代以降 600 餘年間，江南迎神賽會先後經歷了明初、明末清初、清咸豐同治時期以及民國中後期四個衰落期。此四個時期均爲江南經濟經歷戰爭破壞後的衰退期，迎神賽會興衰與江南經濟狀況間的關係於此可見一斑，「二者是皮之不存，毛將焉附的關係」[57]。也正因如此，在江南經濟遭遇 30 年代經濟危機以及日本侵華戰爭摧殘而走向凋蔽的背景之下，在科學主義和禮俗改造批判傳統文化的影響之下，迎神賽會因經濟基礎和文化基礎的動搖也漸漸走向衰落。儘管如此，清末民初迎神賽會在運作過程中形成的以政府爲主導，以行業爲主體，以民間資本運作爲主的商業模式仍有一定的借鑒意義。

參考文獻

〔1〕顧頡剛，妙峰山〔M〕，上海：上海文藝出版社，1988，12。

〔2〕鈔曉鴻，近二十年來有關明清「奢靡」之風評述〔J〕，中國史研究動態 2001（10）。

〔3〕賽會減色〔N〕，申報，1888～5～21。

〔4〕賽會減色〔N〕，申報，1878～11～1。

〔5〕雨阻賽會〔N〕，申報，1877～12～17。

〔6〕重行朝審〔N〕，申報，1881～9～2。

〔7〕京口賽會〔N〕，申報，1879～6～6。

〔8〕朱小田，近代江南廟會與農家經濟生活〔J〕，中國農史，2002（2）。

〔9〕東嶽盛會〔N〕，申報，1887～5～9。

〔10〕慈城賽會〔N〕，申報，1884～5～24。

〔11〕東嶽盛會〔N〕，申報，1886～4～24。

〔12〕盛澤社會之一班〔N〕，新黎里，1923～6～1。

〔13〕邑廟觀燈〔N〕，申報，1874～3～29，慶賀神誕〔N〕申報，1877～5～11，邑廟懸燈〔N〕申報，1883～5～4。

〔14〕備修三義殿一釐緣碑記〔A〕，江蘇省明清以來碑刻資料選集〔C〕，北京：三聯書店，1959，440。

〔15〕濮川所聞記〔A〕，中國地方志集成鄉鎮志專輯〔C〕，上海：上海書店，1992。

〔16〕元和縣示禁保護韓蘄王廟祀碑〔A〕，明清以來蘇州社會史碑刻集〔C〕，蘇州：蘇州大學出版社，1998，472。

〔17〕朱小田，在神聖與凡俗之間 —— 江南廟會論考〔M〕，北京：人民出版社，2002，139。

〔18〕上海縣爲水木業重整舊規各匠按工抽釐諭事碑〔A〕，上海碑刻資料選輯〔C〕，上海：上海人民出版社，1980，310。

〔19〕油麻業經抽售客釐金匯清總數碑〔A〕，上海碑刻資料選輯〔C〕，上海：上海人民出版社，1980，350。

〔20〕都天勝會〔N〕，申報，1882～6～8。

〔21〕上海縣爲舊花業公議章程諭示碑〔A〕，上海碑刻資料選輯〔C〕，上海：上海人民出版社，1980，362。

〔22〕民國湖南商事習慣調查〔A〕，彭澤益，中國工商行會史料〔C〕，北京：中華書局，294。

〔23〕民國湖南商事習慣調查〔A〕，彭澤益，中國工商行會史料〔C〕，北京：中華書局，236。

〔24〕車文明，臺閣：一種古老而廣泛的廣場表演藝術〔J〕，文化遺產，2008（2）。

〔25〕袁景瀾，吳郡歲華紀麗〔M〕，南京：江蘇古籍出版社，1998。

〔26〕光緒重輯楓涇小志〔A〕，中國地方志集成鄉鎮志專輯〔C〕，上海：上海書店，1992。

〔27〕歐陽兆熊，水窗春囈〔M〕，北京：中華書局，2007。

〔28〕賽會鬧事〔N〕，申報，1888～5～29。

〔29〕賽會志盛〔N〕，申報，1892～5～30。

〔30〕半淞園賽會〔N〕，申報，1892～5～27。

〔31〕和春茶園准演燈彩新戲〔N〕，申報，1892～6～22。

〔32〕四明長生會啓〔N〕，申報，1894～10～31。

〔33〕寧湖義振遊覽會特增賽眞會廣告〔N〕，申報，1911～9～25。

〔34〕論中西賽會名同而實異〔N〕，申報，1886～5～9。

〔35〕陳次亮，賽會〔A〕，皇朝經世文編〔C〕臺北：臺灣大學出版社，1989。

〔36〕遽，賽會小言〔N〕，新盛澤，1，923～9～1。

〔37〕桑秧會〔N〕，申報，1891～5～2。

〔38〕盛澤社會之一班〔N〕，新黎里，1923～6～1。

〔39〕南京快信〔N〕，申報，1926～5～24。

〔40〕馬敏，中國走向世界的新步幅：清末商品賽會活動評述〔J〕，近代史研究，1988（1）。

〔41〕中執會解釋廟會之意義〔N〕，申報，1930～12～5。

〔42〕李學昌，20 世紀上半葉杭縣迎神賽會衰落因素淺析〔J〕，華東師範大學學報，2007（9）。

〔43〕賽會停賽〔J〕，申報，1889～4～17。

〔44〕趙世瑜，兩種不同的政治心態與明清胥吏的社會地位〔J〕，政治學研究，1989（1）。

〔45〕賽會鬧事〔N〕，申報，1888～5～29。

〔46〕滬城雜記〔N〕，申報，1886～7～25。

〔47〕浦東吳家廳出會照禍〔N〕，申報，1919～4～14。

〔48〕陳金鏞，余之生活觀〔M〕上海：上海廣學會，1926，25。

〔49〕禁止夜會示〔N〕，申報，1886～4～27。

〔50〕寧紹會館演劇續志〔N〕，新盛澤，1924～6～11。

〔51〕下元節賽會之路由〔N〕，申報，1919～11～22。

〔52〕下元節賽會之路由〔N〕，申報，1919～11～22，清明節迎神賽會之種種〔N〕，申報，1920～4～5，城隍神會路由〔N〕，申報，1920～11～10。

〔53〕便利龍華香客〔N〕，申報，1921～4～7。

〔54〕各地快信〔N〕，申報，1926～5～13。

〔55〕吳門賽會〔N〕，申報，1882～6～15。

〔56〕各地快信〔N〕，申報，1923～5～30。

〔57〕樊樹志，盛世的投影 —— 民間信仰與迎神賽會的記憶〔A〕，江南社會歷史評論〔C〕，上海：商務出版社，2010。

附錄四：近代迎神賽會的慈善化與商業化運作——基於行業組織視角的考察[*]

摘　要

　　迎神賽會作爲一種意識形態活動，其結構與功能變遷一直伴隨著社會經濟結構的變遷。行業祭祀組織是行會爲加強認同和規範競爭而建立的宗教組織。隨著晚清行會向公所的演變與歸併，開展行內救助成爲行業祭祀組織的又一職責。至清末民初，公所向同業公會發展，救濟貧困同業、撫恤鰥寡孤制度廢除，以宗教和救助爲職責的行業祭祀組織隨之失去生存空間，走向衰落。在江南，部分喪失宗教特徵的迎神賽會在商會引導下走上了商業化運作的道路，實現向近代工商博覽會的嬗變。

關鍵詞：迎神賽會；行會；公所；商會；博覽會

---

* 本文係 2010 年度國家社科基金重大招標項目《江南地域文化的歷史演進》成果之一，項目批准號爲 10&ZD069。

迎神賽會是民俗史研究的重要組成內容，作爲一種意識形態活動，迎神賽會的地域特徵及其縱向發展演變可折射出地域社會的特點和發展狀況，正因如此，對其組織形式的探討一直成爲學界關注的熱點。迎神賽會組織形式大體可分爲地緣組織形式、血緣組織形式、業緣組織形式三類，地緣組織形式以村落、鄉鎮爲基礎，血緣組織形式以家族爲基礎，業緣組織形式以行業爲基礎，在影響力較大的迎神賽會如東嶽、城隍等迎神賽會中往往多種組織形式並存。

關於迎神賽會組織形式的探討前兩類成果較多。以「祭祀圈」爲切入點的臺灣地區、閩廣地區、江浙地區的地域神會研究，[註1] 以家族爲切入點的徽州地區家族神會研究，[註2] 都取得了相當豐碩的成果，這些成果勾勒出區域社會變遷的軌蹟，如閩、廣、臺地區由邊陲向中心的發展，江浙地區持續發展的市鎮經濟，以及徽州宗族社會的形成與衰落等。

明清時期商品經濟高度發達，工商業發展對迎神賽會產生重要影響，但現有成果多是從「崇奢」的角度探討工商業者在迎神賽會中的非理性行爲，[1]

〔註1〕 參見莊英章：《林圯埔：一個臺灣市鎮的社會經濟發展史》，上海：上海人民出版社，2000 年。（日）濱島敦俊的《明清江南農村社會與民間信仰》，廈門：廈門大學出版社，2008 年。林美容：《從祭祀圈到信仰圈：臺灣民間社會的地域構成與發展》，收入張炎憲編：《中國海洋發展史論文集》第 3 輯，臺北中央研究院三民主義研究所，1988 年。鄭振滿：《神廟祭典與社區發展模式——以莆田江口平原爲例》，《史林》1995 年第 1 期。陳春聲：《信仰空間與社區歷史的演變——以樟林的神廟系統爲例》，《清史研究》1999 年第 3 期。錢杭：《忠義傳說、祭祀圈與祭祀組織——浙江省平陽縣滕蛟鎮薛氏忠訓廟的歷史與現實》，《史林》2002 年第 2 期。吳滔：《神廟界域與鄉村秩序的重組——吳江莊家圩廟的考察報告及其初步研究》，《民俗研究》2008 年第 2 期。王健：《明清以來江南民間信仰中的廟界》，《史林》2009 年第 2 期。相關研究可參考王健：《近年來民間信仰研究的回顧與思考：社會史角度的考察》，《史學月刊》2005 年第 1 期。

〔註2〕 參見鄭力民：《徽州社屋的側面——以黟南孝女會田野個案爲例》《江淮論壇》1995 年第 4、5 期。唐力行：《徽商與杭州汪王廟的變遷》，唐力行主編：《國家、地方、民眾的互動與社會變遷》，北京：商務印書館，2004 年。王振忠：《清代徽州民間的災害信仰及其相關習俗》，《清史研究》2002 年第 2 期。（日）澀谷裕子：《明清徽州農村的「會」組織》，《95' 國際徽學學術討論會論文集》，合肥：安徽大學出版社，1997 年，第 151 頁。卞利：《明清徽州會社初探》，《安徽大學學報》2001 年 6 月。相關的個案研究還有，劉淼：《清代徽州的「會」與「會祭」——以祁門善和里程氏爲中心》，《江淮論壇》1995 年第 4 期；夏愛軍：《明清時期民間迎神賽會個案研究——〈祝聖會簿〉及其反映的祝聖會》，《安徽史學》2004 年第 3 期等。

較少系統論述工商各業積極參與賽會的經濟原因、籌集賽會資金的形式以及對賽會社會功能的其他影響。賽會研究的奠基人之一顧頡剛先生在對妙峰山香會進行調查研究時，就非常關注行業祭祀組織與行業組織間的互動關係探討，[2] 12 這一研究傳統由趙世瑜、吳效群等延續下來，使北方行業祭祀組織的史學研究繼續深入。[3] 相比北方迎神賽會，南方迎神賽會既有共同之處，又在組織結構與社會功能（註3）上存在著差異，出生於蘇州的顧先生當時就注意到了這一點，稱北方主要是香會，南方主要是迎神賽會，南方迎神賽會的盛況更是與工商行業的發展狀況密不可分。然而由於種種原因，時人並未為對南方迎神賽會展開更多的系統調查。所幸在多部工商行會史料集以及工商業碑刻集中收錄了諸多行業祭祀的內容，近代報刊《申報》、《新盛澤》等對迎神賽會的組織情況也進行了詳細報導。本文試圖以上述史料為基礎，探討行業組織與行業祭祀會社間的關係，並試圖從行業組織變遷的視角來探討迎神賽會結構與功能的變遷情況。

一、強化認同、規範競爭：行業參與迎神賽會的經濟動機

行業參與迎神賽會的歷史至遲可追溯至唐代，《太平廣記》就曾記載唐代吳地「太伯誕會」時，金銀行等積極參與的盛況。[4] 自宋以來，參與迎神賽會的行業日漸增多，這些行業的經營內容多與祭祀相關，如「七寶行獻古董，青果行獻時果，魚兒活行呈獻異樣龜魚，花業獻異檜奇松，米麥行獻稌禾、蕎麥」[5] 等。據載：「米麥等行，歲供稌禾、蕎麥等薦新，皆有賠費。」[6] 既然賠錢費工，為何還要參與呢？《都城紀勝》解釋曰，「市肆……但合充用者，皆置為行」，這一解釋客觀上反映出行業參與民間祭祀的行為具有一定的官方強制色彩。

明中期以後，隨著工商業的發展，與祭祀供品無關的行業也廣泛參與到迎神賽會中。杭州「褚侯誕會」、嘉興濮院「祐聖會」、蘇州「五方賢聖會」極盛一時的繁榮場面都與絲行捐資有關。[7] 延續至清代，參會行業遍及各業，無錫「府城隍誕會」由米行捐助；[8] 嘉興濮院鎮「珠寶會」的資金來自綢行和領行；[9] 蘇州「周王誕會」和「韓王誕會」分別由玉器業和米麥行捐

〔註3〕關於江南廟會社會功能的研究以朱小田為代表，其著作《在神聖與凡俗之間：江南廟會論考》和《江南場景：社會史的跨學科對話》從功能主義的角度討論了近代江南廟會的經濟功能、娛樂功能、文化功能等。

助；[10] 531~472 南京「東嶽會」中有所謂「茶擔」者，盛玉器珍玩，計一擔之值可數千金，爲錢業公所之物；[11] 杭州「盂蘭盆會」時行目中人各爲一班。[12]「都天會」的賽期在每年四月中下旬，與會者盡係商家，淮安「都天會」共有二十餘業參與其中；[13] 142 揚州「都天會」以六陳行、布衣行、銅鐵行、木竹行、葷店及廚行五業爲首；[14] 寧波「都天會」向來共有六社，會之最盛者爲糖行所捐助；[15] 鎮江「都天會」上共有錫箔業、駁船業等二十八個行業參與其中。[16]

　　相比宋代，明清時期的參會行業更加廣泛，有些行業的經營業務與祭祀供品並無太大關聯，如寧波「都天會」中的糖行、南京「東嶽會」中的錢業等。這些行業對迎神賽會傾注了極大的熱情，其參會行爲完全看不出官方強制色彩。究其原因，固然有滿足娛樂需求、崇奢炫富的目的，但亦有更深層次的經濟動機。

　　首先，行業需要借助行業神崇拜增強內部凝聚力。處於發展中的行業往往借助祠廟作爲議事聚會的場所，久之便參與到祠廟的祭祀活動中。如蘇州吳縣玉器業以周宣靈王廟爲行神廟在此地議事經營，上海米業「假既濟道院爲同業議事之處」[17] 364。行業選擇祠廟作爲議事聚會的場所，一則考慮到祠廟具有幽靜、寬敞的地理環境便於商討事務；二則試圖通過行業神信仰，加強團結以增強內部凝聚力。正如湖南武岡南貨業會規所云：「同人思欲以合群力而聯眾心，爰於己亥，玉成一會，以祀雷祖、五穀尊神。」[18] 246 爲提升行業神宗教地位，眾多行業還選擇將行業神依附於城隍、東嶽等國家正神之下。北京朝陽門外的東嶽廟附近遍佈著馬行、豬行、羊行、棚行等行業神廟。[19] 384~387 上海城隍廟一帶分佈著豆業、鞋業、舊花業、帽業、布業、羊肉業、銀樓業、鐵鑽業、沙柴業、丐業、酒館業、肉店業、錫器業、鄉柴業、花糖行、青藍布業等十六個行業的公所。[17] 362 在「以娛神歆，以乞其庇」[19] 387 的目的之下，行業神成爲行業認同的重要象徵。

　　其次，行業借祭祀活動整頓行規以規範競爭。蘇州城中「市肆懸旌入行、聚規、罰規皆在玄妙觀中擊牲演劇」[44] 86，祀神活動成爲開展行業公共事務的最佳時機。湖南永順錢莊業規定，「每年財神誕日，設席會議，重整規則一次」[18] 237。長沙山貨業和巴陵米業分別於「財神誕」和「后稷誕」會前後，將秤送至公所「共同較準」以防「大小不一」。[18] 478 整頓行規的經濟活動借助祀神活動變得更加神聖不可侵犯。

關於宗教性質的行業祭祀會社與經濟性質的行會組織間的關係，學界歷來存有爭議。馬士（Morse）主張先有行業祭祀組織才有行會組織，「行會最初不過是崇拜手工業、商業等想像上的創造者的人的結合，至於他的種種經濟功能是後來才發達的。」全漢昇不贊同這一觀點，認為行業祭祀組織的產生應是在行會組織產生之後，「這種宗教上的崇拜，只能算是加重行會團結的手段，絕不是產生行會的母體」[20] 3。筆者贊同後一種說法。據《夢粱錄》的描述，「每遇神誕日，諸行市戶俱有社會，迎獻不一，如七寶行獻七寶玩具為社……青果行獻時果為社……魚兒活行獻以異樣龜魚呈現獻」，反映出應是先有「行」的存在，才有行業祭祀會社的出現。儘管時常以祭祀會社來代指行會，如北京木作業的「魯班會」，它既指行業的祭祀組織，又指木作業的行會組織。但大部分行業仍將「行」與祭祀會社區別開來，如湖南工商業中綢布莊之錦雲會、文質會，靴鞋業之孫祖會，書業之文昌會、篾店之魯班勝會、紙店之蔡倫會、染坊之梅葛祀、成衣業之軒轅會，白鐵幫之老君新會、襪鋪業之雷祖會等等，都屬於行業祭祀會社。

可見，祭祀會社是行業發展到一定階段的產物，其產生主要是為滿足行業增強凝聚力和規範競爭的需要。清代是行業神崇拜的極盛時期，隨著行業祭祀組織的廣泛建立，行業的賽會捐資和會產管理方式也漸趨規範化。

二、釐金制和總董制：行業籌集賽會資金和管理會產的創新

行業捐資形式與行業經濟活動密切相關，經濟實力不同，區域經濟的發展狀況不同，行業捐資形式也不盡相同。清代行業祀費的徵收方式除自願捐輸外，香資攤派、罰金徵收和行業釐捐等強制捐輸形式也廣泛盛行，強制捐輸便於實現賽會資金徵收常態化，對於穩定賽會的資金來源具有積極意義。

香資攤派是最普遍的祀費徵收形式。《宣統二年湖南商事習慣調查》中記載祀費數額的行業達 59 個，其中採用香資攤派的達 53 個。[18] 攤派數額因行業不同而存在差異，自 24 文至 10 萬文不等，數額最低者為武岡染坊業和邵陽毛貨店，最高者為益陽鑄廠，巨大的數額差異反映出行業間經濟實力的差距。大部分行業的徵收標準在 500 文以下，僅有長沙酒席店業、長沙綢店業、益陽刀店業高於這一標準。儘管行業之間在香資數額上也存在差異，但行業內部數額基本一致，僅考慮鋪主、客師、學徒的身份差異，而不考慮行業成員經營狀況的差異。

　　罰金是對行內違規者的懲罰，也是祀費的重要來源。如果說香資攤派體現了加強行業認同的意圖，罰金的徵收則出於規範競爭、甚至限制競爭的目的。湖南巴陵布業規定，「吾業有短欠尺碼者，一經查出罰錢兩串文（2000 文）入城隍公會」。湘鄉香店規定，「如對行規陽奉陰違，查出罰錢 1000 入廟」[18] 311。邵陽毛貨店中確立了嚴格的罰規，「外來參師者，永不准帶（門徒），如違，公同革去，罰本師錢 2400 文入公敬神。買賣隨客賜顧，如有中證陪買者，永不准抽扣錢文。如違，查出公罰賣主錢 2400 文敬神。日工每天取身俸錢 160 文，如違，查出罰錢 800 入公敬神。同行人等，不得與外人同貿生理及臨門訓徒。如違，公同不准，另罰錢 4800 入公敬神。老店對面，只准在第三家開張，正對上下中空五間，毋得紊亂。如違，不准，公同罰錢 4800 文入公敬神」[18] 267。發展至清末，罰金數額一般在 400 文以上，長沙錢業和益陽洋鐵業的罰金高達 1 萬文，邵陽毛貨店和廣貨店的罰金也達到了 4800 文。這種以香資徵收爲主，以罰金徵收爲輔的祀費徵收形式，早在乾隆時期已經成熟，[18] 405 延續到清末民初，一直是湖南地區祀費徵收的主要形式。

　　祀神釐捐的出現是賽會資金籌措規範化的又一表現，江南是最早產生祀神釐捐的地區。[21] 24 康熙四十五年（1706）盛澤鎮修建三義殿率先採用行業釐捐的形式，「此廟歷世常新之著，實在此一釐。緣凡省商賈貿易於斯者，計銀兩之多寡，留儲每兩千分之一」[22] 440。到乾隆年間，絲織業市鎮濮院也出現了行業釐捐。「乾隆二十八年（1763）里人創設一釐會，即機戶賣綢一匹，綢行與接收合捐用錢一文，勘著綢每匹合捐二文，有司事者共同經理，其所買綢數有煉坊簿籍可稽，萬無遺漏。觀工之外，凡遇寺廟工作，至今無不取給於是。」[9] 參照營業額多寡實行釐捐，充分考慮到了各店經營狀況的差異，具有不同於香資徵收整齊劃一的特點。「其所買綢數有煉坊簿籍可稽，萬無遺漏」說明歷歷可查的帳簿成爲綢、領相互監督的實證，也使行業的懲罰措施更具公平性。相比香資和罰金制，釐金制的徵收標準更趨合理，以營業額的千分之一爲標準徵收，既充分兼顧到從業者經濟實力和經營狀況的差異，又簡化了祀費徵收的程序，基本結束了行首沿街索費的局面。

　　太平天國戰爭期間，清政府在江南地區廣設釐捐局，向各行業徵收釐捐以籌集軍餉，官方釐金制度的確立加速了祀費釐金制的發展。自咸豐四年（1854）清政府在江蘇首先確立釐金制度後，釐金逐漸成爲行業祀費的主要來源。這一年蘇州府元和縣的「韓王神誕會」由六陳米麥行中的糴糶客商和

牙行共同捐輸，「每石共捐制錢四文，以資備祭祀和神誕慶祝」[10] 472。鎮江「都天會」在咸豐十一年後實行釐金制，參加者須按營業額抽取一分左右的釐頭，稱「公釐」作爲活動經費。[23] 139 同治七年（1868）上海水木業「各匠包造房屋者，每工抽釐五文，如有自行備料，惟發點工者，每工抽釐二文」[17] 310。光緒二年（1876）上海油麻業「統抽釐金、租、頂總計錢八百一十七萬兩千六百七十九文，其中常年敬神、金身復漆、醮資費共計三百三十八萬六千四百文」[17] 350。光緒八年「揚州都天神會，各行業提釐爲出會經費」[14]。光緒十六年後，上海舊花業「同業買貨，價作洋數，每洋提錢四文，各照底簿，按月彙交司年收存，以備敬神等用」[17] 362。

儘管釐金制與香資、罰金徵收制長期並存，但相較而言，釐金主要流行於江南，並未盛行於其他地區。[註 4] 咸豐四年長沙刻字店約定，「大凡生意至三十兩，每兩抽釐一分，以備每年祭祀用費」[18] 294。然而此後不久，因行業發展困難此項釐金即行廢弛。長沙錢業也在會規中反覆聲明，釐金的徵收只是一種權宜之計而非長久之計，「初修公廟，經費不敷，始議按照月釐減半抽收月捐，此亦眾擎易舉之法……一俟虧款填足，廟用歲修各有所資，即行停止」[18] 236。釐金盛行於江南或可歸因於這一區域具有較高經濟水平，具備抽收祀神釐金的經濟實力。光緒二年，上海油麻業的祀費釐金達到三百三十八萬六千四百文，超過湖南地區任何一個行業的祀費金額。[17] 350 祀神釐金徵收對象爲買賣雙方，作爲一種商品交易稅，它的出現客觀反映出江南地區的商品交易量已達到相當規模。

在迎神賽會資金籌措漸趨規範化的同時，迎神賽會的資金管理也同樣走上了規範化。會產一般通過置產生息和存莊生息兩種方式進行管理。上海浙紹各業「興中秋會，買房置地，以作邑廟酬神公用」[17] 210。長沙西貨氈毯扇業「置長邑錦繡都二甲四區民田三石，……每逢神誕，應將租穀變用。所有盈餘，擇人分管，照例週年一分二釐行息」[18] 306。存莊生息的方式也廣泛盛行於各業。湖南寧鄉攤店漁行「每年六月初五日，在城隍廟憑眾核算，所有餘存，概歸經管借放生息」。湖南武岡南貨業規定「會金多寡，須存典鋪生息，不得私存私借」。長沙窯貨店「公項銀錢以分半行息，輪流公管」。浙紹永錫堂「祀關帝，每人各出十元，存莊生息，以爲十三日演劇設席之需用」。[17]

[註 4] 在湖南、湖北等地的工商業中，儘管也有絲行、瓷行等實行釐金制，但釐金並不用於行業祭祀。

229 四明公所「各會公款助入公所者，仿照存款生息之法，以六釐週年計息，應付各會中元建醮之費」[18] 920。

　　無論置產生息還是存莊生息，都是資產保值增值的手段，尤其置產生息方式已帶有商業投資性質，商業投資客觀上要求會產的管理者具有長期投資的眼光和管理意識。清前中期，行會中的會首一般由公舉產生，稱為「司事」或「首事」，會首產生後採用輪製方式管理會產，又稱「值年司事」。[17] 295 清晚期，輪值會首之上又出現了總董，同治七年「魯班會公舉官匠朱炳石為魯班殿司管之主，江浙各匠幫再立司年司月挨輪會辦」[18] 313。主管或總董相比於會首，不僅與官府聯繫密切，而且往往擁有雄厚的經濟實力，如上海四明公所的總董之一即是專營進出口貿易的方鎮記，總董的出現意味著行業祭祀組織中管理層級的複雜化，為商會董事制的產生奠定了組織基礎。

　　釐金制與總董制對保障迎神賽會的資金來源和有效運作具有積極意義，事實上確立了行業在地方「東嶽會」、「城隍會」、「都天會」、「盂蘭盆會」中的主導地位。隨著總董們的權力越來越大，行業組織中的神異權威正向經濟權威轉變，這一轉變意味著行業組織成員將因經濟地位懸殊產生了階層分化。然而，中國行會的發展並未走上與西方相同的發展道路，分化出強大的無產階級。鴉片戰爭後，行業分化速度放緩而行業整合趨勢確越來越明顯，這一特點在受到西方經濟衝擊和太平天國戰爭破壞的江南地區表現得尤為明顯。

三、施善與救濟：行業公所主持下的迎神賽會變遷

　　鴉片戰爭後，傳統手工業受到前所未有的衝擊，為應對危機增強行業競爭力，行會逐漸向公所演變和歸併。[註5] [24] 蘇州吳縣玉器業於嘉慶十三年（1808）成立「永慶神會」，至道光三年時吸納祭祀會社「陰皂班」、「護衛班」加入其中，到光緒二十八年時成立公所。[10] 531、[25] 蘇州漆作業在道光十七年（1837 年）成立性善公所，[10] 319 道光二十五年重修公所時又有長慶會、長壽會加入其中，[26] 146 咸豐元年時再有長生會、華陽會、長福會加入其中，性善公所的發展狀況反映出行會向公所歸併的趨勢。[26] 148 在危機面前，規範和限制行內競爭固然還是祀神的重要目的，但求神庇祐和共度難關似乎成為

〔註 5〕據范金民的研究，江南地區公所的產生雖在鴉片戰爭以前，但公所的大量出現　　　卻是在鴉片戰爭以後，公所大量產生與近代傳統工商業的困境有關。

了祀神更重要的功能，行內慈善活動在公所的組織下以祀神的名義下發展起來。蘇州雲錦公所在道光十九年士紳設局賑濟機匠時並未參與救助，只是提供了機匠的戶口「此舉責成經造緞紗帳房，秉公開呈，機匠戶口，並不勸助分毫」[27]，至道光二十三年至二十四年間則有胡壽康等設局捐濟同業，[26] 26 光緒十五年時雲錦公所又添設蒙養小義塾，資助同業中無力讀書子弟。與絲織業具有同等重要地位的棉布業，在同治八年建立尚始公所後也把行業善舉擺在行業事務的突出位置，規定「各夥於薪俸內每千捐錢十文，店主人亦復照數捐助，戊辰春，再為勸募，每千捐錢兩文，彙存公所，按期分給月米錢文，兼助喪儀等費」，施助的對象主要是行業內的雇工、夥計。

這些行內救助活動與善堂、善會救助活動的不同之處在於，它僅在行業內部展開，是面臨生存壓力的行業組織有意識地強化會社互助功能的結果。北京木作業在光緒二十年設義所，將「例年辦會積攢餘資，於光緒二十年，在先農壇後，置買新安義地一段以備安葬」[19] 386。寧波長生會在光緒十二年前後也開始將二十多年間盂蘭盆會的餘款「陸續購置城內市房十三幢，並基地在內。所收利息，議立施棺、惜字等善舉。」[17] 262 會款大量用於慈善事業說明祭祀會社施善救助的功能被強化了。

隨著行業生存壓力增大，這一時期慈善事業還成為不同行業進行地域整合的重要紐帶。在上海，從光緒十二年到宣統三年間，以寧波人為主體的鋼鐵器業永生會、內河水輪業、木業之長興會，肉業之誠仁會，馬車漆業之同議勝會、以及長生會皆收歸四明公所管理。長生會在碑文中詳述了併入公所的原因：「近年來，賒領棺木者尤多，每歲不得不仍向同鄉中募勸醵資，玉成其事。但吾輩來滬，繫屬一時謀業，去留難卜，恐此後此會終至廢止。現公議將會中所置基地、市房樓屋十三幢，每年約收租錢五百五十餘千文，助入公所，永遠經營。」[17] 上述組織陸續歸併入四明公所後才有了晚清上海規模空前的盂蘭盆會。四明公所的建立雖在嘉慶年間，但其真正發揮行業整合的作用卻是在光緒十二年以後，尤其是光緒三十年以後諸多行業紛紛加入四明公所，無疑是為尋求雄厚資本的庇護。

由此，繼續探討趙世瑜在《魯班會：明至民國初北京的祭祀組織與行業組織》一文中所提出的問題，儘管行業祭祀組織內孕育著分化的因素，但雇主和工匠仍然同存於同一行業祭祀組織內，二者之間的分化並不徹底。究其原因，不僅是基於共同的行業信仰，更重要的則是行內慈善救濟活動的發展。

晚清時期，面臨外部激烈競爭與內部分化挑戰的行業組織，將行業祭祀活動發展爲施善救濟活動，將行會組織歸併發展爲公所組織，爲行業的持續發展提供了廣闊空間。

清末民初，在西方商業模式的影響之下部分公所逐漸向同業公會演變，1918 至 1929 年間，政府多次頒佈法令，要求「凡在同一區域內經營各種正當之工業或商業者，均得依本法設立同業公會」[28]。同業公會建立後，現代福利保障制度相應在公會組織中建立起來，行業祭祀組織逐漸失去了依存的空間，走向衰亡。與此同時，迎神賽會亦在地方商會的領導下走上了「去迷信化」和商業化運作的道路。

四、商業化運作：商會領導下的迎神賽會革新

商會組織作爲清末新政的產物登上了歷史舞臺，它以「振興工業，齊一商志」爲己任，以同業公會爲基石。作爲一種跨行業的聯合組織，它不限籍貫和行業，從橫向上把全城各個行業組織和聯絡成一個整體，相比公所，更關注地方經濟的發展。[29] 在重商主義思想影響下，商會成爲民間迎神賽會商業化改造的主導力量，促成了民間迎神賽會向商品博覽會的嬗變。[註6][30] 在此，以盛澤「雙楊會」爲例，將商會主導下的賽會商業化運作情況略加論述。

將迎神賽會改造爲商品博覽會在當時已有一定的輿論基礎。早在清末，就有人提出改革舊式的迎神賽會，將其改造爲含有近代經濟意義的「賽會」的主張。時人陳次亮認爲「各省賽會迎神之習，雖爲鄉儺遺意，但作爲無益，動肇爭端」。於是建議，將其改易爲近代式的賽會：

> 宜詳考各國立會之制，先於滬漢等埠籌款試行農桑礦務等會，以勸民間。俟東省鐵路既成，則於天津購地造展，綜集中西，設一博覽會，九重親校，以重其事。中外之金石、古玩、名畫、法書以及山海之珍奇、工作之器物，均可入會。購者議價，觀者取資。立會之費，預籌專款。會散後儲爲博物院，備後人考鏡之資。嗣後逐漸推行數省，一舉以開風氣，以拓利源。[31]

陳次亮將迎神賽會改造爲博覽會的主張確實有一定的依據，因爲兩者在物品

〔註6〕學界關於博覽會的探討中，往往將博覽會視作西方影響下的新興事物，較少探討廟會與博覽會的關係。

陳列的豐富性、新奇性以及商品交易的盈利性方面確有諸多相似之處。時人鍾天緯亦有類似的觀點，曾上書張之洞，請變通迎神賽會爲近代博覽會，「不如自行賽會以導華人先路而開富國之基。誠能就南方之賽會迎神、北方之廟集趕墟，變通其法，令百工商賈各行其業，自賽其物產，下至家用什物亦羅列於會場，兼行交易。」[31] 在上世紀初興辦博覽會的熱潮中，盛澤鎮的知識分子也接受了上述主張。1923 年徐蔚南就曾提出西化賽會的想法，「賽會，各國皆有。若美國之華盛頓紀念會，南洋菲律賓之嘉年華會，尤爲世人所稱道。莫不扮演新奇，暗寓諷刺。吾鎮賽會，曷取法於彼乎？」[32] 作爲地方報紙《新盛澤》的主編，徐蔚南的言論在當地自然具有輿論導向的作用。

上世紀二十年代，正是我國絲織業遭遇歐美、日本挑戰，處於低迷萎縮的時期。以絲織業爲支柱產業的盛澤、震澤等市鎮，受到的衝擊尤爲嚴重。正是出於振興絲織業的考慮，1924 年 3 月，震澤絲商周心梅等提出恢復已停辦十三年之久的「雙楊會」。這一年的 3 月 6 日，周心梅與雙楊昭靈廟住持齊赴盛澤，通知盛澤各廟舉行迎神賽會的時間，希望盛澤各廟做好接待廟神的準備。盛澤市民議會最初擔心「雙楊會」歷時長、會境廣，極易引起匪類的混雜和蠢動。[33] 不過，當周心梅向盛澤方面提出「擬趁雙楊會之機，舉辦蠶絲成績展覽會」的主張時，議會認爲此舉確有創新之處，而且有助於地方經濟發展，於是打消顧慮積極支持舉辦賽會。與此同時，市民議會還決定徵收戲捐，通過迎神賽會期間「每演戲一天，抽捐五元」的辦法來解決地方教育經費短缺的困境。[34]

1924 年的「雙楊會」正是在輿論導向和經濟利益的刺激之下，以博覽會的形式實現了復興。「雙楊會」作爲吳江最盛大的迎神賽會，每十年才舉行一次，會以震澤鎮郊的雙楊村爲起點，途經震澤、梅堰、盛澤等發達市鎮，前後延續半月有餘。[35] 舉會期間，人山人海，熱鬧非凡，拜神燒香者絡繹不絕，服務產業如茶館業、酒樓業等因此獲利頗豐。不過，「雙楊會」的最大受益者並不是服務業，而是當地的支柱產業——絲織業。由於「雙楊會」排場豪華，僅各廟神靈出巡時的「行頭」和巡神隊伍中的綵旗、「擡閣」等就需要大量的絲織品來點綴裝飾，地方上的絲行和綢行都把「雙楊會」視爲一次絕好的商機。

「雙楊會」的商業化變革在經濟上取得了極大的成功，對恢復當地經濟具有非同一般的作用。在「雙楊會」會單發至盛澤後，各廟紛紛預備，四出

募捐，或將廟宇修葺一新，或添置旗傘、儀仗，而一般熱心觀會之人，亦預定船雙，剪料，置衣，綢緞、洋貨各鋪無不因此門庭若市，市利三倍。據統計，「雙楊會」籌辦和舉行期間，商品銷售總額達到一百萬之多，其中又以綢行為最。由於置辦行頭需要大批的絲綢，僅「雙楊會」籌備期間，參與賽會的盛澤各廟花費總額就在一萬五千元以上，舉辦期間的消費總額則在百萬元左右。以盛澤每年六、七百萬兩的絲綢交易額計，[36]「雙楊會」帶來的收益應占全年收益的十分之一。

　　「雙楊會」的成功舉行顯示出傳統迎神賽會完全具有向商品博覽會轉變的可能，儘管迎神賽會中仍存有「泥菩薩擡來擡去，相互迎送，相互致辭」的「迷信」做法，但「會中各船，裝著活動機關的木偶如搖經、掉絲、捕魚、汽車等」農業展覽會內容「可表示鄉民的民智，頗有益於社會」[37]。自清末廟產興學政策推行以來，「反迷信」話語已成為地方社會反迎神賽會輿論的主流，其與五四以來科學主義思潮的融合迫使迎神賽會的去宗教化改造已成為不可減緩的必然之勢。若要嘗試將商業化運作的賽會會與社會公益事業的結合，則必須去其宗教特徵，弘揚科學、破除迷信。1924 年「雙楊會」改革的前前後後再次映證了這一點。商會在這次改革中發揮了不可或缺的重要作用。當時盛澤商會的會長正是綢業公所的董事沈鵬，迎神賽會所帶來的商業利益與商會成員的經濟利益休戚相關，[38]因此，推動迎神賽會向博覽會轉變對於商會而言是名利雙收的事業。初具現代氣質的商會組織從傳統中解脫出來，從商業運作和地方經濟視角出發，對傳統迎神賽會進行大刀闊斧的改革，實現了迎神賽會的商業化運作及其向博覽會的嬗變。

　　1930 年，國民黨中執會的一段解釋，客觀上肯定了商業化改革的主張。「查迎神廟會制度，雖係舊俗，早已成為純粹商業性質之集會，並無迎神賽會種種迷信夾雜其間，實為集鎮墟市集會，中下層社會，日用所需，每多取於此，與民眾關係至切，苟能改其會期，令從國曆，則於國曆之推行，自易收效，實無修正之必要。總之，此處所指『迎神賽會』並非係指迎神賽會迷信舉動而言，請求修正，未免誤會。」[39]就「迷信」特徵而言，迎神賽會與墟市集會並無本質差異，此處將二者區別對待，列迎神賽會為「迷信」之一，實則是為將迎神賽會的儀式活動與商貿活動相區別，將迎神賽會的經濟功能與宗教功能相剝離。這也意味著迎神賽會的宗教功能被人為削弱，過去籍由宗教而衍生的慈善救助功能，不再通過祀神活動體現而借助商業義演的

方式實現。1925 年盛澤中元賽會「客商至盛，絡繹不絕」[40]，1931 年的天津皇會以振興市面爲需求，[41] 1946 年的蘇州軋神仙會以「民族復興」爲口號，[42] 反映出迎神賽會的經濟功在政府支持下得到強化，商化運作已成爲運作的普遍形式。

民國時期，在商會的影響下江南迎神賽會的行業組織形式和社會功能發生了較大變化，其運作模式愈來愈接近現代商業運作模式，這種變化與江南工商業的革新密不可分，江南迎神賽會也因此成爲國民政府民俗改革的重要參考。

結　語

道格拉斯 C・諾斯在《經濟史中的結構與變遷》一書中提出經濟史的任務是解釋長時段中經濟結構的變化與成就，並強調意識形態活動在經濟組織變遷中的作用。[43] 作爲意識形態活動的迎神賽會，其組織結構與功能的變遷緊跟行業組織的變遷而發生。

清代是行業神崇拜的極盛時期，行業祭祀組織大量出現。筆者認爲行業祭祀組織產生於行會組織之後，是行業發展到一定階段時加強行業認同、規範行業競爭的產物。鴉片戰爭後，行業祭祀組織中廣泛盛行的釐金制和總董制在穩定賽會資金來源的同時，也加劇了行會組織的分化。但這種分化最終並未完成，相反，受到西方經濟威脅的行會逐漸向公所演變和歸併，行業祭祀組織在這一過程中越來越多地承擔起行業慈善的任務，發展爲行業救助組織。隨著公所向同業公會發展以及商會的出現，行業認同已不需要借助祭祀和慈善來完成，行業祭祀組織最終失去生存空間，走向衰亡。迎神賽會在商會的引導下向工商業博覽會演變，走上了商業化運作的道路。近代迎神賽會的「去迷信化」固然有思想層面的內因，但更有來自經濟制度層面的動因。

參考文獻

〔1〕鈔曉鴻，近二十年來有關明清「奢靡」之風研究述評〔J〕，中國史研究動態，2001（10）。

〔2〕顧頡剛，妙峰山〔M〕，上海：上海文藝出版社，1987。

〔3〕趙世瑜，狂歡與日常 —— 明清以來的廟會與民間社會〔M〕，上海：三聯書店，2002，吳效群，妙峰山：北京民間社會的歷史變遷〔M〕，北京：人民出版社，2006。

〔4〕《太平廣記》卷二百八十《劉景復》〔M〕，文淵閣四庫全書本。

〔5〕《夢粱錄》卷十九《社會》〔M〕，北京：中國商業出版社，1982。

〔6〕《續資治通鑑長編》卷二百四十六《熙寧六月六年七月己丑》〔M〕，北京：中華書局，2004。

〔7〕 魏文靜，明清江南迎神賽會屢禁不止與商業化〔J〕，歷史教學，2009（7）。

〔8〕《錫金識小錄》卷十一《紀異》〔M〕，中國方志叢書。

〔9〕《濮川所聞記》卷二《寺觀》〔M〕，中國地方志集成·鄉鎮志專輯。

〔10〕 王國平，唐力行，明清以來蘇州社會史碑刻集〔M〕，蘇州：蘇州大學出版社，1998。

〔11〕 東嶽盛會〔N〕，申報，1886-04-22。

〔12〕 盂蘭會〔N〕，申報，1887-07-09。

〔13〕 胡樸安，中國風俗〔M〕，北京：九州出版社，2007。

〔14〕 都天勝會〔N〕，申報，1882-06-08。

〔15〕 賽會減色〔N〕，申報，1888-05-21。

〔16〕 鎮江都天會〔N〕，申報，1920-05-30。

〔17〕 上海市博物館，上海碑刻資料選輯〔M〕，北京：人民出版社，1980。

〔18〕 彭澤益，中國工商行會史料集〔M〕，北京：中華書局，1995。

〔19〕（日）田仲一成，中國戲劇史〔M〕，雲貴彬，北京：北京廣播學院出版社，2002。

〔20〕 全漢昇，中國行會制度史〔M〕，天津：百花文藝出版社，2007。

〔21〕 徐毅，江蘇釐金制度研究〔M〕，上海：上海財經大學出版社，2009。

〔22〕 江蘇博物館，江蘇省明清以來碑刻資料選集〔M〕，上海：三聯書店，1959。

〔23〕 朱小田，在神聖與凡俗之間——江南廟會論考〔M〕，北京：人民出版社，2002。

〔24〕 范金民，清代江南會館公所的功能與性質〔J〕，清史研究，1999（2）。

〔25〕 周王神誕〔N〕，申報，1880～10～23。

〔26〕 蘇州博物館，明清蘇州工商業碑刻集〔M〕，南京：江蘇人民出版社，1959。

〔27〕 顧震濤，吳門表隱·附集〔M〕，南京：江蘇古籍出版社，1999。

〔28〕 馬敏，中國同業公會史研究中的幾個問題〔J〕，理論月刊，2004（4）。

〔29〕 馬敏，朱英，淺談晚晴蘇州商會與行會的區別及其聯繫〔J〕，中國經濟史研究，1988（3）。

〔30〕馬敏，中國近代博覽會史研究的回顧與思考〔J〕，歷史研究，2010（2）。

〔31〕《皇朝經世文編》卷三十《賽會》、卷五十七《擴充商務十條：上南皮張制軍》〔M〕，臺北：臺聯國風出版社，1979。

〔32〕遽，賽會小言〔N〕，新盛澤，1923-09-01，吳江市檔案館藏。

〔33〕汪光祖，雙楊會〔N〕，新盛澤，1924-03～11。

〔34〕戲捐實行〔N〕，新盛澤，1924-04-01。

〔35〕周德華，雙楊會〔C〕，吳江文史資料。

〔36〕盛澤社會之一班〔N〕，新黎里，1923-06-01，吳江市檔案館藏。

〔37〕PH，雙楊會聞見錄〔N〕，新盛澤，1924-05-01。

〔38〕請銷傭金二字之公呈〔N〕，新盛澤，1924-06-11。

〔39〕中執會解釋廟會之意義〔N〕，申報，1930-12-05。

〔40〕童子會餘聞〔N〕，新盛澤，1925-09-11。

〔41〕天津皇會〔N〕，永生，1931-05-01，上海圖書館藏。

〔42〕專渚，看這民族復興意味的「軋神仙」〔N〕，蘇州新報，1941-05-09，蘇州市檔案館藏。

〔43〕（美）道格拉斯 C·諾斯，經濟史的結構與變遷〔M〕，陳郁，上海：三聯書店，1994。

〔44〕顧祿，清嘉錄〔M〕，北京：中華書局，2008。

附表 1

湖南工商業祀費徵收情況一覽表

	行業名稱	祀費徵收形式		
		香 資	罰 金	釐 金
1	長沙錢業		10000 文	
2	湘鄉齋館業	200 文		
3	邵陽廣貨業		4800 文	
4	邵陽毛貨業	24 文	4800 文	
5	長沙綢布業	1000 文		
6	長沙皮箱業	130 文		
7	長沙靴鞋業	值年 1500 文	罰油 40 斤	
8	新寧靴鞋業	26 文	400 文	
9	桃源書業	每月 300 文		
10	長沙刻字業			生意至 30 兩，每兩抽 1 分。
11	武陵刻字業	鋪戶 400 文，司務 200 文。		
12	巴陵簍業	鋪戶 160 文，客師 120 文，不赴酒席者 60 文。		
13	長沙龍鬚席業	月 30 文		
14	湘鄉香業		1200 文	
15	武陵傘業	100 文		
16	長沙紙業	100 文		
17	武岡紙業	24 文		
18	邵陽紙燭業	40 文		
19	長沙染坊業	24 文		
20	長沙窯貨業	月 30 文		
21	長沙彈花業	鋪戶 128 文，客師 64 文。		
22	長沙裱店業	200 文		
23	長沙木行	64 文		
24	武岡大木眾行		2400 文	

25	長沙泥行	64 文		
26	長沙玻璃業	200 文		
27	長沙白鐵幫	30 文		師友每月抽收釐頭典錢 10 文。
28	益陽刀店業	首事 700 文，東主 240 文，幫夥 200 文		
29	益陽洋鐵行		違規貿易罰 10000 文	
30	湘鄉紙爆業	赴席者 64 文，不赴席者 24 文。		
31	長沙紙紮業	160 文		
32	巴陵紙紮業	赴席者 200 文，不赴席者 40 文。		
33	長沙成衣業	鋪戶 120 文，客師 80 文。		
34	邵陽成衣業	20 文，如書吃酒者 60 文。	逃避參會者罰 400 文	
35	新寧成衣業	64 文		
36	武岡成衣業	32 文，赴席者 60 文		
37	武陵成衣業	工頭 70 文，司務 40 文。		
38	靴帽業	鋪戶 1～2 錢銀，客師銀 5 分。		
39	長沙古玩玉器業	400 文		
40	長沙整容業	店主 64 文，客師 30 文，徒弟 24 文。	違規祭祀罰 4000 文	
41	益陽整容業	赴席者 160 文		
42	長沙襪鋪業	鋪戶 40 文 客師 20 文		
43	長沙槽坊業	月捐錢 50 文		
44	益陽槽坊業	240 文，二幫入席費 120，三四幫入席費 80 文。		
45	長沙酒席店業	20000 文	油 10 斤	
46	長沙飯店業	240 文		
47	長沙麵點粉館業	164 文		

48	長沙甜酒粉館業	100 文		
49	長沙酥食湯點業	鋪家 250 文 客師 130 文		
50	長沙烘糕店業	100 文		
51	長沙煙店業	500 文		
52	長沙茶館業	雷祖誕 120 文，梅公誕鋪戶 30 文、客師 50 文。		
53	長沙藥店業	店主 64 文，幫夥 32 文，學徒 16 文。		
54	長沙鐵店業	200 文		
55	益陽鑄業	100000 文		
56	武岡鐵工業	300 文		
57	長沙碓坊業	64 文		
58	武岡糧食槽坊業	雷祖誕 40 文，杜康誕 40 文。		
59	長沙芽菜業	80 文		

本表根據彭澤益編《明清工商行會史料集》中所錄《湖南商事習慣報告書‧商業條規》中所錄相關資料整理而成。